디베이트 심화편

대한민국 교육을 바꾼다

디베이트 심화편

© 케빈 리, 2012

초판 1쇄 발행 2012년 12월 7일
초판 3쇄 발행 2018년 10월 26일

지은이 케빈 리
펴낸이 이상훈
편집인 김수영
기획편집 정진항 고우리
마케팅 조재성 천용호 박신영 조은별 노유리
경영지원 이해돈 정혜진 이송이

펴낸곳 한겨레출판(주) www.hanibook.co.kr
등록 2006년 1월 4일 제313-2006-00003호
주소 서울시 마포구 효창목길6(공덕동) 한겨레신문사 4층
전화 02-6383-1602~3 **팩스** 02-6383-1610
대표메일 book@hanibook.co.kr

ISBN 978-89-8431-638-6 13370

대한민국 교육을 바꾼다

Debate

디베이트 심화편

케빈 리 지음

한겨레에듀

◉ 도약을 위한 디딤돌

2011년 2월 발간했던 『대한민국 교육을 바꾼다, 디베이트』가 토론 관련 서적 부문에서 베스트셀러에 올랐다는 말을 들었다. 이후 디베이트라는 말을 단 책들도 여러 권 나왔다고 들었다. 이런 붐을 만드는 데 작은 기여를 한 것 같아 보람을 느낀다.

디베이트 확산을 위해 한국에 온 날이 2010년 12월 2일이다. 그때와 비교하면 지금은 정말 천지개벽이 일어난 것 같다. 디베이트 코치 입문 과정을 이수한 사람들이 2012년 7월 현재 4,200명이다. 미국 고교 디베이트 조직 중에서 제일 큰 NFL에 코치가 5,000명 있다고 하는데, 이 숫자를 곧 따라잡을 수 있을 것 같다. 아니, 미국과 한국의 인구 대비로 보자면, 이미 한국의 디베이트 코치 숫자는 미국을 넘어섰다. 한국인은 역시 열정적이다.

현재 대구교육청, 전주교육청, 경기교육청, 부산교육청, 광주교육청 등은 디베이트에 열심이다. 선생님들은 "사막에서 오아시스를 발견한 느낌"이라고 디베이트 연수 소감을 말한다. 서울에서 디베이트 연수를 하면 해남, 진주, 부산, 여수에서 선생님들이 모인다. 대구에서 디베이트 연수를 하면 광주, 익산의 선생님이 오신다. 광주에서 디베이트 연수를 하면 마산, 부산, 울산에서 오신다. 어디서 디베이트 연수를 하든 전국구 연수가 된다. 디베이트에 대한 선생님들의 관심도를 짐작해 볼 수 있는 대목이다.

자, 그래서 이제는 질의 업그레이드를 생각할 때이다. 양이 쌓여 가니,

높은 질에 대한 요구는 필연일 것이다. 이 책의 집필 동기다.

이 책은 일종의 디베이트 심화 학습서다. 디베이트 연수를 마치고 현장에서 활동하는 선생님들은 이구동성으로 "좋기는 좋은데, 무언가 아직 마음 속에 풀리지 않은 것이 있어요."라고 말씀하신다. 디베이트의 정의와 효과, 디베이트 진행 방법은 알겠는데, 디베이트에 대한 심화 학습 욕구가 떠나지 않는다는 말씀으로 이해한다. 그 욕구를 해소하기 위해 이 책을 썼다.

따라서 처음 디베이트에 접하는 분이라면 우선『대한민국 교육을 바꾼다, 디베이트』혹은『디베이트 첫걸음』을 먼저 읽어 보기 바란다. 그러니까 디베이트가 뭔지, 어떤 효과가 있는지를 개괄적으로 알고 싶은 분은『대한민국 교육을 바꾼다, 디베이트』를, 그리고 실제로 디베이트를 해 보거나 지도하고자 하는 분들이라면『디베이트 첫걸음』을 읽어 보시면 좋겠다. 이 책은 어느 정도 디베이트를 익힌 분들이 다음 단계로 도약하기 위한 디딤돌이다.

이 책에서는 특히 디베이트 주제 분석 방법을 쉽게 소개하려고 했다. 디베이트 주제 분석은 자료 조사, 디베이트 전략 수립, 교차조사 및 반박, 요약, 마지막 초점 등 모든 분야의 기본을 이룬다. 또, 디베이트 코치로서는 학생들 디베이트를 강평할 때 그 틀이 되기도 한다. 그 주제 분석을 쉽게 하는 방법을 소개한다. 또 하나의 중요한 부분은 요약 방법이다. 이는 입체적 사고, 개념화된 사고에 꼭 필요한 방법이다. 내 생각에, 주제 분석 방법과 요약 방법을 정확히 이해한다면 디베이트를 훨씬 수준 높게 이해할 수 있다.

실제 현장에서 다양하게 디베이트를 응용하는 방법도 이 책의 중요한 내용이다. 그러기 위해서는 디베이트 포맷에 대한 원리적 이해가 필수다. 디베이트 포맷의 원리를 정확히 이해한다면, 다양한 교육 현장에서 어떻게 디베이트를 하면 좋은지 쉽게 아이디어를 낼 수 있을 것이다. 특히, 이 책에서는 학교에서 수업 시간에 디베이트를 활용하고자 하는 선생님들을 생각해서, 학급 클래스 포맷을 주요하게 다뤘다. 이 책의 마지막 부분은 디베이트를 다양한 현장에서 다뤄 보는 것을 소개하는 데 할애했다.

2010년 12월에 미국 집을 떠났다. 그로부터 1년 반이 넘었다. 한국을 떠나 해외를 떠돈 지 18년이다. 그동안 객지 생활을 했는데, 이제 다시 한국에서 객지 생활을 하니 어디가 객지인지 모르겠다. 그 사이 딸아이는 대학에 진학했고, 아들 녀석은 그 지난한 사춘기를 아빠 없이 보내고 있다. 가족들에게는 정말 미안하다. 하지만 이번만 이렇게 살았나? 늘 내 식으로 살았으니, 가족들도 체념한 분위기다. 다만 한국에 디베이트를 더 확산시켜 미안한 마음을 달래고자 한다. "대한민국의 모든 학생들이 매주 모여 디베이트하는 그날까지!!" 이 슬로건이 빨리 현실화되기를 바랄 뿐이다.

한국에서 디베이트를 확산하는 과정에서 도움을 받았던 수많은 분들을 기억한다. 선생님들, 학부모님들, 전국의 디베이트 코치님들, 교육 정책가 분들, 투게더 디베이트 클럽 직원들에게 머리 숙여 감사함을 표한다.

사실 이렇게 짧은 기간 동안 이렇게 많은 현직 선생님들을 만나 본 적이 없었다. 이번 기간을 통해 나는 한국의 방방곡곡에서 학생들의 미래와 행복을 위해 고민하는, 수많은 열정 있는 선생님들을 만났다. 할 수만 있다면 독자들에게 그분들의 헌신적인 노력을 보여 주고 싶을 정도다. 한국 교육에 문제가 많다지만, 이분들이 있기에 대한민국 교육은 밝은 미래가 있다고 확신한다. 그분들의 노력에 특별한 경의를 표한다.

2012년 11월
케빈 리 씀

차례

부록　한국의 디베이트 상황 및 용어 사전

전통 수업 모델의 한계와 디베이트 혁명

디베이트 형식에 대한 원리적 이해의 필요성

  디베이트는 토론의 일종이다. 토론 중에서도 사전에 발언 순서와 시간을 정해 두고 하는 토론이다. 하지만, 구체적인 진행 형태는 조금씩 다르다. 비슷한 예로 달리기를 생각해 보자. 똑같이 달리기지만, 구체적인 종목으로는 100미터 달리기, 200미터 달리기, 400미터 달리기, 마라톤 등이 있다. '달린다'는 점에서는 같지만, 구체적인 형태에는 다양한 종목이 있다는 뜻이다. 디베이트도 마찬가지다. 똑같이 '사전에 발언 순서와 시간을 정해 두고 하는 토론'이지만, 구체적인 형태에는 다양한 디베이트 형식이 있다. 링컨 더글러스 디베이트니 의회식 디베이트니, 팔리시 디베이트니, 퍼블릭 포럼 디베이트니 하는 것이 그것들이다.

  이들 다양한 디베이트 형식을 어떻게 익히는 것이 좋을까? 주입식·암기식처럼 디베이트 형식의 종류와 구체적인 순서, 시간을 달달 외우면 될까? 내 생각에 그런 방식이라면 디베이트 형식이 발전되어 온 원리를 체득하지 못할 것 같다. 나아가, 우리에게 새로운 디베이트 형식을 개발해야 한다는 과제가 주어질 때 당황하게 될 것이다. 그래서 나는 이들 다양한 디베이트 형식을 관통하는 원리를 먼저 생각해 보고자 한다. 이 원리를 알아차린다면, 디베이트 형식을 좀 더 근원적으로 이해할 수 있을 것이다. 다양한 디베이트 형식을 좀 더 쉽게 이해할 수 있을 것이다. 나아가, 새로운 디베이트 형식을 만들어야 한다는 과제가 있을 때 좀 더 세련되게 그 과제를 수행할 수 있을 것이다.

  새로운 디베이트 형식을 만드는 과제로 가장 대표적인 것이 '학급 디베이트 형식'이다. 알다시피 한국의 학급당 학생 수는 많이 줄었다. 내가 한국에서 학교를 다닐 때는 학급당 70명까지 있었던 것으로 기억한다. 그런데 이제는 40명 이하, 심지어 농촌의 학교는 학급당 10명 전후인 경우도 있다. 평균적으로는 약 30명이라고 생각하면 될 듯싶다. 선생님으로서는 가급적 학급의 모든 인원을 디베이트에 참가시키고 싶을 것이다. 그러자면 30명이 참여하는 디베이트 형식이 나와야 한다. '학급 디베이트 형식'이 필요한 이유다. 이렇게 '학급 디베이트 형식'을 만들려고 할 때, 디베이트 형식의 원리를 이해하고 있다면 쉽게 만들 수 있을 것이다. 그래서 디베이트 형식에 대한 원리적 이해가 필요하다.

우선, 미리 답을 공개해 보자. 디베이트 형식을 변화시켜 온 두 가지 원리가 있다면, 하나는 참가 학생들에게 좀 더 다양한 지적인 자극을 주자는 것, 다른 하나는 참가 학생들이 디베이트 진행 과정에 좀 더 몰입할 수 있도록 하자는 것이다.

어떻게 보면 이는 당연한 원리이기도 하다. 디베이트는 공부 방법의 일종이다. 같은 공부 시간을 투자하더라도 그동안 학생들이 좀 더 다양한 지적 자극을 받으면 공부 효과가 커질 것이다. 또, 공부하는 과정에서 학생이 공부에 몰입할 수밖에 없는 구조를 만들어낸다면 공부 효과는 더 좋아질 것이다. 같은 시간을 공부하더라도 다양한 지적 자극을 받는 공부, 학생이 몰입할 수밖에 없는 공부 ― 이것은 비단 디베이트뿐 아니라 모든 공부 방법의 근원적인 문제의식이다.

이런 문제의식을 염두에 두면서 기존의 주입식·암기식 공부를 평가해 보자. 주입식·암기식 공부는 다양한 지적 자극이 없다. 그저 주어진 교재를 달달 외우거나, 문제 풀이 방식을 익히는 것이다. 암기력은 향상될지 모르나, 공부에 가장 중요한 비판적 사고력을 기르는 데는 역부족이다. 공부에 몰입하기도 힘들다. 개인적인 성향에 크게 의존한다. 많은 학생들이 수업 초반 잠깐 집중력을 보이다 이내 산만해진다. 단순한 공부를 지루하게 하는 것 ― 이것이 주입식·암기식 공부의 특징이다. 이러니 효과가 있을 리 없다. 학생의 잘못이 아니다. 공부 방법의 문제다. 주입식·암기식으로 공부를 시키면, 많은 학생들이 공부에 흥미를 느끼지 못한다. 지적 호기심이 자극되지도 않고, 비판적 사고력이 향상되지도 못한다. 고학년이 될수록, 어떤 사안에 대한 자신의 의견을 정리해 내는 일을 힘들어한다. 한국의 교육 현실에서 자주 만나는 문제들이다.

우리가 이길 수밖에 없는 이유

최원형 코치의 디베이트 에피소드 한 토막. 초등학생들과 디베이트하면 재미있는 일들이 많다.

#1. 첫 번째 마지막 초점

선생님: 마지막 초점에서는 자기 팀에서 가장 강조할 부분을 말해서 자신의 팀이 이번 디베이트에서 이길 수밖에 없는 이유를 강력히 주장하세요.

아이들: 예!

찬성팀 마지막 초점 발표자: (단도직입적으로) 이번 디베이트는 우리가 이겼습니다. ○○○은 우리가 말할 때 딴짓하고 듣지 않았으므로, 저쪽 팀 발표할 때 열심히 잘 들은 우리가 이겼습니다.

(^^ 역시 듣는 자세가 가장 중요하다는 말씀… --;)

#2. 두 번째 마지막 초점

선생님: 준비 시간을 잘 써야 해. 무조건 쓰지 말고 상대편이 쓰지 못하게 먼저 발언팀 마지막 초점 이후 쓰면 괜찮은 경우도 있다.

아이들: 예!!

나중 발언팀 마지막 초점 발표자: (먼저 발언팀 마지막 초점이 끝나자, 손을 번쩍 들면서 아끼고 아껴 둔 시간을 쓰려 한다.) 선생님, 준비 시간 2분이요!

먼저 발언팀 다혈질 친구 1명: (아주아주 분한 듯이… 하지만 들릴 듯 말 듯) 망할 노무 쉬키……

크헉! 자신도 모르게 나온 다소 과격한 용어가 상대편에게 작렬했다. 그 여파 때문이었을까? 상대방은 2분간 열심히 마지막 초점을 준비했으나, 약간 울먹이는 말투로 20초 만에 발표를 끝내고 말았다. ㅋㅋㅋ

한국의 교육 현실은 믿을 수 없는 뉴스를 양산하고 있다. "수업 시간이 되면 아이들 태반이 자요." "차라리 자는 학생이 낫습니다. 수업을 방해하지는 않거든요." "중학교 이상이 되면 문장으로 자신의 의견을 표명하는 학생들을 찾기가 힘듭니다." "수업 시간에 아이들을 제자리에 앉히는 데만 15분이 걸려요."

결국, 학생을 가르치는 선생님의 입장에서는 당연히 두 가지를 고민하게 된다. 어떻게 하면 수업 시간에 다양한 방식으로 지적인 자극을 주고, 또 어떻게 하면 수업 시간에 학생들을 몰입시킬 수 있을까. 디베이트가 아니더라도, 이런 문제의식은 모든 교육자에게 공통적인 과제가 된다.

디베이트 형식의 문제의식도 다르지 않다. 디베이트 형식이 다양하게 변화되어 온 역사에는 그 근저에, (1) 어떻게 하면 학생들에게 다양한 지적인 자극을 줄까, (2) 어떻게 하면 디베이트에 참여하는 학생들이 디베이트에 몰입하게 할 수 있을까라는 문제의식이 숨어 있다. 이 두 가지 문제의식이 다양한 디베이트 형식을 관통하는 원리가 된다. 이들 원리를 염두에 두면, 디베이트 형식이 발전되어 온 역사를 쉽게 이해할 수 있다. 나아가, 앞으로 어떻게 더 디베이트 형식을 발전시켜 나갈까를 고민할 때 쉽게 실마리를 찾아낼 수가 있다.

◉ 전통적 수업 모델의 한계

먼저, 전통적인 수업 모델에 대한 검토에서 출발해 보자. 〈그림 1.1〉을 보자. 앞에는 칠판이 있고, 칠판 앞에는 선생님이 있다. 그 앞으로는 학생들이 줄을 지어 자리에 앉아 있다. 선생님은 판서를 하며 수업 내용을 설명하고, 학생들은 노트에 받아 적으며 설명을 듣는다. 정기적으로 시험을 치

러 그 이해의 정도를 확인한다.

이런 모델에서, 다양한 지적인 자극과 몰입이 가능할까? 학생들은 판서된 내용과 선생님의 설명을 들으며, '이해하기'와 '암기하기'를 요청받는다. 듣기와 쓰기가 병행된다. 하지만, 이는 비판적 듣기, 비판적 쓰기와는 거리가 멀다. 수업에의 참여를 배제당한 상태이기 때문에 몰입도도 떨어진다. 시험을 통해서 성적이 발표되면, 성적이 낮은 학생의 경우 의욕이 상실된다. 수업 시간에 산만한 태도를 보이는 학생이 생긴다. 급기야 수업 시간 내내 자 버리는 학생도 생긴다. 수업에 참여한 학생들 중 소수만 관심을 보인다. 다양한 지적인 자극과 몰입이라는 공부의 목표는 실종된다. 공부 자체가 고역이 되는 구조가 되어 버리는 것이다.

전통적 수업 모델에서 배제되어 있는 것은 비판적 사고력의 자극과 참여라는 요소다. 선생님에 따라서는 학생들의 지적 호기심을 자극하면서 비판적 사고력을 향상시키는 방법으로 수업을 진행할 수도 있을 것이다. 또, 활발한 발표 등을 통해 수업에 열심히 참여하는 학생들도 있을 것이다. 하지만 이건 예외적인 상황이다. 이 구조에는 명확한 한계가 있기 때문이다. 이 구조의 기본 규칙은 '선생님은 앞에서 설명하고, 학생들은 이를 따라 익힌다.'는 것이다. 이런 구조에서는 학생들의 비판적 사고력 향상과 활발한 참여가 제약당한다. 학생들이 요구받는 것은 수업 내용의 이해와 암기일 뿐이다. 이를 잘 해내는 학생만이 이 구조에서 인정받는다. 물론 그런 학생들은 극소수이다. 다양한 지적 자극과 몰입이라는 공부 방법의 과제를 기준으로 보자면, 전통적 수업 모델은 구조적인 한계를 근본적으로 내재하고 있는 셈이다.

발표식 수업 모델의 한계

발표는 여러 사람 앞에서 자기 의견 내지는 자기가 조사한 것을 소개하는 것이다. 전통적 수업 모델에 비해 발표는 한 단계 진보한 수업 형식이다. 학생들의 수업 참여가 가능해지기 때문이다. 간단한 예로, 수업 시간에

그림 1.2 발표식 수업 모델

'지난 여름방학에 내가 한 일'이란 주제로 발표를 하기로 했다고 해 보자. 이럴 때 어떤 지적인 자극과 몰입이 가능한지 생각해 보자.

물론, 발표를 맡은 학생은 그 나름대로 긴장할 것이다. 원고를 잘 준비하고, 준비한 원고를 잘 읽어야겠다는 부담감을 느낄 것이다. 가급적 선생님과 동료 학생들의 반응이 좋기를 기대할 것이다. 하지만 그뿐이다. 어떤 주제에 대해 자기 생각을 정리하기는 하나, 주어진 사안에 대한 비판적 분석 및 정리를 요구받지 않는다. 결과적으로 개인적인 소견에 불과할 때가 많다. 발표를 하는 학생은 그 순간 몰입하지만, 청중의 처지에 있는 다른 학생들이 여기에 몰입하리라는 보장은 없다. 이런 발표도 반복되면 전통적 수업 형식에서처럼 산만해지기 시작한다. 비슷한 주제의 사례 발표가 반복될 때 청중들의 반응이 어떻게 변해 가는지를 떠올려 보라.

발표식 수업 모델에서도 배제되어 있는 것은 비판적 사고력의 자극과 참여라는 요소다. 발표를 맡은 학생은 긴장한다. 관련 자료도 열심히 찾아보고, 이를 잘 정리하려고 애를 쓸 것이다. 또, 발표 과정에서는 몰입하여 제대로 전달하려고 애를 쓴다. 하지만 여기에도 구조적 한계가 있다. 이 구조의 기본 규칙은 '발표자는 앞에서 발표하고, 다른 학생들은 이를 경청한다.'는 것이다. 이런 구조에서는 다른 학생들의 비판적 사고력과 참여가 자랄 수 없다. 다른 학생들에게 요구되는 것은 발표 내용의 이해일 뿐이다. 다양한 지적 자극과 몰입이라는 공부 방법의 과제를 기준으로 보자면, 발표 역시 근본적으로 구조적인 한계가 있다.

경쟁이 들어간 발표식 수업 모델의 한계

자, 이제 이 발표에 경쟁을 추가해 보자. 예를 들어 웅변 대회를 생각해

보자. 웅변 대회도 어떤 주제에 대한 자기 생각을 정리해서 발표한다는 점에서는 발표와 같다. 하지만, 여기에는 경쟁이 추가되어 있다. 우수한 학생을 가려 시상을 한다. 이런 구조로 하면, 그냥 혼자 발표하는 것과 어떻게 다를까?

웅변 대회에 나가는 학생들은 그냥 발표를 하는 학생들에 비해 몰입도가 높아진다. 상대방과의 경쟁이기 때문에, 가급적 상대방보다 잘하려고 애를 쓰게 된다. 자기 논리가 설득력 있는지 여러 차례 원고를 검토하고 수정할 것이다. 거울을 앞에 두고 발언하는 연습도 여러 번 할 것이다. 그냥 발표하는 것에 비해 더욱 몰입하게 된다. 경쟁이라는 요소를 발표에 추가하면, 발표하는 학생은 혼자 발표할 때에 비해 훨씬 긴장감 있게 준비하고, 발표에 몰입한다.

하지만, 그뿐이다. 경쟁이 추가되었어도 비판적 사고는 보장되지 않는다. 개인적 소견의 한계를 벗어나지 못한다. 자기 순서가 끝나면, 그걸로 끝이다. 상대방 이야기를 경청할 필요가 없기 때문이다. 차분히 앉아 심사위원의 판정을 기다릴 뿐이다.

청중인 학생의 입장에서도 마찬가지다. 혼자 발표하는 것에 비해서는 여러 사람의 의견을 들어 보고 비교해 보는 기회를 갖는다. 하지만, 주도적으로 비판적 사고를 할 기회는 마련되지 않는다. 좀 더 그럴듯한 의견을 제시하는 연사에 박수로 환호하는 참여를 할 수 있지만, 청중은 청중일 뿐이다. 과거 학교에서 열린 웅변 대회를 회고해 보자. 청중들은 처음에 집중하는 모습을 보이지만, 시간이 흐를수록 산만해진다. 그 이야기가 그 이야기이기 때문이다.

경쟁이 추가된 발표는 그냥 하는 발표에 비해 훨씬 긴장감이 조성된다. 발표자도, 청중도 마찬가지다. 하지만 그 이상은 못 된다. 다양한 지적 자극과 몰입이라는 공부 방법의 과제를 기준으로 보자면, 경쟁이 추가된 발표도 근본적으로 구조적인 한계가 있다.

수업 형식에서 디베이트 혁명

자, 그런데 여기에서 혁명이 일어났다. 반박이 추가된 것이다. 자신의 입장을 개진하는 것을 넘어 상대방 의견을 듣고 반박하는 순서가 더해진 것이다. 어떻게 보면 별것 아닌 것처럼 보이는 반박의 추가가 이전의 발표와 이후의 디베이트를 가르는 분기점이 되었다. 반박이 추가되고 나서 비로소 디베이트가 출발하였다. 지금까지의 발표는 경쟁이 추가된 형태라고 하더라도 디베이트라고 부를 수 없었다. 거기에 반박이 추가됨으로써 디베이트가 시작된 것이다.

반박의 추가로 인한 효과는 놀랍다. 우선, 학생들은 비판적 듣기를 요구받는다. 반박을 잘하기 위해서는 상대방 의견을 경청해야 한다. 이는 단순한 받아쓰기가 아니다. 상대방 주장의 핵심을 알아차리기 위한 듣기다. 그뿐이 아니다. 반박을 잘하려면 상대방 의견을 정확히 이해하는 것은 물론, 그 의견이 우리 팀의 의견과 어떻게 다른지 구별해야 하고, 또 상대방 논리의 오류나 허점을 생각해야 한다. 비판적 듣기를 필수적으로 해야 한다.

웅변 대회에서 요구되는 지적인 자극은 정리하기와 말하기다. 그런데 반박이 추가된 디베이트에서는 정리하기와 말하기는 물론, 비판적 듣기가 추가된다. 나아가, 비판적 사고력도 자연스레 필요하다. 웅변 대회에서도 어떤 사안에 대한 자기 생각을 정리하기가 요구된다. 디베이트는 이를 뛰어넘는다. 반박이 추가되면서, 상대방 주장을 비판적으로 검토하게 된다. 거꾸로 상대방으로부터 반박당하지 않으려면 자신의 논리를 더욱 완벽하게 짜야 한다. 개인적 소견만으로는 디베이트에서 버텨 낼 수가 없다. 디베이트 주제와 관련된 찬성의 논리, 반대의 논리, 그 반박의 논리를 종합적으로 생각해야 반박의 날카로운 지적을 피할 수 있다. 반박이 추가된 디베이트에서 비판적 사고력은 필수 항목이 되는 것이다.

이렇게 해서 디베이트에서 드디어 종합적인 지적 자극이 가능해졌다. 어떤 사안에 대한 조사, 조사된 결과를 비판적으로 읽어 내기, 이를 발표하기, 상대방 의견 경청하기, 상대방 의견 비판적으로 평가하기 등의 다양한 지적 자극이 가능해지는 것이다. 같은 '말하기'지만 발표와 디베이트가 결정적으로 달라지는 대목이 여기에 있다. 반박의 혁명이다.

몰입도의 차이도 지적해야 한다. 웅변 대회에서 학생들은 자기 순서에 몰입한다. 하지만 자기 순서가 끝나면 부담은 사라진다. 차분히 앉아 심사위원의 판정만 기다리면 된다. 상대방 주장을 경청해야 할 의무, 상대방 의견을 비판적으로 분석해야 할 의무는 없다. 당연히 몰입도가 떨어진다. 하지만 반박이 추가된 디베이트에서는 학생들 태도가 달라진다. 반박이 추가되면서, 참가 학생들은 자기 발언 시간 외에도 집중해서 상대방 의견을 경청해야 한다. 열심히 노트하고 비판적 사고를 통해 반박 논리를 생각해 내야 한다. 디베이트에서 이기고 싶다면, 내 발언 시간은 물론이고 상대방 발언 시간에도 몰입해야 한다. 결국, 디베이트 시간 내내 몰입하지 않으면 안 되는 구조가 된 것이다.

이번 장을 시작하면서, 디베이트 형식의 원리는, 더 정확히 말해 디베이트 형식이 추구하는 바는 (1) 참가 학생들에게 좀 더 다양한 지적 자극을 주고, (2) 참가 학생들을 더욱 프로그램에 몰입하게 만드는 것이라고 말했다. 반박이 추가된 디베이트 프로그램에서, 학생들은 이전과는 다른 종합적인 지적 자극을 요구받고, 또 자연스레 그 과정에 몰입하게 된다. 디베이트 혁명이 시작된 것이다.

지금까지 한 이야기를 그림으로 살펴보면 〈그림 1.4〉와 같다.

그림을 살펴보자. 발표나 웅변 대회나 디베이트 모두가 사람들을 앞에 두고 자신의 생각을 발표하는 것이다. 하지만 혼자 하는 발표에 비해, 경쟁이 추가된 웅변 대회는 연사로 참가하는 학생들을 더욱 긴장하게 하고, 프

그림 1.4 수업 형식으로서 디베이트 모델의 탄생 과정

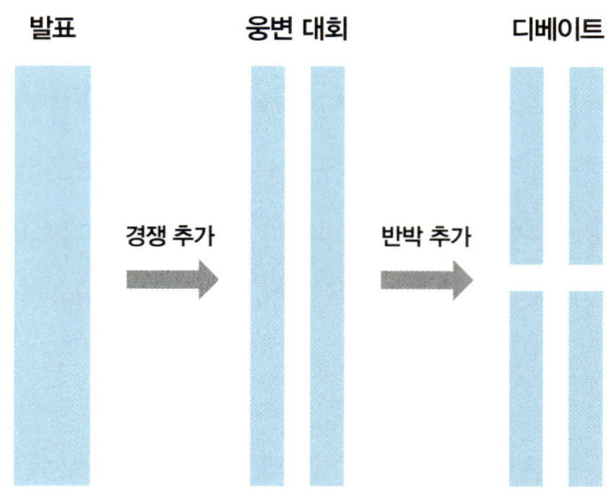

로그램에 몰입시킨다. 하지만 근본적인 구조의 한계가 있다. 비판적 사고력을 강제하지 않는다. 자기 발언 시간 외에는 몰입할 필요가 없다. 그런데, 반박이 추가된 디베이트는 학생들에게 비판적 듣기가 추가된 비판적 사고력을 자극한다. 비판적 사고를 하지 않을 수 없는 구조를 만들어 내는 것이다. 게다가, 몰입도도 향상시킨다. 발표나 웅변 대회와 달리, 디베이트 참가 학생들은 디베이트 진행 내내 집중할 수밖에 없다. 결국, (1) 참가 학생들에게 더욱 다양한 지적 자극을 주는, 그리고 (2) 프로그램 내내 참가 학생들을 몰입시키고자 하는 디베이트 형식의 원리가 관철된 것이다.

● 식곤증을 날려 버리는 공부, 디베이트

디베이트 연수에 참가한 분들을 그룹으로 나눠 발표를 시킬 때가 있다. 이때는 강의를 듣는 때보다 수강생들이 더욱 진지하게 다가선다. 참여의 기회가 있기 때문이다. 그룹별로 토의가 끝나면 발표를 하게 한다. 그런데 간혹 이 발표를 듣지 않고, 여전히 자기 팀 의견 개발에 열중하는 분들이 있다. 발표자의 발표에 몰입하지 않는 것이다. 이분들은 다른 발표자 이야기를 듣기보다는 자기 팀 의견을 좀 더 그럴싸하게 보이게 하는 데 관심이 있어 보인다. 그러니까 앞서 말한 웅변 대회와 비슷하다. 상대방 연사의 의견을 경청하기보다는 내 원고를 잘 다듬는 데 관심이 있다.

하지만, 같은 수강생이라도 디베이트를 실습할 때는 전혀 달라진다. 그룹 토의/발표와 비교할 때, 수강생들은 더욱 전투적으로(?) 디베이트 준비에 임한다. 디베이트 준비 시작을 알린 이후에는 아예 수업 리더인 내 이야기를 듣지 않을 때도 있다. 디베이트 준비에 완전히 몰입해 있는 것이다. 실제로 디베이트 과정에 들어가면 더욱 몰입한다. 우리 팀 의견을 발표하고, 상대방 의견을 경청하느라 정신이 없다. 남녀노소를 막론하고, 같은 모습을 보인다.

그래서 나는 이 디베이트 실습을 주로 점심시간 직후에 배치한다. 점심 시간 직후는 수업을 리드하는 사람에게는 공포의 시간이다. 수강생들이 식곤증으로 나른해하는 것은 어쩔 수가 없다. 이럴 때 강의 일변도로 진행하면 아무리 집중력 있는 수강생이라도 산만해진다. 식곤증에 못 이겨 꾸 벅꾸벅 조는 사람도 있다. 그런데, 이때 디베이트 실습을 배치하면 상황이 전혀 달라진다. 조는 사람은 아예 상상할 수도 없다. 모두들 정신을 집중 해서 디베이트에 열중한다. 점심시간 직후의 식곤증을 날려 버리는 공부, 디베이트에서 가능해진다.

교장 선생님들을 모시고 디베이트 연수를 할 때가 있었다. 머리가 반백 인 분들이 참여하셨다. 이분들은 교육의 전문가들이다. 평생을 교직에 계 셨다. 그래서인지 웬만한 교육 관련 강의는 이미 다 경험하셨다. 그래서 교 장 선생님들 모시고 교육 연수하는 것이 가장 힘들다고 들었다. 하지만 디 베이트 연수 현장에서의 교장 선생님들은 다르다. 하나라도 놓칠세라 고 개를 옆으로 빼서 강연자를 바라본다. 디베이트 실습 시간이 되면 더욱 달라진다. 교장 선생님들은 '체통을 포기하고' 디베이트에 열중하신다. 언 젠가 아침 9시부터 실습을 하기로 한 적이 있었다. 나는 강연장에 일찍부 터 가서 기다리는 편이다. 한 시간 일찍 8시에 도착해 보니, 반백의 교장 선 생님들이 약속이나 한 듯 책상에 자료를 펼쳐 놓고 밑줄을 쳐 가며 발언 을 준비하고 계시는 것 아닌가. 천하의 지엄하신(?) 교장 선생님들도 디베 이트는 어쩔 수가 없는 것이다.

디베이트 트랩에 걸린 사람들은 몰입할 수밖에 없다. 그리고 그 과정에 서 끊임없이 생각한다. 우리 팀 논리를 좀 더 완벽하게 하는 방법은? 상대 팀 논리의 허점은? 디베이트 내내 비판적 사고는 중단 없이 진행된다. 반 박을 추가한, 그 작은 차이가 이런 큰 변화를 이끌어 낸 것이다.

디베이트 형식의 발달 과정

고전식 디베이트

이렇게 반박이 추가된 가장 기본적인 디베이트 모델을 '고전식 디베이트'라고 칭하자. 실제로 최초의 디베이트는 찬성 팀과 반대 팀이 각각 입안과 반박을 주고받는 방식으로 진행되었다. 이를 간단히 그림으로 그려 보면 〈그림 2.1〉과 같다.

그림 2.1 고전식 디베이트 형식

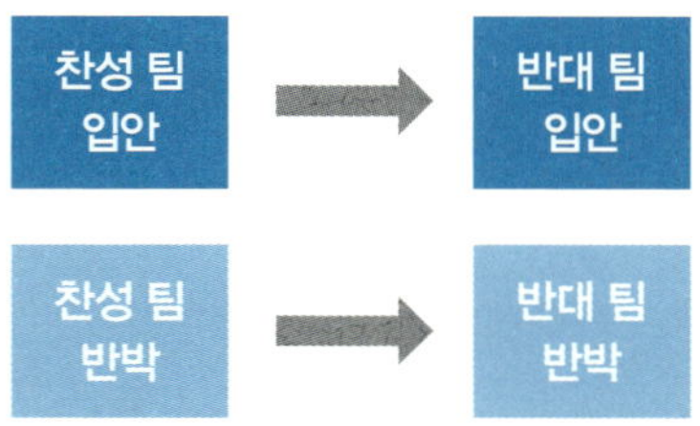

실제 예를 들어 보자. 이전에 옥스퍼드 디베이트 형식(Oxford Debate Format)이라는 것이 있었다. 이는 〈그림 2.2〉와 같은 순서로 진행한다.

이 디베이트는 찬성 팀, 반대 팀이 각각 두 명씩 참가한다. 그리고 디베이트의 형식은 크게 입안과 반박으로 구성되어 있다. 팀별로 모두가 각각 한 차례씩 입안을 한 후, 이어서 한 차례씩 반박을 하는 구조다. 반박이 추가된 고전적 디베이트의 전형적인 예이다.

고전식 디베이트를 활용한 케빈식 집체 디베이트

잠깐 이야기를 돌려 보자. 이 고전식 디베이트를 나는 '케빈식 집체 디베

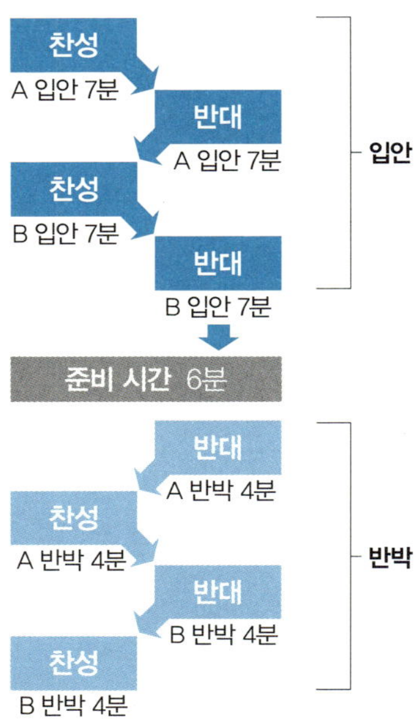

이트 방식'이란 이름으로 활용한다. 고전식 디베이트가 아직도 유효하다
는 뜻이다. 계기가 되었던 것은, 2011년 덕유산 청소년 수련장에서 있었던
일이다.

2011년, 나는 덕유산 청소년 수련장의 초청을 받았다. 학생들을 대상으
로 디베이트 설명회를 해 달라는 것이었다. 현장에 도착하는 나는 기겁할
수밖에 없었다. 마산 지역의 한 중학교 전교생이 참석한 자리였다. 중학생,
한국 교육에서 요즈음 가장 주목받고 있는 그룹이다. 사춘기의 절정을 지
나는, 변동이 심한 학생들이다. 이들이 한두 명도 아니고 전교생이 참여했
다. 게다가 장소는 수련장이었다. 학업 분위기가 아니었다는 뜻이다. 학생
들의 마음은 풀어질 대로 풀어져 있었다. 게다가 시간은 점심 식사 직후였
다. 식곤증으로 집중이 되지 않을 때였다. 이런 상태에서 학생들에게는 아

직 생소한 디베이트를 설명해 달라, 쉽지 않은 과제였다.

나는 고민했다. 이 상태에서 기존의 방식대로 디베이트 강연을 했다가는 어떤 분위기가 연출될지 뻔했다. 10분도 지나지 않아 산만해질 것이 분명했다. 다른 방법을 찾아야 했다. 나는 디베이트의 가장 단순한 형태인 고전적 디베이트 방식을 활용하자고 마음먹었다. 하지만 모두가 참여하는 방식으로. 나는 간단하게나마 학생들이 실제로 디베이트를 경험해 보게 하는 것이 디베이트를 배우는 가장 좋은 방법이 될 수 있을 것이라고 생각했다.

실제는 이렇게 이루어졌다. 나는 학생들 앞에서 이렇게 말했다. "여러분, 오늘 저는 디베이트에 대해 설명하러 여러분 앞에 섰습니다." 내 말을 들은 학생들 눈에는 금방 실망의 눈빛이 가득해졌다. '아, 또 지루한 강의가 시작되는구나! 디베이트는 또 뭐야?' 나는 말을 이었다. "저는 여러분들에게 강의를 하기보다는 실제로 디베이트를 경험해 보도록 하겠습니다."

나는 학생들을 두 편으로 갈랐다. 그 학교는 남녀공학이라 남학생 여학생 모두가 있었다. 그들은 두 편으로 갈라 앉아 있었다. 나는 이 학생들을 남학생 팀과 여학생 팀으로 나눴다. 이렇게 하니 학생들은 금방 분위기가 달라졌다. 남학생과 여학생 사이의 이상한 경쟁의식은 여전했다. '뭔지 모르지만 질 수 없다.'는 의지들이 엿보였다.

나는 이어서 학생들에게 관심 있는 토론 주제를 선정하라고 했다. 한 학생이 〈학교에서 휴대폰 사용을 허용해야 한다〉를 주제로 하자고 했다. 학생들은 바로 환호했다. 자신들이 학교 생활에서 가장 관심 있어 하는 주제 중의 하나였기 때문이다. 나는 좋다고 했다. 그 주제대로 토론하자고 했다. 학생들의 분위기는 더욱 고조되었다. '어, 이거 뭐야? 지금 무슨 판이 벌어지려고 하는 거지?'라는 눈빛이었다.

나는 남학생 대표와 여학생 대표를 앞으로 나오라고 했다. 그러고는 동전 던지기를 통해 찬성과 반대를 나눴다. 찬성을 하게 된 팀들은 환호했고, 반대를 하게 된 팀들은 한숨을 내쉬었다. 나는 "디베이트는, 자신의 소신과 무관하게 동전 던지기를 통해 찬성과 반대를 정한다. 일단 찬성과 반대가 정해지면 최선을 다해서 자기 팀이 이길 수 있도록 논리를 짜야 한다. 최선을 다해 보자."고 설명했다. 그리고 "디베이트가 추구하는 최고의 가치는 상대방 존중의 정신이다. 이는 경청을 통해 드러난다. 그러니 다른 팀에서 말할 때는 조용히 해야 한다."고 디베이트 규칙을 알려 줬다.

나는 이어, 식장 무대 위의 화이트 보드에 아래와 같이 썼다.

주제: 학교에서 휴대폰 사용을 허용해야 한다.

찬성	반대
입안 1. ＿＿＿＿＿＿＿	입안 1. ＿＿＿＿＿＿＿
2. ＿＿＿＿＿＿＿	2. ＿＿＿＿＿＿＿
3. ＿＿＿＿＿＿＿	3. ＿＿＿＿＿＿＿
반박 1. ＿＿＿＿＿＿＿	반박 1. ＿＿＿＿＿＿＿
2. ＿＿＿＿＿＿＿	2. ＿＿＿＿＿＿＿
3. ＿＿＿＿＿＿＿	3. ＿＿＿＿＿＿＿

그러고는 먼저 찬성 팀 학생들에게 물었다. 왜 이 주장에 찬성하는지 그 이유를 대 보라고 했다. 학생들은 각자 손을 들어 이유들을 댔다. 나는 이유가 하나 나올 때마다 이를 팀의 의견으로 정식으로 채택할지를 학생들에게 물었다. 학생 개개인의 판단은 틀릴 수도 있다. 하지만 집단으로 모인 학생들의 의견은 대체로 맞는다. 학생들은 경솔한 주장에는

"우!" 하고 야유를 보냈고, 중량감 있는 주장에는 박수로 환호했다. 나는 학생들 의견에 따라 호응이 낮은 주장은 폐기하고, 호응이 많은 주장은 채택했다. 이런 방식으로 입안의 1, 2, 3 주장을 기록했다. 학생들은 더욱 집중했다.

다음은 반대 팀 차례. 나는 반대 팀에게도 주장을 펼쳐 보라고 했다. 동일한 방법으로 반대 팀 입안 주장이 채택되어 기록되었다. 이쯤 되니 대부분의 학생들이 화이트 보드를 주시하고 있었다. 점심시간 직후의 식곤증은 이미 사라지고 없었다.

나는 이렇게 말했다. "자, 이렇게 서로의 주장이 완성되었다. 이걸 디베이트에서는 입안이라고 한다. 입안이란 주어진 주제에 대해 찬성 팀과 반대 팀이 서로 왜 그렇게 생각하는지 적절한 논거를 들어 설명하는 순서다. 오늘은 처음이니, 내가 그 입안 시범을 보여 주겠다." 나는 반대 팀 입장에서 입안 발언을 했다. 그 논거는 학생들이 제시한 것들이었다. 내 입안 발언이 끝나자 학생들 사이에서는 "우와!" 하는 환성이 터졌다. 나는 이 "우와!"라는 환호를 이렇게 이해한다. 자기들끼리 자유분방하게 제시한 논거가 자기들끼리의 의견 조정을 통해 정돈되고, 또 그 정돈된 내용이 내 입안 발언을 통해 '격식을 갖춘 논리'로 제시되자 탄성이 터진 것이었다. '아, 우리의 생각도 잘 정리하면 저렇게 그럴듯한 논리가 될 수 있구나!'라는 탄성이었다. 나는 찬성 팀에게도 내가 했던 요령으로 한번 해 보라고 했다. 한 학생이 자원해서 나와 비슷한 방법으로 찬성 팀 입안을 했다. 나는 크게 칭찬하며 격려해 주었다. 학생들은 더욱 집중하게 되었다.

이어서 반박 순서. 나는 다시 찬성 팀에 순서를 돌려, 방금 반대 팀이 제시한 논거들을 인정하느냐고 물었다. 찬성 팀은 입을 모아 "절대로 아니다!"라고 말했다. 나는 "왜 인정할 수 없느냐?"고 물었다. 그러고는 반대 팀의 논거별로, 그에 동의하지 못하는 이유를 대 보라고 했다. 나는 입안할 때와 마찬가지로 학생들 의견을 정리해서 화이트 보드에 적었다. 반대 팀 학생들은, '자기들은 당연하다고 생각한 이유'가 상대방에 의해 '이유 있는 반박'으로 기록되자 놀라는 반응을 보였다. '아, 내 생각이 늘 옳은 것은 아니구나!'라고 생각하는 것처럼 보였다. 나는 똑같은 방법으로 반대 팀의 반박 의견도 적었다.

이어서 나는 "이번에는 찬성 팀을 도와주겠다."고 하면서, 찬성 팀의 입장에 서서 반박 발언을 시범으로 보여 줬다. 더 이상 "와우!" 하는 반응은 없었다. 이미 디베이트의 위력을 경험했기 때문이었다. 나는 반대 팀에게 내가 한 방법대로 반박을 해 보라고 했다. 한 학생이 나와서 반박 발언을 했다. 나는 역시 크게 칭찬해 줬다.

나는 이렇게 말했다. "자, 봐라. 이게 디베이트다. 디베이트는 어떤 주제에 대해 찬성과 반대로 나눠서 토론을 하는 것이다. 처음에 여러분들은 거의 모두가 이 주제에 대해 찬성한다고 했다. 하지만, 디베이트를 진행하는 과정에서 이 주제에 대해 나와 다른 의견을 가진 사람도 있고, 또 그 사람의 의견에도 충분한 이유가 있다는 것을 알게 되었다. 게다가, 우리 팀이 당연하다고 생각한 근거에 대해 역시 이유 있는 반박이 가능하다는 것도 알았을 것이다. 이를 통해 여러분들은 이 주제에 대해 더욱 종합적으로 생각하게 되었다. 이게 디베이트다. 디베이트는 토론을 하는 과정에서 혼자서 생각할 때보다 훨씬 종합적인 인식이 가능해진다. 게다가, 이 과정은 재미가 있다." 학생들은 고개를 끄덕였다. 나는 물었다. "자, 이런 디베이트를 학교에서 한다면 참여하고 싶으니?" 학생들은 조용히 입을 모아 대답했다. "예."

나는 이상과 같이 고전형 디베이트 방식으로, 그러나 전교생 모두가 참여하는 방법을 통해 학생들에게 디베이트를 실제로 체험할 수 있게 했다. 디베이트를 디베이트 방법으로 알려 준 것이다. 학생들은, 중학생들이었음에도, 전교생이 모였음에도, 점심 식사 직후임에도, 또 처음 들어보는

수입성 하락? 수익성 하락?

디베이트 에피소드 한 가지.

초등생 디베이트 시간이었다. 주제는 〈미투 상품 판매를 금지해야 한다〉.

그동안 입안 전문으로 활약하다가 이제 취약(?) 종목인 반박을 본격적으로 배우기 위하여 마음가짐을 새롭게 한 우리의 디베이트 호프가 첫 번째 반박에 도전한다.

"안녕하십니까? 〈미투 상품 판매를 금지해야한다.〉의 찬성 팀 입안을 맡은 (아차!) …… 반박을 맡은 울호프입니다. (입안을 오래 해서 생긴 중독증이라고 아이들이 수근거린다. 어쨌거나 아랑곳하지 않고……) 먼저, 상대 팀의 주장을 조목조목 반박을 하고, 시간이 남으면 우리 팀 보충 설명을 하겠습니다. 상대 팀 첫 번째 주장은 어쩌구 저쩌구 …… 두 번째 주장은 수입성 하락이라고 하셨습니다. 이 말은 무슨 말인지 모릅니다. 세 번째 주장은 어쩌구 저쩌구 …… 이상 반박을 마치겠습니다.(2분 30초 경과)"

이어, 교차 질의 시간. 몇 가지 의미 있는 질의 응답을 한 후,

울호프: 아까 수입성 하락이라 하셨는데 도대체 무슨 뜻입니까?

상대방: (다소 비아냥거리면서) 그것도 모르십니까?

울호프: (자존심 상한 듯) 모릅니다. 그러니 잘 설명해 주세요.

상대방: 아니, 수익이 떨어진다는 말도 모릅니까?

울호프: 아! 아니, 아까는 수입성 하락이라고 하지 않았습니까?

상대방: 아닙니다. 수익성 하락이라고 했습니다. 우리 팀 질문하겠습니다. 울호프께서는 시간이 남으면 보충 설명을 하겠다고 해 놓고, 보충 설명을 하지 않는 이유는 무엇입니까?

울호프: 헉! (그런 강력한 질문을…… 이럴 때 어떻게 답변을 해야지…… 아이구 죽겠다는 듯 도움을 청하는 눈길을 보내지만 짝꿍도 외면하고…… 에라 모르겠다는 듯이) 음음, 보충 설명하는 것을 잊었습니다. (그래도 그냥 죽을 수는 없지……) 상대방도 그럴 때가 있지 않을까요? 간혹 정신 없을 때 말이죠.

상대방: 없습니다. 지금 정신줄 놓았나요?

울호프: (울상을 지으면서) 아니, 뭐 그럴 때도 있지 않을까 해서요.

울호프, 간혹 엉뚱한 소리를 하지만 무척 열심히 하는 학생입니다.

대전 이문고에서 열린, '학생을 위한 디베이트 이해하기' 강연장.

생소한 주제였음에도 재미있게 디베이트를 즐겼다.

2012년 9월 15일 대전 이문고에서 열린 학생 대상 디베이트 강연장. 400명이 넘는 이문고 1, 2학년 학생들과 5개 학교에서 연수차 모이신 선생님들, 그리고 학부모님들이 자리를 메웠다.

타이핑을 할 도우미 친구를 뽑고, 디베이트 주제를 정했다. 여학생들은 불심검문에 관한 주제를 제안했고, 남학생들은 〈군 복무 가산점을 부여해야한다〉를 주제로 제시했다. 다수결에 의해 군 복무 가산점 주제로 정해 디베이트를 했다.

손을 드는 학생을 마이크 도우미가 찾아가 발표하게 하고, 앞에 나와서도 발표했다. 찬/반에 대한 주장들은 그 자리에서 컴퓨터에 입력하여 양쪽 스크린을 통해 보여 줬다.

끝난 후 선생님들께서는 이렇게 말씀하셨다. "처음에는 많은 수의 학생들을 데리고 가능하기는 할까, 소수만 참여하는 토론이 되지 않을까, 반신반의했습니다. 그러나 학생들이 흥미를 가지고 적극적으로 디베이트에 임하

 대한민국 교육을 바꾼다, 디베이트 심화편

경북 김천초에서의 토론 대회 모습. 출처 : 경상북도 교육청 보도자료

는 모습이 인상적이었습니다. 학교 현장에 돌아가서 한번씩 적용을 해 봐야 겠습니다."라고 말씀하셨다. 이처럼 많은 학생들을 대상으로 하는 특강에 서는 다른 이론 강의보다 '케빈식 집체 디베이트 방법'이 효과가 있다.

나는 이후에도 이 방법을 즐겨 사용한다. 가끔 전교생이 모인, 혹은 학 생들 수십 명 수백 명이 모인 자리에서 디베이트를 설명해 달라는 요청을 받는다. 또, 디베이트 캠프에서 오리엔테이션을 맡아 달라는 요청을 받을 때가 있다. 이럴 때 나는 속으로 씩 웃으며 '케빈식 집체 디베이트'를 진행 한다. 그러면 상당한 효과가 있다. 많은 학생들이 모였음에도 집중하면서 디베이트를 즐긴다. 디베이트에 대한 교육조차 디베이트라는 방식으로 진 행하니 더욱 다양한 지적인 자극과 함께 참가 학생들의 몰입이 가능한 것 이다.

많은 숫자의 학생들을 대상으로 디베이트를 소개해야 할 일이 있을 때, 이 아이디어대로 해 보기 바란다. 다만 그 방법의 이름이 '케빈식 집체 디 베이트'라는 점은 꼭 이야기해 주면 감사하겠다.

교차 조사의 등장

다시 디베이트 형식 이야기로 돌아가자. 앞서 디베이트는 반박을 통해 이전과는 다른 혁명적인 교육 프로그램으로 탄생되었다고 했다. 입안 – 반박의 구조를 가진 고전형 디베이트가 그런 연유로 탄생되었다고 했다. 그런데, 고전형 디베이트 형식을 더 개선하는 방법은 없을까? 그러니까, 디베이트 형식의 원리에 맞게, 즉 (1) 더욱 지적인 자극을 주고, (2) 참가 학생들을 더 몰입시키는 방법은 없을까? 그 대답이 교차 조사에서 나왔다.

법정에서의 한 장면이다. 검사가 자신이 신청한 증인에게 질문을 던지고 있다. 이를 법정 용어로 직접 신문이라고 한다. 법정에서는 공정하게 재판을 진행하기 위해 반대편 측도 이 증인에게 신문할 기회를 준다. 반대편 측, 그러니까 변호인 측에서 증인에게 질문을 던지는 것은 반대 신문이라고 한다. 이처럼 같은 증인에 대해 쌍방이 교차해서 질문을 던지는 것을 교호 신문이라고 한다. 이에 해당하는 영어가 바로 Cross Examination이다. 이를 그림으로 그리면 〈그림 2.3〉과 같다.

그런데, 이렇게 법정에서 쓰이는 Cross Examination을 디베이트에 도입하면 좋을 것이라고 생각한 사람들이 있었다. 1971년도에 미국에서 결성된 Cross Examination Debate Association이 대표적이다. 이곳에서 고전형

그림 2.3 교호 신문

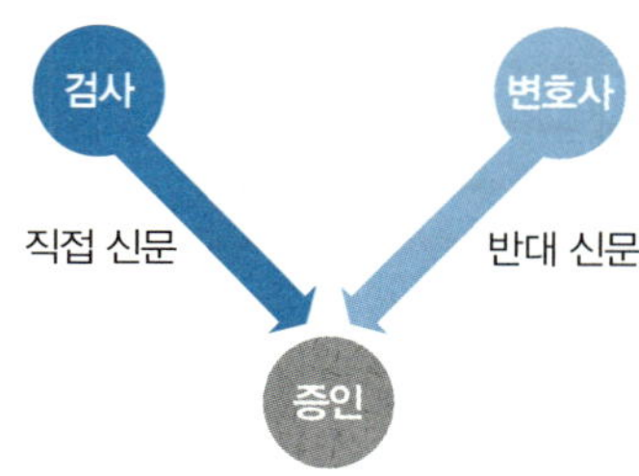

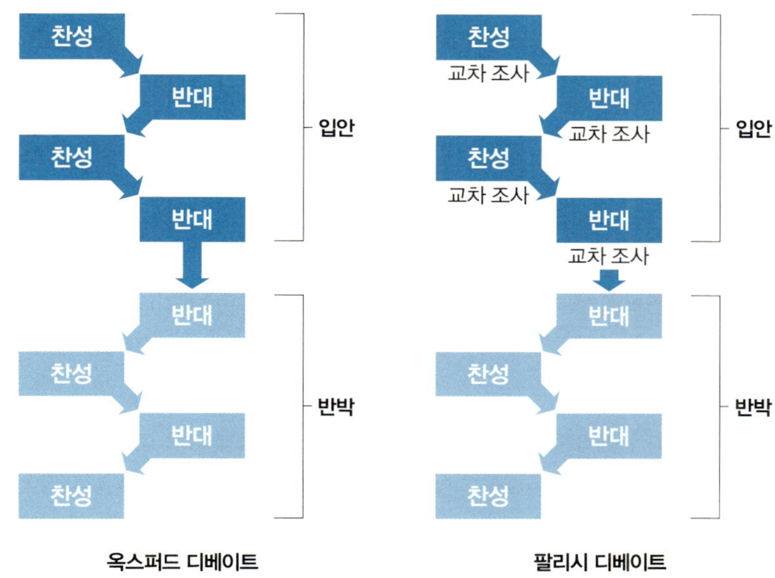

디베이트에 Cross Examination을 추가하여 현재 쓰이는 팔리시 디베이트가 탄생되었다. 디베이트에서는 Cross Examination를 교차 조사라고 번역한다. 〈그림 2.4〉를 보자.

왼쪽의 그림은 고전형 디베이트인 옥스퍼드 디베이트 형식이다. 여기에서는 입안과 반박만이 있을 뿐, 교차 조사는 없다. 그런데 오른쪽의 팔리시 디베이트 형식을 보면 입안 부분에서 교차 조사가 추가되었다.

법정에서 쓰이는 Cross Examination은 법정에 출두한 증인에 대해 검사, 변호사 등 쌍방이 서로 질문을 통해 신문하는 것을 가리킨다. 한국말로는 교호 신문이다. 그런데, 디베이트에서 사용되는 교차 조사는, 영어 표현은 Cross Examination으로 같지만, 실제 활용되는 방법은 다르다. 디베이트에서 교차 조사는 입안자의 발언이 끝난 다음 상대방 팀이 질문을 던져 입안의 내용을 확인하거나 반박하는 순서다. 특징은 일방성이다. 즉, 질문을 던지는 사람은 질문할 권리가 있지만, 답변하는 사람은 답변만 할 의무가 있다. 결국, 교차 조사 시간의 주도권은 질문자에게 있다. 답변자는 방어하는 입장이다.

디베이트에 교차 조사가 추가되면 어떤 변화가 일어날까? 교차 조사가 붙은 입안을 맡은 학생들의 입장에서 생각해 보면 분명해진다. 학생들은 이전에도 물론 열심히 디베이트를 준비했다. 그런데, 자신의 발언 직후에 그 발언의 근거를 확인받고 논리적 오류를 추궁당하는 순서가 추가되자, 학생들은 더욱 철저하게 디베이트 논리를 준비하고 디베이트에 더 몰입하게 되었다. 참가 학생들에게 더욱 다양한 지적인 자극을 주고 프로그램에 더욱 몰입시키자는 디베이트의 원리가 더 잘 관철되게 된 것이다. 나아가, 교차 조사가 추가되면서 디베이트는 더욱 역동적으로 변했다.

여담이다. 디베이트 코치 양성 과정에서 있었던 일이다. 입안을 맡은 분이 열심히 자료 조사를 해서 입안을 했다. 여러 가지 통계를 자기 주장의 근거로 제시했다. 그런데 상대방 팀의 교차 조사 시간이 되자 이런 질문이 나왔다.

"아까 말씀하신 통계가 언제, 어디서 발표된 것이지요?"

질문을 받은 분은 당황했다. "아, 그게, 그러니까……." 하면서 자신의 자료를 뒤적였다. 답변이 없자, 두 번째 질문이 나왔다.

"그 통계의 모집단은 얼마만한 규모였습니까?"

질문을 받은 분은 다시 또 당황했다.

"아, 그러니까…… 그거는 자료에 나와있지 않은데요……."

교차 조사를 맡은 분은 이렇게 말했다.

"그럼 상대방 팀은 지금 근거로 든 통계가 누가, 언제, 어떻게 해서 얻은 자료인지도 모르는 채 그 통계를 근거로 제시했던 것입니까?"

질문을 받은 분은 말문이 막혀 버렸다. 순식간에 언제, 누가, 어떻게 얻

은 통계인지도 모르면서 그를 근거로 제시한 허술한 사람이 되어 버린 것
이다.

나는 디베이트가 끝난 후, 그분이 머리를 쥐어뜯는 모습을 보았다. '그걸
확인하고 이야기했어야 했는데……'라고 생각하는 것처럼 보였다. 향후 디
베이트에서 그 분은 통계에 관한 한 누가, 언제, 어떻게 조사한 것인지를
분명히 확인할 것이 분명했다. 교차 조사의 힘은 이것이다. 입안을 하는
사람이 더욱 철저하게 자기 입안을 준비하게 한다. 자기 발언 중에서 문제
생길 것이 없는지 다시 한 번 확인하고, 자기 논리가 완벽한지 다시 한 번
점검하게 한다. 디베이트에 더욱 몰입하게 만드는 것이다.

디베이트 형식을 설명하는 말 중에 "디베이트 형식의 백미는 반박과 교
차조사다."가 있다. 이제 이 말은 쉽게 이해될 수 있겠다. 디베이트는 웅변
과 달리 반박이 추가되면서 전혀 다른 교육 프로그램으로 거듭나게 되었
다. 비판적 사고력을 요하는 종합 교육 프로그램이 되면서, 여기에 참가하
는 학생들이 더욱 몰입하게 된 것이다. 그런데, 여기에 교차 조사가 추가되

그림 2.5 디베이트 프로그램의 탄생과 변화

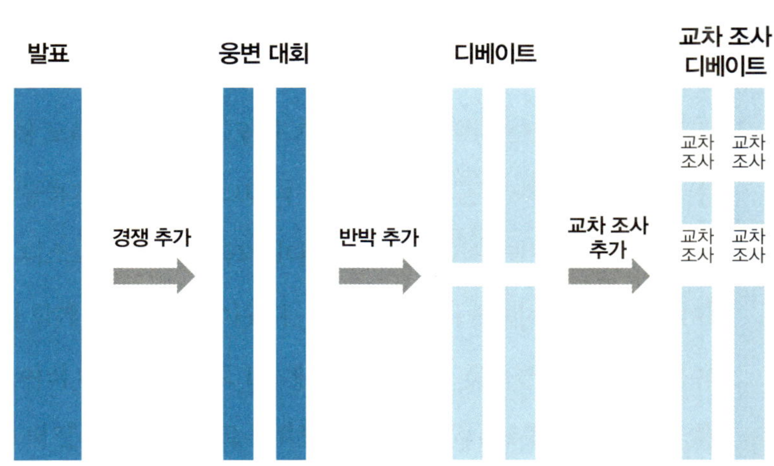

면서 디베이트는 더욱 긴장감 있는 프로그램, 참가 학생들을 더욱 몰입시
키는 프로그램이 되었다. 그래서 디베이트 형식의 백미는 반박과 교차 조
사인 것이다.

결국, 지금까지 이야기한 것을 그림으로 표현하면 〈그림 2.5〉와 같다.

똑같은 발표이지만, 웅변 대회는 경쟁이 추가되면서 훨씬 긴장감 있는
프로그램이 되었다. 그런데 아직은 디베이트가 아니다. 일반적인 퍼블릭
스피치에 불과하다. 그런데 여기에 반박이 추가되면서 디베이트라는 프로
그램이 탄생하게 되었다. 여기에 교차 조사가 붙으면서 디베이트는 더욱
현대적 형태의 것이 되었다.

한국식 세다 방식

잠깐 다른 길로 빠지자. 한국에는 '한국식 세다 방식'이란 디베이트가 있
다. 이 참에 이를 분명히 이해해 보자.

앞서 거론한 팔리시 디베이트(Policy Debate)는 별명이 있다. 교차 조사
디베이트가 그것이다. 팔리시 디베이트의 입안 단계에 교차 조사가 주렁
주렁 붙어 있었던 것을 떠올려 보자. 고전형 디베이트인 옥스퍼드 디베이
트에 교차 조사가 붙은 것이 현재의 팔리시 디베이트라는 점도 기억해 보
자. 팔리시 디베이트에 교차 조사 디베이트라는 별명이 붙을 수도 있겠다
는 생각이 들 것이다. 그러니까, 팔리시 디베이트와 교차 조사 디베이트는
같은 것이다.

앞서 말했듯이 교차 조사는 영어로 Cross Examination이다. 그러니까 교
차 조사 디베이트는 영어로 Cross Examination Debate가 된다. 그런데 미국
에는 이 Cross Examination Debate를 하는 사람들이 모인 협회가 있다. 그

협회의 이름이 Cross Examination Debate Association이다. 한국말로 하면 교차 조사 디베이트 협회가 된다. 이 영문 이름의 이니셜을 따면 CEDA다. 이를 한국말로 읽으면 '세다'가 된다. 한국식 세다에서 세다의 어원이 이것이다. 그러니까, 세다는 미국에 있는 교차 조사 디베이트 협회를 칭한다.

인터넷에는 위키피디아(Wikipedia)라는 영어 온라인 백과사전이 있다. 이 위키피디아를 방문하여 Cross Examination Debate Association을 검색해 보자. 그럼 그 설명의 첫 문장이 이렇게 시작된다.

> The Cross Examination Debate Association(CEDA) is the largest intercollegiate policy debate association in the United States.

이를 한국말로 번역해 보면, 'Cross Examination Debate Association (CEDA=세다)은 미국에서 제일 큰, 대학 간 팔리시 디베이트 조직'이 된다. 이게 정확한 뜻이다. 실제로 세다는 미국의 대학가에서 가장 큰 팔리시 디베이트 조직이다. 이 정의에서 유의할 점은, 세다는 (1) 미국에서 제일 크기는 하되, (2) 대학 간 디베이트 조직이고, (3) 그곳에서 하는 디베이트가 팔리시 디베이트며, (4) 세다는 조직의 이름이라는 것이다.

그런데 한국에는 세다를 아래와 같이 설명하는 자료가 있다. 세다에 대해 질문한 한 현직 선생님이 보내 준 한글 파일에 담겨 있던 내용이다. 그러니까 정확한 출처는 모른다. 거기에서는 세다를 이렇게 설명하고 있었다.

> CEDA 토론 방식이란? 본 대회가 채택하는 토론 방식은 미국 아카데미식 토론 대회에서 가장 보편적으로 사용하고 있는 CEDA(Cross Examination Debate Association) 방식으로서 지금까지의 여러 토론 프로그램과 달리 입론, 교차 조사, 반박이라는 세 가지 발언의 유형과 각각에 일정한 시간 제한을 두는 엄격한 형식을 갖고 있다.

알다시피 아카데믹 토론이란 한국에서 디베이트를 다르게 부르는 말 중의 하나이다. 그러니까 앞의 글에서는 '세다 방식은 미국 디베이트 대회에서 가장 보편적으로 사용하는 토론 방식'이라고 설명하는 셈이다. 이 설명과 미국의 위키피디아 설명을 비교해 보자. 다음과 같은 차이점들이 드러난다.

> (1) 세다는 미국에 있는 디베이트 조직의 이름이고, 그 조직에서 쓰는 디베이트 방식이 팔리시 디베이트이다. 그런데, 한국 자료에서는 세다를 토론 방식이라고 설명하고 있다.
>
> (2) 미국에서 세다는 대학 간 디베이트 조직의 이름인데, 한국 자료에는 이 설명이 누락되어있다.

결국, 한국 자료만을 통해 세다를 이해하는 사람들은 세다를 '미국에서 가장 널리 사용되는 디베이트 방식'이라고 이해할 개연성이 있다. 실제로 내게 질문해 온 선생님 중에는 이렇게 이해하고 있는 분들이 있었다. 하지만, 알다시피 디베이트에는 여러가지 형식이 있다. 팔리시 디베이트는 그 한 종류일 뿐이다. 미국에는 디베이트 조직도 여럿 있다. 대학 간 디베이트 조직으로 가장 유명한 것이 CEDA이고, 고등학교 디베이트 조직에서 가장 유명한 것이 NFL이다. 물론, 다른 디베이트 조직들도 많이 있다.

원래 세다와 한국식 세다를 비교할 때 세 가지가 달라졌다. 첫째는 방금 위에서 설명한 것처럼 세다에 대한 한국 자료의 설명이 변형되었다는 것이다. 둘째는 참가하는 학생들 수다. 미국에서 팔리시 디베이트는 2:2로 한다. 그런데 한국의 세다는 3:3으로 한다. 셋째는 원래는 없던 순서가 추가된 것이다. 한국식 세다에는 원래 팔리시 디베이트 순서에 없는 발언 순서가 마지막에 찬반 각각 1회씩 추가되어 있다. 그리고 그 순서는 '결론'이라고 설명되고 있다. 2:2로 하는 미국식 팔리시 디베이트에 참가하는 학생들은 모두 자기 역할이 있다. 그런데 한국식 세다에서는 각 팀에 한 명이 추가된다. 이때 추가된 학생이 맡을 역할이 없게 된다. 그래서 한국식 세다에서 세 번째 선수들은 반박 단계에서 한 번, 그리고 팔리시 디베이트에 임의로 추가된 부분에서 한 번 더 발언할 기회를 갖는다. 이를 그림으로 설명해 보면 〈그림 2.6〉과 같다.

그림에서 왼쪽은 팔리시 디베이트다. 오른쪽은 한국식 세다 디베이트다. 크게 봐서는 비슷하다. 그런데, 한국식 세다 디베이트는 팔리시 디베이트에 임의로 추가된 부분이 있다. 맨 아래쪽의 결론 부분이 이에 해당한다. 한국식 세다에서는 이 단계를 '결론'이라고 부른다. 그러니까, 팔리

그림 2.6 팔리시 디베이트와 한국식 세다 디베이트

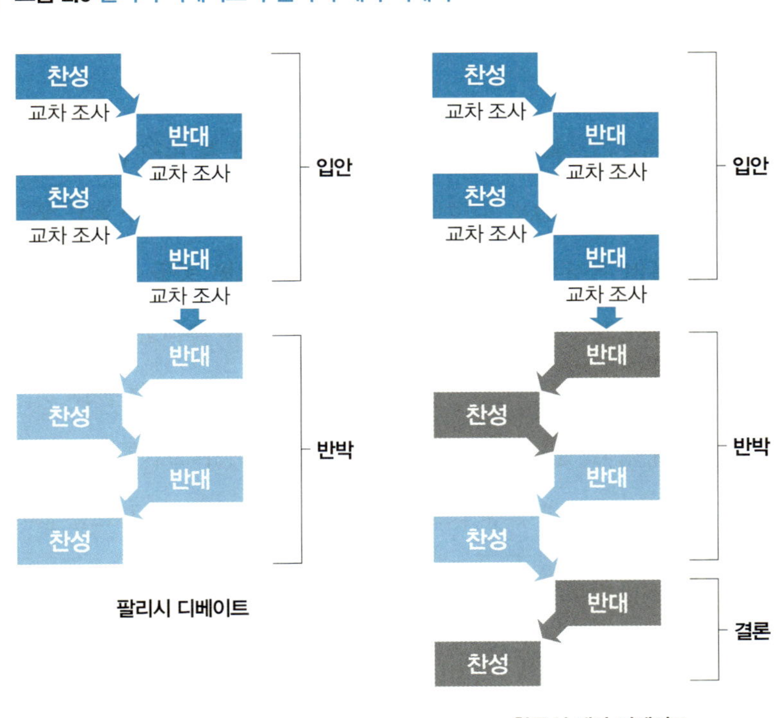

시 디베이트가 내용적으로는 입안 – 교차 조사 – 반박의 순서를 갖는 데 비해, 한국식 세다는 입안 – 교차 조사 – 반박 – 결론의 순서를 갖는다. 이 결론의 순서와 반박의 앞 부분 둘(반대와 찬성)이 한국식 세다 디베이트에서 추가된 세 번째 선수가 맡는 순서가 된다.

지금 내가 하는 설명을 '그러니까, 한국식 세다는 문제가 있다.'는 식으로 이해하지 말기 바란다. 한국식 세다도 디베이트 형식의 기본 내용인 입안, 반박, 교차 조사를 포함하고 있다. 따라서, 한국식 세다 역시 열심히 하면 다른 디베이트를 열심히 했을 때 나타나는 효과를 볼 수 있다. 마치 달리기에서 100미터 달리기를 열심히 하든, 마라톤을 열심히 하든, 몸이 건강해지기는 매 한가지인 것처럼 말이다.

하지만 한 가지 문제가 남는다. 과연, 현재 우리가 염두에 두고 있는 초·중·고 학생들에게 이를 권할 수 있는가라는 문제다. 앞서 말했듯이, 세다는 미국의 대학 간 디베이트 조직이다. 대학생들이 주로 하는 디베이트란 뜻이다. 물론, 디베이트 시간을 줄여서 고등학생들이 하기도 한다. 그런데 원래의 팔리시 디베이트에 비해 더 복잡해진 이 한국식 세다 디베이트 형식을 한국의 초·중·고 학생들에게 권하는 것이 적절할까? 나는 "한국식 세다로 하니까, 학생들이 자기 순서를 제대로 찾는 것도 힘들어해요."라고 말하는 현직 고등학교 선생님의 하소연을 들은 적이 있다. 이 부분에 대한 설명은 마친다. 나머지는 현장의 디베이트 코치들이 디베이트에 참여하는 학생들을 고려하여 판단할 일이다.

전통형 디베이트 형식의 새로운 이해

다시 원래 이야기로 돌아간다. 앞서 말한 것처럼, 디베이트는 반박이란 순서를 추가함에 따라 종합적인 교육 프로그램으로 거듭났고, 교차 조사의 추가로 인해 디베이트에 더욱 몰입하게 하는 구조를 갖게 되었다. 지금까지의 이해를 기초로, 기존의 전통형 디베이트 형식들을 새롭게 이해해 보자. 내가 말하는 전통형 디베이트 형식이란 링컨 더글러스 디베이트, 의회식 디베이트, 팔리시 디베이트를 뜻한다. 이들 디베이트 형식은 서로 조금씩 다르지만, 공통적인 특징이 있다. 이러한 공통 특징을 이해하면 퍼블릭 포럼 디베이트를 좀 더 새롭게 이해할 수 있다.

먼저 링컨 더글러스 디베이트, 의회식 디베이트, 팔리시 디베이트의 순서를 돌이켜 기억해 보자. 다음 쪽의 순서도를 살펴보자.

자, 이렇게 평면적으로 나열하면 구별이 잘 안된다. 해서, 이들 세 가지 디베이트 형식의 순서를 〈그림 2.7〉처럼 꺾쇠 그림으로 이해해 보자. 꺾쇠 그림으로 이해하면 쉽게 기억할 수 있고, 또 그 차이점도 분명히 드러난다. 〈그림 2.7〉에서 숫자는 각 순서당 배정된 시간, 그러니까 분을 이야기한다. 6이라고 하면 6분을 발언하는 것으로 이해하면 된다.

맨 왼쪽의 것은 링컨 더글러스 디베이트다. 두 번째 것은 의회식 디베이트, 마지막은 팔리시 디베이트다. 이들 전통형 디베이트 형식들을 서로 비교해 보자. 이들 디베이트 형식들의 공통점은 무엇일까? 세 가지로 요약된다.

첫째, 이들 전통형 디베이트는 모두 찬성 측에서 디베이트를 시작하고, 찬성으로 끝이 난다. 왜 그럴까? 전통형 디베이트는 찬성에서 시작하는 것이 불문율처럼 되어 있었다. 이에 대한 가장 일반적인 설명은 이렇다. 디베이트 주제는 현실에 대한 안티 테제 내지는 개선의 방향성을 담고 있다. 찬성 측은 이에 대해 찬성하는 것이다. 그런데, 찬성 측이 제시하는, 현실을 어떻게 바꾸자는 이야기를 듣지 않은 상태에서 무조건 반대를 한다는 것은 비논리적이라는 설명이다. 이런 이유에서, 찬성 측이 먼저 발의하고 반대 측이 이에 대해 반대하는 순서로 디베이트 순서가 마련되었다.

링컨 더글러스 디베이트 형식 (1 : 1, 총 32분)	
찬성 팀의 입안(Affirmative Constructive)	6분
반대 팀의 교차 조사(Cross Examination)	3분
반대 팀의 입안(Negative Constructive)	7분
찬성 팀의 교차 조사(Cross Examination)	3분
찬성 팀의 반박(The First Affirmative Rebuttal)	4분
반대 팀의 반박(The Negative Rebuttal)	6분
찬성 팀의 반박(The Second Affirmative Rebuttal)	3분

의회식 디베이트 형식 (2 : 2, 총 40분)	
찬성 팀 A의 입안(Prime Minister Constructive)	7분
반대 팀 A의 입안(Leader of the Opposition Constructive)	8분
찬성 팀 B의 입안(Member of the Government Constructive)	8분
반대 팀 B의 입안(Member of the Opposition Constructive)	8분
반대 팀 A의 반박(Leader of the Opposition Rebuttal)	4분
찬성 팀 A의 반박(Prime Minister Rebuttal)	5분

팔리시 디베이트 형식 (2 : 2, 총 64분)	
찬성 팀 A의 입안(The First Affirmative Constructive)	8분
반대 팀 B의 교차 조사(Cross Examination)	3분
반대 팀 A의 입안(The First Negative Constructive)	8분
찬성 팀 A의 교차 조사(Cross Examination)	3분
찬성 팀 B의 입안(The Second Affirmative Constructive)	8분
반대 팀 A의 교차 조사(Cross Examination)	3분
반대 팀 B의 입안(The Second Negative Constructive)	8분
찬성 팀 B의 교차 조사(Cross Examination)	3분
반대 팀 A의 반박(The First Negative Rebuttal)	5분
찬성 팀 A의 반박(The First Affirmative Rebuttal)	5분
반대 팀 B의 반박(The Second Negative Rebuttal)	5분
찬성 팀 B의 반박(The Second Affirmative Rebuttal)	5분

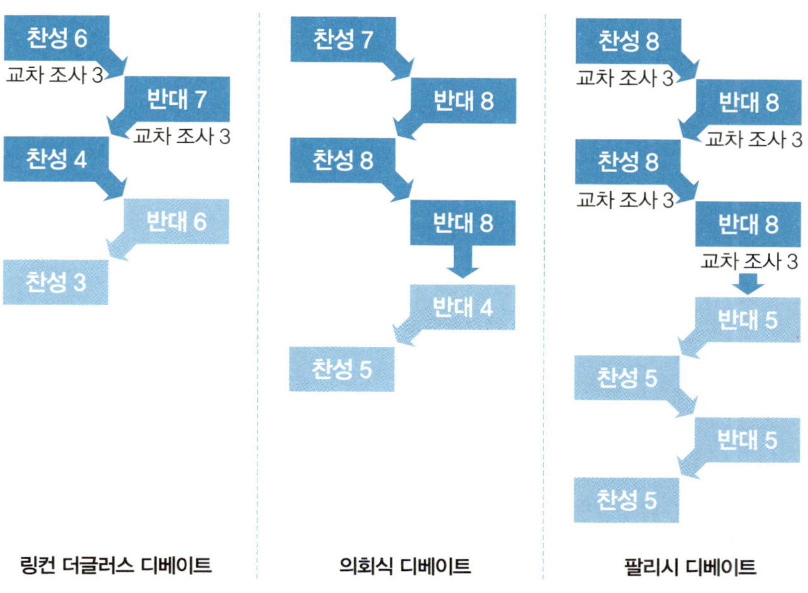

그렇다면 왜 찬성이 반드시 마지막을 장식하도록 되어 있을까? 이에 대해서는 설명이 분분하다. 팔리시 디베이트의 경우, '입안은 찬성이 먼저 시작했으니 반박은 반대가 먼저 시작해서 균형을 맞추려는 것'이란 설명이 있다. 그런가 하면, '옛날부터 그러했으므로, 그렇게 한다.'는 비논리적인 설명도 있다. 이에 대해 가장 실제적인 설명은 이렇다. 찬성 측은 반대 측에 비해 부담이 더 크다. 왜냐하면 현실을 개선하는 방향을 제시해야 하는데다가, 이를 디베이트 과정에서 입증해야 하기 때문이다. 디베이트에서 찬성 측에 의해 제시된 주장은 찬성 측이 이를 입증할 때까지는 성립하지 않는 명제로 간주한다. 결국, 찬성 측의 부담을 디베이트 형식에서 소화해 주기 위해 찬성 측을 마지막 순서로 두게 되었다는 설명이다. 이런 이유에서, 전통적 디베이트는 그림에서 보듯이 찬성 측에 의해 시작되어, 찬성 측으로 마감하는 것이 불문율처럼 되었다.

둘째, 이들 전통형 디베이트는 모두 크게 두 가지의 내용, 그러니까 입안과 반박으로 이루어져 있다. 순서가 간단하든, 복잡하든 마찬가지다. 정확히 말하자면 〈그림 2.7〉에서 배경이 회색인 윗 부분은 입안 부분을 이루고, 그 밑의 부분은 반박 부분을 이룬다. 배경 색에 유의하면서, 비교해서 살펴보자.

대구 학부모 1,000명 디베이트 코치 과정에 도전!

대구교육청은 2012년 목표 중의 하나인 〈디베이트 중심 도시, 대구 육성〉이라는 과제를 추진하기 위한 노력의 일환으로 2011년 11월 29일부터 대구 학부모 1,000명을 디베이트 코치로 양성하는 과정을 시작했다. 한국에서 시작된 첫 번째 대규모 디베이트 코치 양성 과정이었다. 필자와 투게더 디베이트 클럽 20명의 실습 교수들이 이 과정에 참여했다.

첫날은 하루 8시간 계속되는 강연. 그럼에도 불구하고 참석한 학부모들은 진지하게 받아들였다. 두 번째 날은 실습 시간. 서울 등 경향 각지에서 모인 투게더 디베이트 클럽 교수진 20여 명은 수십 개의 교실에 나눠 배치되어 학부모들의 실습을 도왔다. 학부모들은 처음 경험한 디베이트임에도 "우리 자식들도 이런 순간에 바로 이런 어려움을 겪을 것"이라며 참고 감내했다. "쉽지 않았지만 재미있고, 의미 있었다."는 것이 중평이었다.

행사장을 가득 메운 대구 학부모님들(왼쪽 사진). 실습 지도를 위해 전국에서 모인 투게더 디베이트 클럽 교수진들. 왼쪽부터 신현주, 박미정, 김정례, 김혜란, 신유정, 이지수, 박수희, 서경옥, 이명인, 강지선 코치. 그리고 대구교육청의 한원경 장학관님. 맨 오른쪽은 필자.

셋째, 이들 전통형 디베이트는 입안 부분에 교차 조사 혹은 그와 유사한 것이 포함된다. 링컨 더글러스 디베이트, 팔리시 디베이트의 경우 입안 다음에 교차 조사가 붙고, 의회식의 경우 교차 조사와 유사한 기능을 하는 POI(=Point of Information, 보충 질의)가 입안 시간에 포함된다.

결국, 전통형 디베이트는 그 순서가 복잡하든, 간단하든, 1 : 1로 하든, 2:2로 하든, 찬성에서 시작해서 찬성으로 끝난다. 그리고 그 순서는 입안 – 교차 조사(혹은 POI) – 반박의 구조를 갖고 있다. 디베이트 형식의 백미를 이루는 반박과 교차 조사가 포함되어 있는 것이다.

◉ 퍼블릭 포럼 디베이트에 대한 새로운 이해

지금 한국에서 퍼져 나가고 있는 퍼블릭 포럼 디베이트는 2002년 미국에서 시작되었다. 2012년을 기준으로 하면 막 열 살이 된 것이다. 디베이트 형식 중 가장 젊은 형식이다.

퍼블릭 포럼 디베이트의 목표를 제대로 이해하는 것이 중요하다. 이 디베이트의 목표는 '일반인들을 대상으로 일반인들이 쓰는 용어로, 그렇지만 조리 있게 의견을 펼쳐 심판과 청중의 지지를 얻어 내는 것'이다. 이 말을 거꾸로 이해하면, 전문가들을 대상으로, 전문가들이 쓰는 용어로 하는 디베이트가 아니라는 것이다. 예를 들어, 팔리시 디베이트에서는 1년 동안 같은 주제로 디베이트를 하면서 학생들이 준 전문가가 될 것을 요구받는다. 또, 디베이트 과정에서 전문 용어가 쉴 사이 없이 튀어나온다. 이런 디베이트는 대학생들에게 어울릴 것이다. 실제로 미국에서 팔리시 디베이트는 주로 대학생들이 한다.

그런데 퍼블릭 포럼 디베이트의 목표는 이와 달리 '일반인들을 대상으

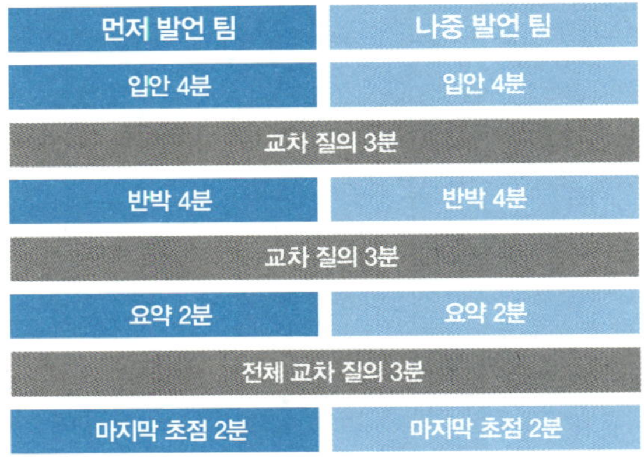

*준비 시간(Prep Time): 팀당 2분

로 일반인들이 쓰는 용어로, 그렇지만 조리 있게 의견을 펼쳐 심판과 청중의 지지를 얻어 내는 것'이다. 이 목표는 대학생이 아닌 저학년 학생들도 충분히 도전해 볼 만하다. 그래서 나는 한국의 초·중·고 학생들에게 퍼블릭 포럼 디베이트를 권하는 것이다.

이제 퍼블릭 포럼 디베이트를 좀 더 깊이 있게 이해해 보자. 앞서 말한 전통형 디베이트의 세 가지 공통점을 염두에 두면서, 〈그림 2.8〉의 퍼블릭 포럼 디베이트를 살펴보면 무언가 다른 점들이 보일 것이다. 이를 통해 깊이 있는 퍼블릭 포럼 디베이트 이해가 가능하다. 퍼블릭 포럼 디베이트를 이전의 전통형 디베이트와 비교할 때 무엇이 달라졌는지 〈그림 2.8〉에서 찾아보자.

첫째, 퍼블릭 포럼 디베이트에서는 꼭 찬성이 먼저 발언하지 않는다. 반대도 먼저 이야기할 수 있다. 전통형 디베이트에서는 찬성 측이 먼저 말하는 것이 고정된 순서였다. 그리고 마지막 순서도 찬성 측으로 고정되어 있었다. 하지만 퍼블릭 포럼 디베이트에서는 반대도 먼저 발언하는 것이 가능하다. 동전 던지기를 통해 찬성과 반대 측을 선택하는 것은 물론, 먼저

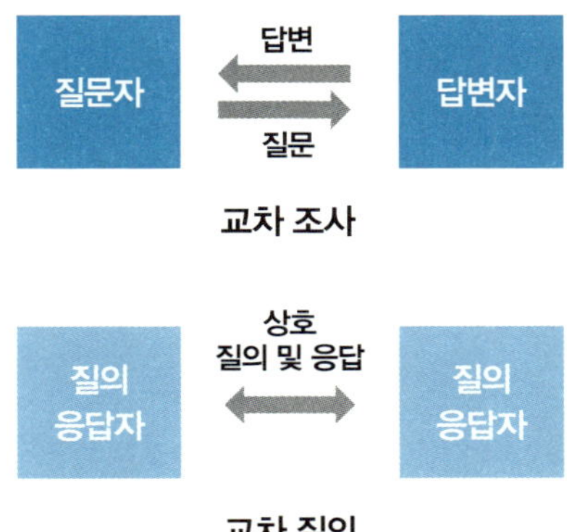

발언할지 나중에 발언할지도 선택한다. 이렇게 발언의 선후도 선택의 대상이 되면서 반대가 먼저 발언하는 것이 가능해졌다. 나아가, 이를 통해 퍼블릭 포럼 디베이트는 완벽한 대칭형의 디베이트가 되었다. 이전의 전통형 디베이트에서 좌우가 대칭이지 않았다. 찬성 측이 먼저 발언하고, 찬성 측이 맨 마지막에 발언하도록 되어 있었기 때문이다. 하지만, 반대도 먼저 발언할 수 있도록 하면서, 퍼블릭 포럼 디베이트는 완벽한 대칭형 디베이트가 되었다.

둘째, 퍼블릭 포럼 디베이트에서는 전통형 디베이트의 교차 조사(Cross Examination)가 교차 질의(Cross Fire)로 바뀌면서 더욱 역동적으로 변했다. 게다가, 교차 질의가 입안은 물론 반박과 요약 다음에도 배치되면서 참가 학생들을 더욱 몰입시키는 효과를 가져왔다. 앞서 말한 전통형 디베이트에서 교차 조사는 질문자와 답변자가 구별되어 있었다. 질문자는 공격의 입장에서, 답변자는 방어의 입장에서 임했다. 그런데, 교차 질의는 서로 질문과 답변을 하도록 했다. 위의 〈그림 2.9〉를 참조해 보자.

이렇게 하면 무엇이 달라질까? 교차 질의에서는 같이 쓰는 교차 질의 시간 3분을 좀 더 우리 편에게 유리하게 이끌려는 의도가 생긴다. 실제 디베이트 현장에서도 교차 질의 시간에 서로 발언의 주도권을 잡기 위해 애를 쓰는 모습이 목격된다. 그런데, 이 의도는 한쪽 편만 갖고 있는 것이 아니다. 찬성 팀과 반대 팀 모두 갖고 있다. 결국, 교차 질의 시간을 좀 더 우리 편에게 유리하게 이끌려는 의도는 충돌한다. 질문자와 답변자 역할이 정해져 있는 교차 조사에 비해 더욱 치열해지는 것이다. 결과적으로 디베이트는 더욱 역동적으로 변했다. 게다가, 전통형 디베이트에서 교차 조사는 입안 다음에만 붙었었다. 그런데, 퍼블릭 포럼에서는 교차 질의를 반박과 요약 다음에도 붙였다. 디베이트 과정은 더욱 치열해지고, 참가 학생들은 디베이트에 더욱 몰입하게 되었다.

셋째, 퍼블릭 포럼 디베이트에서는 이전의 전통형 디베이트에서는 없었던 순서인 요약과 마지막 초점이 생겼다. 전통형 디베이트는 간단하든 복잡하든, 크게 입안 – 반박의 두 내용으로 구성되어 있었다. 그런데 퍼블릭 포럼 디베이트는 입안 – 반박 – 요약 – 마지막 초점의 네가지 순서로 되어 있다. 그렇다면 전통형 디베이트에는 요약과 마지막 초점의 기능이 없었을까? 명시적으로 독립된 순서로는 없었다. 하지만 내용적으로는 있었다. 그러니까, "오늘의 디베이트를 요약하자면……." 하는 발언도 있었고, "우리 팀이 마지막으로 강조하고자하는 것은……"이란 발언도 있었다. 하지만, 퍼블릭 포럼 디베이트에서는 이를 독립된 순서로 만들었다.

요약과 마지막 초점은 참가 학생들에게 상당히 지적인 작업을 요구하는 순서다. 요약에서는 참가 학생들이 지금까지 진행된 디베이트를 입체적으로 잘 이해하고 있는지를 묻는다. 마지막 초점에서는 오늘 진행된 디베이트에서 가장 관건이 되는 전략적 고리가 무엇이었는지를 묻는다. 학생들은 이런 질문에 답하면서 상황을 개념적·입체적으로 이해하는 능력을 배워나가고, 또 주어진 상황에서 가장 관건이 되는 고리를 찾아내는 능력이 키운다. 퍼블릭 포럼 디베이트는 요약과 마지막 초점이 독립된 순서로 배치되면서 학생들에게 더 큰 지적 자극을 주는 디베이트가 되었다.

다시 말하거니와, 디베이트 형식의 원리는 참가 학생들에게 더욱 다양한 지적 자극을 주고, 또 몰입시키려는 차원에서 발전해 왔다. 이런 각도에서 퍼블릭 포럼 형식을 이해하면, 더 깊이 있게 이해할 수 있다. 퍼블릭 포럼 디베이트에서 찬성과 반대의 순서를 선택하게 함으로써 디베이트를 더욱 역동적으로 하게 했고, 또 교차 조사가 교차 질의로 변하면서 더더욱 역동적으로 변했다. 나아가, 요약과 마지막 초점을 독립시킴으로써 더욱 다양한 지적 자극을 주게 만들었다.

전통형 디베이트도 참가 학생들에게 다양한 지적 자극을 주고, 참가 학생들을 몰입시킨다. 그런데, 퍼블릭 포럼 디베이트에서는 이 원리가 더욱 치열하게 관철된다. 그러면서 디베이트의 목표는 저학년 학생들도 도전해 볼 수 있도록 설정했다. 간단히 말하자면, 퍼블릭 포럼 디베이트는 용이한 목표를 제시하면서도, 훨씬 다양한 지적 자극을 추구하고 더욱 몰입시킨다. 이런 사정을 배경으로 한국의 초·중·고 학생들에게 퍼블릭 포럼 디베이트 형식을 추천하는 것이다.

◉ 직파식 토론에 대한 이해

이는 보충 설명이다. 한국 토론 현장에서 직파식 토론(Direct Clash Debate)이 문제가 된다. 이유는 (1) 한국의 정식 토론 교과서에 중요한 토론 방법 중의 하나로 소개될 정도로 중시되면서, (2) 이에 대한 구체적인 설명은 서로 다르기 때문이다. 인터넷에서 수집한, 다양한 직파식 토론 설명과 궁금증을 보자.

한 인터넷 카페에 올라온 질의 응답이다.

인터넷에 보면 직파식 토론에 대해 이렇게 정리한 견해도 있다.

'직파식 토론'에서 '직파식'이란 말은 '직접적으로 깨뜨린다'는 뜻으로, 토론
을 할 때 상대방 의견을 직접적으로 반대하여 상대방 의견의 잘못된 점을
분명하게 밝히는 토론 형식을 의미한다. 토론 주제에 대하여 찬성하는 쪽과
반대하는 쪽이 서로 다른 편의 근거를 직접 반대하는 방식으로 진행된다.

역시 인터넷에는 직파식 토론에 대해 이렇게 다른 설명이 있다.

직파식 토론은 어떤 논제에 대하여 찬성 편과 반대 편이 상대편을 논파
하는 방식으로 이루어지는 토론이다. 이것은 입론 부분은 전통적 토론

과 같으나 반론 부분이 다르다. 이것의 반론은 제1 찬성자의 반론과 변호 → 제2 반대자의 공박과 변호 → 제2 찬성자의 반박과 변호 → 제1 반대자의 논박과 변호의 순으로 진행된다.

마지막으로, 직파식 토론에 대한 또 다른 설명이다.

(1) 직파 토론(直破討論, the direct clash debate)이란 둘 혹은 세 사람이 한 편이 되어 상대편이 제시한 논거를 직접 반박하여 논파하는 토론이다. 이 토론에서는 사회자가 토론을 언제나 중단할 수 있다. 이것은 직파 토론이 논제를 중심으로 논쟁적 주제들을 하나씩 밝혀 나가는 토론이기 때문이다. 사회자는 결론이 도출되었다고 판단되면 언제라도 토론을 끝내고 다음 주제로 넘어갈 수 있다. 이때 토론자들은 사회자의 지시와 판정에 따를 의무가 있다. 직파 토론은 약 한 시간 동안 한다. 그런데 논제와 여건에 따라 토론의 시간, 순서, 다룰 논점의 수효 등은 조절할 수 있다.
(2) 직파 토론에서는 상대의 입론에서 발견된 논증적 오류를 지적하여 직접적으로 논박할 수 있는 기회가 주어진다. 심사위원이나 청중으로부터 큰 호응을 얻을 수 있는 기회를 스스로 만들어야 하므로 상대 측의 입론을 듣는 동안 내용을 분석하고 비판하는 언어 기능을 수행해야 한다.
(3) 직파 토론은 두 사람 혹은 세 사람이 한 팀을 이룬다. 따라서, 같은 입장을 지지하는 구성원들이 서로 긴밀한 협력 관계 하에서 토론을 준비하고 수행해야 한다.

이상에서 보듯 직파식 토론에 대한 설명은 조금씩 서로 다르다. 그런데 중요한 것은 이 직파식 토론이 토론의 중요한 한 방법으로 소개되고 있다는 점이다. 이제 다른 설명을 보자.

구글에 들어가서 Direct Clash Debate라고 검색해 보자. 자료가 거의 뜨지 않는다. 심지어 온라인 백과사전인 Wikipedia에는 아예 검색어가 없다. 중시되고 있지 않다는 뜻이다.

구글에 나온 자료들을 음미해 보자.

1. Saskatchewan Elocutional Debate Association 웹사이트

1974년 캐나다 Saskatchewan 주에서 결성된 토론 조직인 Saskatchewan Elocutional Debate Association의 웹사이트에서는 Direct Clash Debate 대신에 Direct Clash를 설명하고 있다. 즉, 디베이트 포맷의 한 가지로 설명하고 있기보다는, Clash(=쟁점)의 한 종류로 소개하고 있다는 것이다. 이 자료에 따르면 Clash(=쟁점)에는 크게 3가지가 있다. Direct Clash, Global Clash, Case Line Clash가 그것들이다. 여기에서는 나무를 하나 설정하고 이를 공격하는 식으로 설명한다. 아래 그림을 보자.

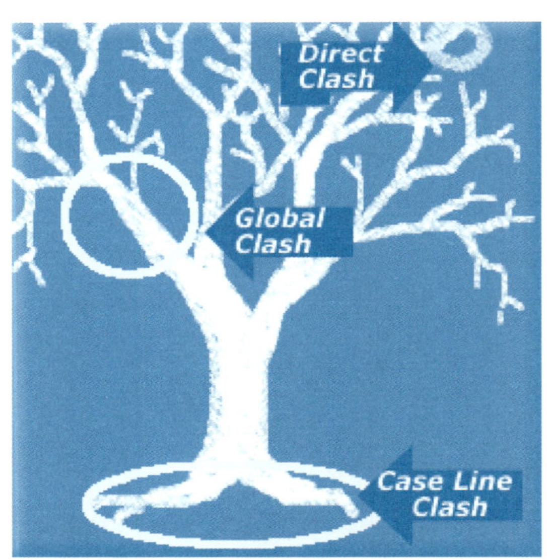

출처: Saskatchewan Elocutional Debate Association의 웹사이트

그림에서 보듯이 Direct Clash는 나무의 가지를 공격하는 것, 주장의 작은 가지를 공격하는 것이고, Global Clash는 가지가 여럿 포함된, 같은 가정에 입각한 줄기를 공격하는 것이다. Case Line Clash는 상대방 주장 자체, 그 주장이 근거하고 있는 철학 자체를 공격하는 것이다. 여기에서는 Direct Clash가 디베이트 포맷이 아닌, 쟁점의 유형, 상대방 주장에 대한 반박의 종류로 설명되고 있다.

2. The Florida Flameau의 기사

1940년 2월 23일 플로리다 주립여대의 학생신문인 The Florida Flameau의 기사에 따르면, 노스 캐롤라이나 주의 Presbyterian College 대학생들과 Direct Clash Debate를 하게 되었다고 보도하고 있다. 그러면서, 이 Direct Clash Debate가 다른 디베이트 포맷과 다른 점은 "쟁점 하나하나에 대해 직접 반박을 하는 것인데, 이는 7개까지 가능하다."고 했다.

3. Rules for the direct clash debate plan의 설명

1937년 발행된 《Quarterly Journal of Speech》 Volume 23 Issue 3에 실린 노스 캐롤라이나 주립대의 Edwin H. Paget가 쓴 〈Rules for the direct clash debate plan〉에 따르면,

(1) Direct clash debate는 한 팀당 2~5명으로 구성하고, 상대하는 팀은 서로 숫자가 달라도 된다. 예를 들어 2:5도 가능하다.

(2) 팀원들끼리의 발언 순서는 없다. 다만, 같은 사람이 두 번 발언하는 경우는 없다.

(3) 먼저 찬성 팀에서 기조 발언을 한다. 이어 반대 팀에서 찬성 팀의 발언에서 동의하는 부분과 동의하지 않는 부분에 대해 발언한다. 이때 서로 견해가 다른 부분, 즉, 쟁점을 Clash라고 하는데, 이후에는 이 쟁점별

로 서로 디베이트하는 식으로 진행한다.

4. 『Decision by Debate』(2nd Edition)의 설명

1978년 Doulas Ehninger & Wayne Brockriede가 쓴 『Decision by Debate』(2nd Edition)를 보면, 저자들은 책의 8장에서 디베이트 포맷을 설명하면서 4가지 유형을 들고 있다. Direct Clash Debate, Parliamentary Debate, Traditional Debate, Cross Examination Debate다. 이 중 우리에게 익숙한 것은 Parliamentary Debate(의회식 디베이트)와 Cross Examination Debate(팔리시 디베이트)다. Traditional Debate는 Oxford Debate처럼 Cross Examination Debate가 나오기 전에 진행되던, 간단히 말해 교차 조사가 없는 팔리시 디베이트 형식이라고 보면 된다. Direct Clash Debate가 설명되고 있는 것은 이 책의 단 한 페이지, 112페이지뿐이다.

저자들은 이렇게 설명하고 있다.

(1) 현재(1978년 당시) 고등학교나 대학교에서 널리 쓰이는 것은 Traditional Debate와 Cross Examination Debate다.

(2) 하지만, 이 책에서는 디베이트를 시작하는 초보자들에게 유리한 측면이 있다고 판단, Direct Clash Debate, Parliamentary Debate에 대해 먼저 설명한다.

(3) Direct Clash Debate의 특징은 다음과 같다.

- 이 디베이트는 두 팀이 하는데, 한 팀은 한 명에서 세 명으로 구성한다.
- 이 디베이트는 다양한 버전이 있다. 스피치의 순서와 길이가 다르다.
- 이 디베이트의 특징은 쟁점 하나하나에 집중한다는 것이다. 예를 들어, 다른 디베이트 포맷들은 주제를 〈낙태를 폐지해야 한다〉라고 정한다. 하지만, 이 주제에는 다양한 쟁점들이 포함되어 있다. 이에 비해

Direct Clash Debate는 이 중 하나의 쟁점을 주제로 택해 토론한다. 예를 들면 〈태아도 생명체다〉를 주제로 정한다.

- 이렇게 토론하면 초보자들에게 유리하다. 초보자들은 주제를 분석해야 하는 부담, 쟁점을 구별해야 하는 부담을 덜 수 있다. 명확히 제시된 쟁점을 두고 토론하는 과정에서 초보 디베이터들은 쟁점을 두고 토론하는 데 익숙해지고, 나아가 보다 높은 수준의 디베이트를 할 준비를 할 수 있다.
- 이때 제시되는 각 쟁점 주제들은 디베이트 팀들 간에 사전 협의를 통해 선정한다.

이상의 자료들을 통해 우리가 알 수 있는 점들은 다음과 같다.

(1) Clash는 디베이트에서 쟁점을 가리킨다. 그 유형 중에 Direct Clash라는 말이 있다.

(2) 그런데 디베이트 포맷의 한 가지로 쓰이는 직파식 토론(=Direct Clash Debate)은 1930~1970년대 미국에서 쓰였지만, 현재는 찾아볼 수 없다.

(3) 직파식 토론의 진행 방법은 다양하다. 참가 인원, 순서, 시간에 대한 규정이 다양하다.

(4) 한 가지 공통점이 있다면, 이는 어떤 디베이트 주제가 함축하고 있는 쟁점들 하나하나를 두고 토론한다는 점이다.

다양한 교육 현장에서 가능한 디베이트 모델

◉ 다양한 디베이트 현장 모델

지금까지 우리는 여러 가지 디베이트 형식을 원리적으로 살펴보았다. 그런데, 지금까지 설명한 디베이트 형식은 대회에서 정식으로 디베이트를 진행할 때의 형식들이다. 그렇다면, 디베이트 실제 현장에서는 어떻게 디베이트를 진행하는 것이 좋을까?

축구를 예로 들어 보자. 정식으로 축구를 할 때는 11명씩 팀을 짜서 대결한다. 하지만 축구를 즐기는 실제 현장은 다양하다. 예를 들어 동네 축구를 한다면? 군대에서처럼 많은 수가 참여하는 축구를 한다면? 이럴 때도 반드시 11명씩 팀을 짜서 한다는 규칙을 준수해야 할까? 그보다는 현장의 특성에 맞게, 적절하게 변형해서 하는 것이 적절할 것이다. 디베이트도 마찬가지다. 대회에서처럼 정식으로 디베이트를 할 때는 디베이트의 원래 규정대로 진행하는 것이 적절하다. 하지만, 일상적인 디베이트 교육 현장에서는 적절하게 변형하여 운영하는 것이 오히려 적절하다.

퍼블릭 포럼 디베이트는 2:2로 하는 것이 정식이다. 정식으로 디베이트를 할 때는 이 형식대로 진행한다. 하지만, 일상적으로 매주 하는 디베이트에서 이 형식을 채택하면 오히려 문제가 생긴다. 아픈 학생이 생기거나 여행을 떠나는 학생이 생기면 곤란해진다. 디베이트 자체가 무산된다. 그래서 오히려 여유 있게 디베이트 인원을 편성하여 진행하는 편이 현실적이다.

아무런 조건도 따지지 않고 가장 편하게, 일상적으로 할 수 있는 디베이트 구조라면 3:3 혹은 4:4가 좋다. 그중 하나를 꼽으라면 3:3이다. 이때 가장 집중도가 높게 진행할 수 있다. 이 상태에서는 학생이 사정이 생겨 최대 두 명이 빠져도 디베이트를 진행할 수가 있다. 좀 더 여유 있게 팀을 구성하여 4:4까지도 실은 괜찮다. 조금 많은 듯하지만, 큰 문제 없이 진행할 수 있다. 그런데, 이걸 넘어서서 5:5가 되면 좀 산만해진다. 그래서 아무런 조건도 따지지 않고 가장 편하게 일상적으로 할 수 있는 디베이트는 총인원 6~8명이 적당하다. 이 구조로 디베이트를 하는 것을 그림으로 그리자면 〈그림 3.1〉과 같다.

그런데, 문제가 있다. 실제 교육 현장에서는 다른 요구가 발생한다. 현재 한국에서 가장 광범하게 디베이트가 진행되는 현장은 방과 후 학교 혹은 토요 디베이트 학교다. 방과 후 학교는 정규 수업이 끝난 후 진행되는 수업이고, 토요 디베이트 학교는 2012년 주 5일제 수업 이후 휴일이 된 토요일을 활용하여 진행하는 수업이다. 이런 구조에서는 6~8명보다 많은 학생들이 참여하게 된다. 그렇다면 어떤 모양새로 하는 것이 좋을까? 〈그림 3.2〉를 보자.

〈그림 3.2〉에서처럼 방과 후 학교나 토요 디베이트 학교에서 디베이트를 진행할 때는 한 명의 디베이트 코치가 최대 16명까지 지도하는 모델로 진행하는 것이 좋다. 요령은 이렇다. 참가 학생들을 모두 4팀으로 나눠서, 첫 번째 디베이트에서는 두 팀이 대결하게 하고, 나머지 두 팀은 심판을 시킨다. 이어 두 번째 디베이트에서는 다음 두 팀이 대결하게 하고, 먼저 디베이트를 한 두 팀에게 심판을 맡기는 구조다. 이렇게 하면 최대 16명까지 참가할 수 있다. 좀 많긴 하지만 20명까지도 한 클래스로 묶어도 된다.

이런 방과 후 학교 모델 혹은 토요 디베이트 학교 모델에서는 한 가지 문제가 따른다. 심판을 보는 학생들이 클래스에 덜 몰입할 가능성이 있다. 직접 디베이트할 때에만 몰입할 가능성이 있다. 앞서 디베이트 형식의 원리는 참가 학생들에게 다양한 지적 자극을 주고, 디베이트에 몰입시키는 데 있다고 했다. 그런데, 덜 몰입하는 경우가 생긴다면 이는 디베이트 형식 원리에서 벗어난다. 어떻게 하면 좋을까?

이 문제는 심판을 보는 학생들에게 구체적인 과제를 주는 방법으로 해결할 수 있다. 채점표를 나눠 주고, 심판 강평을 쓰게 하는 것이다. 그냥 '심판을 보라.' 하지 않고 채점표를 나눠 주고 '정확히 심판을 보고, 강평을 해 보라.'고 한다면, 심판을 맡은 학생들이 더욱 클래스에 집중할 것이다. '몰입'하게 되는 것이다. 이런 방식으로 진행하면 방과 후 학교 혹은 토요 디베이트 학교에서도 디베이트는 무리 없이 진행된다.

실제 현장의 목소리를 들어 보자. 대구 효명초등학교의 토요 디베이트 학교에서 학생들에게 디베이트를 지도하고 있는 지현정 코치와 인터뷰했다.

지현정 코치 인터뷰

디베이트 코치 교육을 언제 받았나? 2011년 가을 대구대학교에서 열린 투게더 디베이트 클럽 디베이트 코치 과정에서 입문을 마쳤고, 이어 서울에서 열린 심화 과정을 마쳤습니다.

현재 어디에서 활동하고 있나? 2011년 10월부터 대구의 효명초등학교에서
디베이트 코치로 활동하고 있습니다.

디베이트에 참가하는 학생들의 숫자는? 중간에 반이 갈리면서 숫자가 달라
졌는데, 처음에는 5·6 학년 22명, 3·4학년 15명으로 시작했다가, 지금은
5·6학년 15명, 3·4학년 18명을 맡고 있습니다.

구체적으로는 어떻게 클래스를 진행하나? 작년에는 일주일에 한 주제를 소

〈선의의 거짓말은 정당하다〉를 주제로 한, 초등 5학년 디베이트 교차 질의 중에 나
온 디베이트 에피소드.

질문: 상대방께서는 선의의 거짓말은 인간 관계를 원만하게 해 준다며 어머니 요리
를 예로 들었습니다. 비록 맛은 없지만 어머니의 기분을 생각해서 "맛있어요. 나중
에 또 해 주세요."라고 말하는 것이 "맛없다"고 하는 것보다 낫다고 하셨습니다. 그
래서 어머니께서 정말 맛있는 줄 알고 또 해 주면 계속 맛있다고 먹겠습니까?

맹구: 예, 맛있다고 먹을 것입니다.

질문: 그러면 안 돼요. 어머니께서 진짜 맛이 있는 줄 알고 손님들이 오실 때 요리
를 내놓으시다가 손님들한테 이제까지 이런 음식을 아이들에게 먹였냐고 욕을 먹
으면 어떻게 하려고요? 무엇이 효도인지 모르세요?

맹구: 음음……, 듣고 보니 잘못 생각한 것 같네요.

질문: 그럼, 앞으로는 어떻게 말할 거예요?

맹구: 맛없다고 말하겠습니다.

질문: 그러면 안 돼요. 엄마에게 맞고 싶어요?

맹구: 그러면 어떻게 하는 게 좋을까요?

질문: 우리는 디베이트를 하고 있어요. 그런 것은 아빠한테 물어보세요. 아빠가 그
런 것은 선수잖아요.

화하는 일정으로 했습니다만, 시간이 좀 부족한 듯하여, 지금은 2주일에 주제를 하나 소화하는 일정으로 진행합니다. 일주일에 두 시간만 하거든요. 구체적으로는 토요일 오전 9부터 11시까지 5·6학년을, 이어 11시부터 1시까지는 3·4학년을 지도합니다. 첫 주에는 리서치와 주제 분석을, 두 번째 주에는 디베이트를 합니다.

결국 약 16명의 학생들과 일주일에 두 시간 디베이트하는 것인데, 그러면 실제 디베이트할 때는 어떻게 하나? 참가 학생들을 모두 4팀으로 나눕니다. 그리고 먼저 두 팀이 대결하게 하고, 이어 나머지 두 팀이 대결합니다.

그럼 직접 디베이트를 하지 않은 학생들은 좀 덜 몰입하지 않나? 그래서, 직접 디베이트에 참여하지 않는 학생들에게는 심판의 기능을 부여합니다. 실제 디베이트하는 학생들의 디베이트 과정을 노트하게 하고, 그리고 강평지에 강평을 쓰도록 합니다. 이를 발표하도록 시킵니다. 이렇게 하면 디베이트에 직접 참여하지 않아도 몰입하게 됩니다.

디베이트에 임하는 학생들의 태도와 반응은 어떤가? 디베이트를 하는 학생들은 무척 좋아합니다. 늦잠을 자던 아이도, "늦더라도 참석하겠다."고 찾아올 정도입니다. 그동안 이사 등의 이유로 한두 명이 빠졌지만, 크게 봐서는 빠진 학생이 거의 없습니다. 오히려 더 들어옵니다. 4학년 때에 시작하여 5학년이 된 학생들, 5학년 때 시작하여 6학년이 된 학생들의 변화가 가장 가시적인 것으로 기억에 남네요. 처음에 디베이트를 시작하고 1~2개월이 지날 때까지는 디베이트 자체가 너무 재미있다고 했습니다. 그러다 3~4개월째에는 소강상태였습니다. 그러다 5개월이 지나니까 질적인 변화가 나타났습니다.

학부모님의 반응은? 가장 기억에 남는 학부모님은 쌍둥이를 둔 학부모님이었습니다. 이들은 집에 가서도 디베이트를 했다고 합니다. 처음에는 좀 어설펐지만, 지금은 차분하고 침착하게 디베이트에 임합니다. 그 사이 변한 모습에 대해 그 학부모님은 너무 놀라고 있습니다.

디베이트 코치로서 자부심이라면? 이전에 선생님도 했었고, 강사도 했습니다. 하지만, 이전과 비교할 때 디베이트 코치는 늘 새롭습니다. 생산적입니다. 살아 있다는 느낌이 듭니다. 즐겁습니다. 학생들이 그동안 변한 모습들, 그리고 디베이트가 끝날 때마다 늘 웃고 가는 모습을 보면 행복합니다.

한국형 학급 디베이트 모델

자, 이제 우리는 중요한 문제에 다다랐다. 학급 디베이트 포맷 문제이다. 디베이트 코치가 되고자하는 선생님들을 만나면 공통적으로 하는 질문이 있다. 과연 한국의 학급에서 디베이트를 진행할 수 있는 방법이 있느냐는 것이다. 원래 디베이트는 주로 두 명씩 짝을 지어 진행하는 토론 프로그램이다. 그런데 한국의 학급에서는 20~40명의 학생들이 한 교실에서 수업한다. 그렇다면, 어떻게 한 학급의 학생들이 모두 참여하는 디베이트 수업을 만들 수 있느냐는 것이다.

이를 숫자로 생각해 보자. 수업이 40분 진행된다고 생각하고, 학급의 학생들이 40명이라고 하자. 그러면 산술적으로 한 수업에서 학생 한 명에게 배정되는 시간은 1분이 된다. 결국, 질문은 이렇다. 한 학생에게 한 수업당 일 분이 배정되는 팍팍한 구조에서 어떻게 디베이트를 할 것인가?

앞서 디베이트 형식의 원리는 다양한 지적 자극과 몰입을 추구하는 데 있다고 했다. 그런데 학급 디베이트에서는 몰입이 문제가 된다. 학생들 숫자가 많기 때문이다. 이 많은 학생들이 디베이트에 모두 참여하게 하는 방법은? 그러면서도 모두가 디베이트를 즐기게 하는 방법은?

이에 대한 가장 일차적인 조언은 "걱정 말라."는 것이다. 이는 큰 문제가

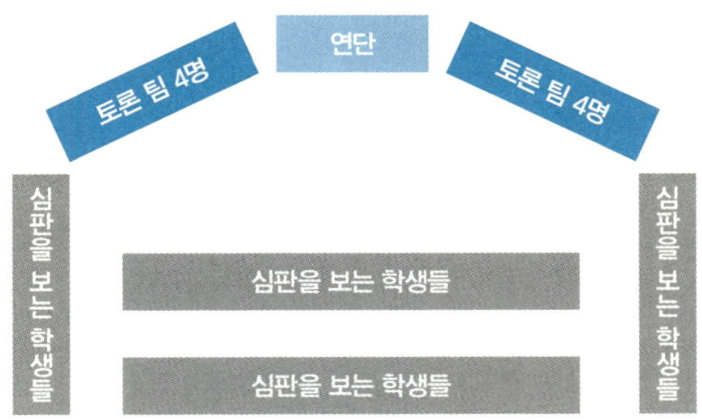

아니다. 한 고등학교 선생님은 이렇게 간단하게 한다. 한 학급의 학생들을 총 8팀으로 나누어 일주일에 두 팀씩 디베이트를 하게 한다. 결국, 학생 한 사람 기준으로 보면 한 달에 한 번만 디베이트를 하는 셈이다. 나머지 학생들은 다른 학생들이 디베이트를 할 때 심판을 본다. 그 선생님은 "이렇게 해도 충분히 학생들은 디베이트에 집중한다. 왜냐하면 재미있기 때문이다."라고 증언한다. 직접 디베이트에 참가하지 않고 이를 지켜보며 심판을 맡기만 해도, 기존의 전통형 수업 모델에 비해서 무척 재미있어한다는 것이다. 이렇게 디베이트하는 모습을 그림으로 그려 보면 〈그림 3.3〉과 같다. 그러니까 이렇게 디베이트를 할 때는 책상의 배치도 그림처럼 하는 것이 좋다.

실제 현장의 목소리를 들어 보자. "디베이트는 사막에서 만난 오아시스"라고 말씀하시는 대구 다사고의 김경순 선생님과 인터뷰했다.

대구 다사고 김경순 선생님 인터뷰

디베이트를 접하기 전의 상황을 설명해 주신다면? 이 학교에 오기 전에는 대진고에 있었습니다. 대구교육청의 노력에 호응하며, 4년 동안 열심히 독서 교육을 했습니다. 학생들이 변화하는 모습을 보면서 큰 보람을 느꼈습니다. 하지만 12학급을 대상으로 독서 교육을 하는 과정에서 '이건 무리'라는 생각을 했습니다. 해서, 좀 더 독서 교육을 잘할 수 있을 만한 곳을 찾았습니다.

결국 다사고로 옮겼습니다. 하지만 처음에는 적응이 안 되더군요. 아침 독서 시간 10분 운동을 펼치는 것도 우여곡절을 거쳐야 했습니다. 하고 싶은 것을 제대로 못 하니 우울했습니다. 사막에서 길을 잃은 심정이었습니다. 이런 상황에서 작년 여름 디베이트를 접하게 된 것입니다.

디베이트를 배운 과정은? 대구교육청에서 실시하고 케빈 리 대표가 리드한 디베이트 코치 과정을 이틀 이수했습니다. 사막에서 길을 잃었다가 오아시스를 발견한 기분이었습니다. '이거다!'라는 생각을 했습니다. 바로 실행에 옮겼습니다.

학교에 디베이트를 적용한 과정은? 디베이트 연수가 끝나자마자 1학년 학생들 중 우수자 10명을 뽑아 2011년 9월부터 매주 금요일 오후 7시 20분부터 9시까지 12회 디베이트 활동을 했습니다. 아이들이 기뻐하는 모습을 봤습니다. 내친김에 디베이트 장면을 다른 학생들에게도 공개했습니다. 참관하는 학생들이 매번 가득 차는 것을 보고 학생들의 호응과 관심이 무척 크다고 느꼈습니다. 결국 문학 시간을 활용, 이중 하루를 디베이트 데이로 정하고 디베이트를 할 정도로 확산되었습니다.

고교생들의 경우에는 자체 리서치가 가능했습니다. 주제만 던져 줘도 되었다는 뜻입니다. 디베이트를 하고 나서 원래 자신의 입장이 바뀌었다고 하는 학생들도 봤습니다. 학생들이 모르던 것을 알게 되고, 또 피상적으로만 알던 것을 종합적으로 알게 되니 그렇게 된 것 같습니다.

디베이트 캠프를 했는데, 그 내용은? 2011년 10월 1일부터 2일까지 16시간 동안 〈정의란 무엇인가〉 캠프를 투게더 디베이트 클럽의 전문 강사진과 같이 했습니다. 1, 2학년 학생 20명이 참가했습니다. 토요일과 일요일 16시간 진행했는데도 학생들은 너무 행복해했고, 재미있어했습니다. 이 때문에 학부모님들로부터 항의를 받기도 했습니다. 왜 소수의 학생들에게만 이런 혜택을 주냐구요. 이 일로 다사고가 디베이트의 중심 학교로 신문에 보도되기도 했습니다.

디베이트 데이를 지정했다고 하는데? 2011년 9월부터 12월까지 주당 문학시간 1시간을 활용해 디베이트의 날을 운영했습니다. 2학년 학생들 180명을 모두 대상으로 했습니다. 다만 조를 짤 때는 희망자끼리 조를 짜도록 했습니다. 디베이트 노트를 만들어 자기 생각들을 정리해 가라고 했습니다. 이렇게 하니 수업 시간에 한 번도 입을 열지 않던 학생들이 입을 열기 시작했습니다. 이를 칭찬해 주니 아이들이 자신감을 얻는 모습을 봤습니다. 디베이트를 통해, 제가 그동안 그렇게 바라던 아이들과의 소통을 하게 된 것입니다. 이러한 성과를 기초로 학교에서 디베이트 연구 수업을 하기도 했습니다.

겨울방학 방과 후 디베이트 교실은? 2011~2012년 겨울방학 중에는 1학년 학생들 중 14명의 희망자를 모아 4회 8시간에 걸쳐 방과 후 디베이트 교실을 열었습니다.

디베이트 활동 이후의 학생들의 변화는? 디베이트 활동 후 아이들이 너무 좋아합니다. 재미있다고 합니다. 세상에 대한 관심도 늘었습니다. 학생들이 소통과 배려의 자세를 익히는 것으로 보입니다.

디베이트 활동 이후의 선생님 자신의 변화는? 디베이트를 하면서 저 스스로도 달라졌습니다. 학생들이 이제 눈에 보이기 시작합니다. 브랜드 있는 교사가 되었다는 생각도 듭니다. 자신감이 생기니 다른 것도 더 해 보고 싶은 생각이 듭니다.

디베이트 연수를 받는 선생님들에 대한 당부의 말씀이 있다면? 저희 다사고는 5명의 선생님이 추가로 디베이트 연수를 받았습니다. 이제 제게 디베이트는 사막에서 만난 오아시스입니다. 아기들이 첫발을 디딜 때가 힘듭니다. 하지만 그 이후에는 쑥쑥 성장합니다. 마찬가지입니다. 처음에 디베이트 수업을 여는 것도 주저스러울 것입니다. 하지만, 첫발을 내딛는 순간, 그 이후에는 자신감 있는 디베이트 코치가 될 수 있을 것입니다. 용기를 내세요.

그런데, 좀 더 정면으로 이 문제를 해결하는 방법은 없을까? 어떻게 하면 인원이 많은 학급에서 전체 학생들과 더불어 디베이트 수업을 할 수 있을까?

이럴 때 디베이트 형식의 원리를 생각하면 답을 마련하기가 쉽다. 디베이트 형식의 원리가 결국에는 참가 학생들에게 좀 더 다양한 지적인 자극을 주고, 또 참가 학생들을 몰입시키는 것임을 고려하자. 그렇다면, 결국 학급 디베이트 형식은 어떻게 하면 참가 학생들에게 좀 더 다양한 지적인

경북 성주초에서의 토론 수업 모습. 출처: 경상북도 교육청 보도 자료

 대한민국 교육을 바꾼다, 디베이트 심화편

자극을 주고, 몰입시킬 수 있는가를 고민하는 과정에서 답을 찾을 수 있다. 어떻게 하면 수업에 참여하는 학생들에게 다양한 지적인 자극을 줄까, 어떻게 하면 수업에 참여하는 모든 학생들을 디베이트에 몰입시킬 수 있을까?

우선, 머리를 식히자. 한국에서 이미 진행되고 있는 학급 토론 모델들을 사진으로 보자. 이들 사진을 보면 영감이 떠오를 것이다.

74쪽 아래 사진은 2011년 5월 16일 경북 성주초등학교(교장 김현동)에서 가진 〈교실 수업 개선을 위한 토의/토론 수업의 효율적인 지도 방안〉이란 주제의 맞춤형 컨설팅 요청 장학 연수회 장면이다. 이 사진을 보면, 학생들은 흔히 볼 수 있는 교실에 앉아 있다. 앞에 칠판이 있고, 선생님이 계시다. 그런데 앉아 있는 모습이 다르다. 앞을 향해 줄을 지어 앉는 전통형 수업방식과는 다르게 서로 마주보고 있고, 교실 뒤쪽에는 학생들이 별도로 앉아 있다. 토론 수업을 학급에서 진행하는 방법이다.

또 하나의 사진을 보자. 아래 사진은 경북 김천초등학교(교장 김우영)에

경북 김천초에서의 토론 대회 모습. 출처: 경상북도 교육청 보도 자료

서 미래 사회의 인재 육성을 위한 토론 교육 활동의 일환으로 2011년 6월 29일 열린 〈어울림 3담(입담, 재담, 정담)꾼 교내 토론 대회〉 장면이다. 장면은 앞 사진과 비슷하다. 학생들은 거의 마주보는 식으로 앉아서 토론을 전개하고 있다.

이 사진들을 염두에 두면서 퍼블릭 포럼 디베이트 포맷을 활용한 학급 디베이트 포맷을 생각하면 쉽다. 우선, 이를 그림으로 그려 보면 〈그림 3.4〉와 같다.

이 학급 디베이트 형식의 구체적인 진행 방법은 다음과 같다.

(1) 의장단을 둔다.(3명)

(2) 한 팀당 7명씩 묶어 퍼블릭 포럼 디베이트의 각 순서를 맡게 한다. 전체 교차 질의도 한 학생이 담당하게 한다.(두 팀 14명, 총 17명)

(3) 한 팀당 모두 4명의 지원 팀을 둔다.(두 팀 지원 팀 8명, 총 25명)

(4) 심사위원단을 둔다.(9명. 이상 총 34명)

그림 3.4 퍼블릭 포럼 디베이트 포맷을 활용한 학급 디베이트 포맷

이상과 같은 방식으로 총 33명이 참여하는 학급 디베이트 모델이 만들어진다. 자, 그럼 여기에서도 앞의 방과 후 학교 혹은 토요 디베이트 학교와 같은 문제가 발생한다. 어떻게 하면 이 많은 학생들이 디베이트에 몰입할 수 있을까? 요령은 비슷하다. 학생들이 디베이트에 전념할 수 있도록 역할을 부여하는 것이다. 이렇게 한다.

(1) 의장단의 역할을 세분한다. 한 명의 의장에게는 전체 진행을 맡긴다. 디베이트 시작과 주제 낭독, 디베이트 클래스 총괄 준비를 맡긴다. 다른 한 명의 부의장에게는 학급 디베이트 일지 기록을 맡게 한다. 나머지 한 명의 부의장에게는 타이머 역할을 부여한다.

(2) 직접 토론에 나서는 7명의 팀들에게는 각각의 역할을 맡도록 한다.

(3) 지원 팀은 토론에 나선 우리 편 팀들이 정해진 시간보다 짧게 발언하거나 문제가 생겼을 때 지원하는 역할을 맡긴다. 이들에게는 스마트폰으로 실시간 검색하는 것을 허용한다. 검색 결과를 포스트잇으로 토론 팀에게 전달할 기회를 준다.

(4) 심사위원에게는 채점표와 강평지를 준다. 심판의 역할을 부여한다. 그리고 이들에게는 에세이 숙제를 내준다. 그날의 디베이트 주제에 대한 본인의 입장을 정리해서 숙제로 내는 일이다.

이렇게 하면 학급에서 디베이트하는 포맷이 마련된다. 추가로 더 많은 역할을 부여할 수도 있다. 리더십을 부여하여 토론 팀마다 팀장을 두어 사전 디베이트 준비를 총괄하도록 하기도 하고, 지원 팀도 팀장을 정해 돕도록 한다. 심사위원은 심사위원장을 정해, 심판 활동을 총괄하게 하기도 한다.

결국, 해법은 이것이다. 퍼블릭 포럼 디베이트 형식의 원리를 지켜 나가면서, 가급적 다양한 역할을 부여하여 디베이트에 참가하는 학생들이 디베이트에 몰입하도록 하는 것이다.

이와 비슷한 방법으로 디베이트를 하는 선생님을 만나 보자. 전라남도의 이예진 선생님과 이야기를 나눴다.

전라남도의 이예진 선생님 인터뷰

본인 소개를 한다면? 선생님이 되고 싶었고, 초·중학교 시절을 보낸 모교에서 나와 비슷한 아이들과 함께 생활하며 행복함을 만끽하고 있는 여도초등학교 이예진입니다. 초등학교 선생님의 전문성을 항상 고민하면서 저 스스로를 좀 더 전문적인 교사로 만들고자 하는 것이 현재의 꿈입니다.

디베이트를 접한 계기는? 그리고 그때 느꼈던 생각은? 전남에서 추진한 독서/토론 수업 선도 교사 활동을 시작하면서 '이왕 하는 것이면 기초, 기본부터 잘 닦아 가자.'라는 마음으로 도전했습니다. 그런데 하는 과정에서 다양한 자료들을 제 것으로 만들기에는 토론이란 무엇인지, 토론의 역사나 많은 형식의 토론이 서로 어떻게 연관되어 있는지, 그리고 이러한 활동들이 어떤 과정을 통해서 응용되고 있는지 너무 많은 궁금증이 생겼습니다. 궁금증을 어떻게든 해소해 보고자 인터넷이나 책을 통해 자료를 찾는 과정에서 대립 토론이나 이야기식 토론 방법으로 이뤄지고 있는 활동도 알게 되고, 퍼블릭 포럼 디베이트라는 것도 접하게 되었습니다. 다양한 토론 관련 책이나 디베이트 관련 카페를 살펴보며 과연 디베이트가 어떻게 이뤄지는 것인지 궁금해하던 차에, 지난 5월에 이뤄진 제1회 디베이트 대회에 반 아이 2명과 함께 나가게 되면서 퍼블릭 디베이트에 대해 더욱 관심을 갖게 되었습니다. 두 명의 아이들이, 준비하는 과정과 당일 대회 과정을 통해 성장하는 것을 보며 디베이트에 대해 매력을 느끼던 중, 광주에서 연수가 있다는 공지를 보고 바로 신청을 했습니다. 기본 과정을 마치고 나서는 주저하지 않고 심화까지 받았습니다. 그 과정에서 저 스스로 디베이트에 매료되었습니다. 정말 그 어떤 교육보다 보람된 과정이었습니다.

학교에서 디베이트를 적용한 과정은? 2011학년도, 6학년 아이들과 독서/토론 활동을 시작하는 3월에 아이들이나 학부모님께 올 한 해 창의적 체험 활동 시간이나 교과 활동 시간을 이용하여 독서와 토론 활동을 중점적으로 하겠다고 설명회를 가졌습니다. 6학년 아동들 특징 자체가 발표하기를 꺼리는 단계라 왜 디베이트가 중요한지를 설명하고, 기본 단계로 듣기/말하기 연습 차원에서 뉴스 이야기하기, 자신의 생활 주고받기 등 다양한 주제로 자신의 이야기를 말하는 활동으로 시작한 3월이었습니다. 2단계로 디베이트가 무엇인지, 처음에는 대립 토론과 이야기식 토론 방법을 보여 주며 토론의 기본 방법을 살펴보고 직접 해 보았습니다. 그리고 2학기에는 퍼블릭 포럼 디베이트 방식으로 계속 활동했습니다. 가장 중요한 것은 처음부터 너무 많은 욕심을 부리지 말자는 것이었습니다. 전체 과정을 한 번 훑고 난 다음에는 어떤 디베이트에서는 입안을, 어떤 디베이트에서는 교차 질의를 중점적으로 지도하는 방식으로 진행했습니다.

학교에서 디베이트를 하는 데 어려웠던 점은? 그리고 그것을 어떻게 극복했는지? 학급에서 아이들의 수준은 다양합니다. 디베이트를 완벽하게 이해하고 적극적으로 해 보고자 하는 아이들이 있는 반면, 자신의 생각을 정리하고 발표하는 것에 대해 부담을 갖는 아이들, 디베이트 관련 자료를 조사해 오는 것 자체도 미숙한 아이들이 있습니다. 그래서 2주일 단위로 이뤄진 자료 조사 활동에서 아이들이 해 온 과정물을 읽어 보며 같이 이야기했습니다. 서로 생각을 주고받으면서 잘하는 아이는 반박할 자료를, 부진한 아이는 주장을 내세우는 데 필요한 자료를 좀 더 가지고 올 수 있도록 피드백하였습니다. 또한, 디베이트를 할 때에는 다양한 역할을 의도적으로 만들었습니다. 디베이트에 참가자 찬반 각각 4명 이외에 지지단이라는 활동으로 친구들을 도와줄 수 있는 역할, 디베이트에 대해 판정할 수 있는 역할을 넣어 부진한 아동들이 조금이라도 디베이트에 참여할 수 있도록 하는 틀을 구축했습니다.

디베이트 수업 후 학생들의 반응은? 디베이트 수업 자체에 대해 약간의 부담감을 가지고 시작했던 아이들이 지금은 디베이트의 매력에 쏙 빠져 있습니다. 그리고 디베이트를 준비하는 과정에서 적용했던 관점 안에서 핵심 요소 정리하기, 자신의 언어로 만들기 활동이 다른 교과 공부에도 도움이 많이 된다고 합니다. 단순히 책을 읽기보다는 '이 책에 나와 있는 주제로 디베이트를 하면 나는 찬성일까, 반대일까? 그렇다면 어떤 근거를 준비해야 할까?'라는 생각을 한다고 합니다. 아이들이 스스로 즐기면서 하기에, 보는 저도 행복합니다.

디베이트 수업 후 학부모들의 반응은? 처음에 아이들이 디베이트를 준비한다고 컴퓨터 앞에 앉아 있으면 과연 아이가 진짜 준비를 하나 하고 의문이 드셨다고 합니다. 그리고 자료 검색을 하는데 방향을 잡지 못해 많은 시간이 들었는데, 어느 순간 '이런 자료는 근거로서 부족해요'., '여기에는 제게 필요한 내용이 잘 담겨 있어요.'라고 방향 감각을 가지고 정보를 검색한다고 합니다. 또, 공지된 디베이트를 하기 전에 가정 내에서도 그 주제와 관련하여 가족 찬반 디베이트가 열린다고 합니다. 처음의 '어떤 활동일까?' 하는 호기심 차원을 넘어 지금은 적극적인 호응과 관심을 주고 계십니다.

디베이트 수업 후 학교 선생님과 교장 선생님의 반응은? 아이들이 스스로 해 나가는 모습과, 자신의 생각을 표현하는 데 소극적이었던 아동들이 변해 가는 모습을 보시면서 본인의 학급에도 적용해 보고 싶다는 말씀을 많이 하십니다. 교장, 교감 선생님 또한 디베이트에 대해 더 열린 마음으로 많은 선생님들이 정보를 공유하면 좋겠다고 말씀하십니다. 그래서 봄방학 기간을 이용해서 퍼블릭 포럼 디베이트 연수를 계획했습니다. 함께 나눌 수 있는 교육이 더 효과적이라는 것을 알기에 선생님 모두 디베이트에 대한 기대가 큽니다.

학교 디베이트 수업을 할 때 구체적인 진행 과정을 자세히 설명해 준다면? 4주 프로그램으로 디베이트를 계획합니다. 1~2주는 독서, 3주 디베이트 주제 관련 도서 및 기타 자료 탐색, 4주 디베이트로 구성되어 있습니다.

"목숨이 위태롭기 때문입니다."

디베이트 에피소드 한 가지. 초등학교 디베이트에서 있었던 일. 입안자의 발언을 들어 보자.

안녕하십니까? 저는 '경쟁은 서로에게 도움이 된다'의 반대 팀 입안을 맡은 홍길동입니다.

한국과 일본은 만날 이기고 지고에 따라 잘했다, 왜 졌냐고 말합니다. 이러한 이유로 경쟁은 서로에게 도움을 주는 것이 아니라 지고 이기고에 화를 나게 하는 것입니다. 저희 팀은 지금부터 세 가지 논거를 들어서 반대 입안을 하겠습니다. 입안을 하기 전에 '경쟁'의 정의를 먼저 하겠습니다. 제가 말하는 경쟁은 '같은 목적을 두고 서로 이기려고 하는 것'을 의미합니다.

첫째, 경쟁을 하다 보면 서로 분할 수 있습니다. 한국과 일본처럼 만날 다투고 있는 나라 같으면 경기를 하고 나서 잘했다고 칭찬하거나, 못했다고 구박합니다.

둘째, 목숨이 위태롭기 때문입니다. 라이벌이 생기면 무슨 수를 쓰더라도 이기고 싶어집니다. 실제로 옛날에 이승만 대통령이 우리나라 축구 팀에게 무슨 수를 쓰더라도 이겨라. 못 이기면 올 때 그냥 바다에 빠지라고 말했습니다.

시간이 없어서 이만 입안을 마치겠습니다.

이날 디베이트를 같이 한 친구 중 5명은 이 주제에 찬성하고, 길동이만 반대했다. 길동이는 4학년 학생. 시간이 충분해 세 번째 이유까지 들었으면 더 재미있을 뻔했다. 초등학교 디베이트는 이렇게 시작할 때도 있다. 아직은 비판적 사고력이 부족하기 때문이다. 하지만 조금만 인내력을 갖고 기다리면 학생들의 사고는 쑥쑥 성장한다.

1~2주에 이뤄지는 독서 활동은 다음과 같습니다. 교과에서 주로 국어, 사회, 과학 교과 중 한 교과와 관련된 도서를 1권 선택하여 다 같이 읽게 됩니다. 책을 읽기 전 교사는 미리 읽고 관련된 주제를 3가지 정도 안내를 하게 됩니다. 그리고 나서 책의 내용을 얼마나 알고 있는지 학급 골든벨 대회를 열지요. 다음 단계는 디베이트 주제 관련 자료 탐색 단계입니다. 정해진 디베이트 주제에 대해 일주일 자료 보충 기간을 갖게 됩니다. 아동 수준 차이가 있는 만큼, 서로 찾은 자료를 공유할 수 있도록 2번 정도 팀별 정보 공유 시간을 갖습니다. 4주차 디베이트 포맷은 이렇습니다. 기본적인 퍼블릭 포럼 디베이트 시간 구성에서 기본안에서는 참가자만 할 수 있으나, 수업 내에서는 4분 시간을 채우지 못할 경우, 나머지 시간을 같은 구성원 누군가가 보충 발언을 해 줄 수 있습니다. 그리고 서로 질문/답변하는 시간에도 토론자뿐 아니라 누구나 참여할 수 있는 방식으로 했습니다.

완도 학교에서의 경험은? 완도 소안초와 중앙초등학교에서 2차례 퍼블릭 포럼 디베이트 양식을 적용하여 수업을 하였습니다. 디베이트 기본기를 어느 정도 익힌 아이들이라 부담은 적었지만, 본 양식의 요약하기와 마지막 초점 단계를 아이들에게 어떻게 접근시키는가가 큰 고민이 되었던 수업이었습니다. 수업 전 30분 정도 아이들과 집중적으로 2개의 단계를 해 보고 나서 실제 디베이트 주제는 아이들 생활과 관련된 이야기책 속에서 가져왔던 만큼, 자신의 주장을 생활 속 근거를 바탕으로 펼쳐 나가는 아이들을 보면서 '아! 정말 되는구나.'라고 느꼈습니다.

학교에서의 이후 디베이트 프로그램에 대한 계획은? 2가지 계획을 가지고 있습니다. 우선, 2011학년도에서는 고학년을 대상으로 한 디베이트를 했습니다. 디베이트의 효과를 알고 있는 만큼, 저학년 아이들에게 맞는 디베이트 활동을 단계적으로 구축해 보는 것이 목표입니다. 두 번째는 2012학년도부터 적용되는 토요 휴무제에 따라 토요일에 아이들과 해 볼 수 있는 디베이트 프로그램을 만들어 보는 것이지요.

디베이트를 하고 나서 본인에게 일어난 변화는? 어떤 사안에 대해서 '이걸로 디베이트를 해 본다면 어떨까?' 하는 생각을 합니다. 아이들도 "선생님, 제가 이 책을 읽어 봤는데 디베이트를 이렇게 해 봤으면 좋겠어요." 라고 이야기해 옵니다. 수업 시간에 발표를 하지 않는 아이들이 자신의 생각을 논리적으로 말하는 것을 보면서 '우리 아이들도 할 수 있구나.'라는 확신이 생겼습니다. 그리고 가장 큰 변화는 아이들과 같이 토론을 하는 것이 너무 재미있다는 것입니다.

디베이트 코칭을 주저하는 선생님들을 위해 한말씀 해 주신다면? 디베이트는 '교사 스스로가 디베이트에 대해 전문가가 아닌데 할 수 있을까?', 수업 시수를 어떻게 조정해서 할 수 있을까?', 아이들이 잘 따라와 줄까?' 하는 두려움 반 설렘 반으로 시작했던 활동이었습니다. 처음 고민에 대한 답은 교사가 전문가가 되어 주도적으로 이끌어 가는 것이 아니라 아이들이 주도적으로 해 나가는 과정에 교사는 피드백만 해 주면 된다는 것이었습니다. 물론, 디베이트 기본에 대해서는 3월 초 1~2시간 정도 안내를 합니다. 하지만, 더욱 중요한 것은 정기적으로 디베이트를 하면서 아이들이 스스로 해 나간다는 것입니다. 지속적인 토론을 하면서 아이들이 스스로 디베이트의 매력에 빠짐에 따라 교사의 역할이 갈수록 줄어든다는 것을 실감했습니다. 그리고 시수 조정은 교사가 뜻이 있다면 그만큼 재량권을 가지고 할 수 있는 일입니다. 2011년에 개인적으로 국어와 사회, 사회와 과학을 통합해서 활동을 해 보니 무리수 없이 잘 이뤄졌습니다. 마지막으로, 아이들이 잘 따라와 줄지 고민할 것이 아니라 교사가 200% 즐거움을 느끼며 같이 해 나가면 아이들은 100% 신뢰감과 호기심, 의욕을 가지고 같이 해 나간다는 것입니다. 함께 해 나가며 고민을 나눌 수 있는 선생님이 더욱 많아지는 2012년을 기대합니다.

현장 디베이트 코치의 목소리

디베이트 연수를 마치고 나서는 각자 소감을 발표한다. 이중 가장 일반적인 반응은 "디베이트, 너무 흥미롭다!"는 것이다. 어떤 분은 "지금까지 하던 일들을 다 그만두고, 디베이트만 하겠다."고 열정을 보이기도 한다. "이렇게 같이 공부했는데, 그냥 헤어지지 말고 앞으로 소모임 활동을 통해 디베이트를 계속 공부해 나가자."고 제안하는 분도 있다.

하지만, 걱정하시는 분도 있다. "디베이트가 좋은 줄 알겠는데요…… 과연 제가 할 수 있을까요?" "아시다시피 한국의 교육 상황은 경직되어 있습니다. 디베이트를 소개하면 학생, 학부모, 다른 선생님들이 호응할까요?"

이런 의문을 가진 분들을 고려하여, 현장에서 지금 디베이트를 지도하는 선생님의 육성을 싣는다. 자신감을 갖자는 것이다. '일단 디베이트를 시작한' 선생님들은 이구동성으로 이렇게 말한다. "해 보니까 아이들, 학부모님들이 너무 좋아해요." "시간이 지날수록 학생들이 알아서 하던데요. 오히려 교사로서 저는 역할이 더 줄어들고 있어요." "역시 실제로 해 보는 것이 가장 빨리 디베이트 코치가 되는 길입니다." 선생님들의 육성을 통해 이를 확인해 보고, 자신감을 가지기 바란다.

주저 없이 내딛는 첫걸음이 큰 변화를 가져올 것
2011년 연말 대구 송현여고에서 디베이트 캠프를 주도한 안병학 선생님

본인 소개를 한다면? 교직에 입문한 지 13년째인 역사 전공 교사입니다. 현재는 송현여자고등학교에서 근무하고 있습니다.

디베이트를 접한 계기는? 그리고 그때 느꼈던 생각은? 2011년 8월 대구시 교육청에서 실시한 '디베이트 코치 양성 직무 연수' 과정을 통해서 디베이트를 처음 접하게 되었습니다. 2007년부터 학교에서 전공 수업 이외에 논술 수업과 책 쓰기 동아리를 운영하면서, 학생들이 스스로 질문하고 답하는 사고력 중심의 교육을 실천하고자 하였습니다. 논술 수업과 책 쓰기 동아리 운영도 학생들의 사고력 향상과 더불어 우리 사회의 여러 문제들을 살펴볼 수 있는 좋은 계기가 되었습니다. 하지만, 논술 수업과 책 쓰기 동아리 활동의 진행 과정에서 교사의 개입과 주도적 역할이 여전히 큰 비중을 차지하면서, 학생들의 주체적 참여와 활기찬 활동에서는 상당한 한계를 느끼고 있었습니다. 이때 '디베이트 코치 양성 직무 연수'를 통해 '학습의 오케스트라'로 소개된 디베이트에서 새로운 돌파구를 찾게 되었습니다. 자료 조사하기-읽기-말하기-쓰기가 통합된 활동 과정으로, 학생들의 자기주도적인 학습에 큰 효과가 있으리라 짐작되었습니다. 아울러, 그동안 진행해 왔던 논술과 책 쓰기 활동을 통합하여 새로운 활동을 연결시킬 수 있는 매개 고리도 찾을 수 있었습니다. 이에 따라 과감히 학교에서 디베이트 클럽을 조직하고 운영하기 시작했습니다.

이번에 치른 캠프에 대해 개괄적으로 소개해 준다면? 투게더 디베이트 클럽에서 기존에 진행한 '정의 캠프' 프로그램을 모델로 하여 '2011 송현 디베이트 캠프'의 주제와 프로그램을 잡아 보았습니다. 주제는 '정의와 국가의 역할(자유주의와 공동체주의)'로 했습니다. 자유주의와 공동체주의가 우리 사회의 각종 현안에서 대립하는 가치적 기반으로 작용하고 있다고 판단했습니다. 그리고 이를 조정하는 국가의 역할이 필수적이며, 정의의 원칙에 입각해야 한다는 생각을 바탕에 깔고 있습니다. 개인의 자유와 권리를 보장한다는 측면의 정의의 실현과, 공동체 구성원에게 최소한의 인권을 보장하고 공익적 가치를 정의의 이름으로 실현하기 위해서도 국가의 역할이 필요하다는 생각이었습니다.

디베이트 코치를 시작하는 것도 주저하시는데, 캠프를 과감히 결정한 배경은? 우리 학교의 학생들도 캠프의 경험을 통해 디베이트의 형식에 보다 익숙해지고, 자신감을 갖도록 하고 싶었습니다. 특히 일부 학교에서 캠프를 진행하고 있다는 소식을 듣고 우리 학교에서도 진행하는 것이 가능할 것이라 생각했습니다. 이 과정에서 교장 선생님의 강력한 의지와 지원이 큰 도움이 되었습니다.

캠프 준비 과정을 소개한다면? 캠프의 준비 과정은 프로그램의 마련과 수강생 모집 및 강사·코치진의 섭외, 그리고 진행을 위한 자료집 제작 등의 준비 후 실제 실행의 과정으로 진행되었습니다.

커리큘럼은 앞서 말한 것처럼 '정의와 국가의 역할(자유주의와 공동체주의)'로 하였습니다. 디베이트 토픽은 자유주의와 공동체주의가 구체적으로 대립하고 있는 교육·경제·사회 영역에서 각각 대학 등록금 문제와 SSM 문제 및 부양 의무제 문제를 다룰 수 있도록 구성하였습니다. 진행 과정에서는 우선 정치외교학과의 대학 교수님을 통해 이론적 기초를 확인하고, 디베이트 토픽을 통해 추상적 개념을 구체적 현실을 통해 살펴볼 수 있도록 하였습니다.

디베이트 캠프 수강생 모집은 학내 공지와 담임 선생님의 협조를 통해 선착순으로 선정했습니다. 이미 10월 중 학교에서 교직원 연수에 이어 학생·학부모 대상 투게더 디베이트 클럽의 케빈 리 대표님의 '디베이트 강연'이 실시되어 디베이트의 기본 개념과 필요성에 대한 인식이 공유되고 있었습니다. 또한 대구광역시교육청에서 진행한 디베이트 클럽 공모에 우리 학교 디베이트 클럽이 선정되어 18명의 학생이 디베이트 활동을 하고 있었습니다. 이에 디베이트 클럽 회원에게 우선권을 주고 나머지 신청 학생을 선착순으로 접수하여 40명의 학생들을 대상으로 실시하게 되었습니다.

캠프 진행을 위한 강사진 구성에서 특히 어려움이 많았습니다. 하지만 디베이트 캠프의 특강 교수님은 우리 학교의 여러 행사에 적극적으로 협조해 주시는 교수님께 취지와 내용을 말씀드려 쉽게 협조를 얻을 수 있었습니다. 아울러, 디베이트 코치진은 교육청에서 실시한 '디베이트 코치 연수' 및 '디베이트 심화' 연수를 함께 이수하고 각 학교에서 디베이트 클럽을 운영하고 계신 여러 학교 선생님들께 협조 요청을 얻어 구성할 수 있었습니다. 그 결과 디베이트 캠프는 4개 반으로 구성하여 각 10명씩 2명의 코치 선생님의 지도 속에 진행할 수 있었습니다.

캠프 운영을 위한 비용은 교장 선생님의 강력한 의지와 재정 지원 협조를 통해 학교 운영 경비로 100% 충당할 수 있었습니다. 자료집의 제작 과정에서도 전체 주제에 부합하는 하위 주제를 중심으로 커리큘럼을 구성하고 강사진 협의를 통해 수정 보완 후 학생들에게 캠프 진행 3일 전에 자료집을 배부함으로써 사전 준비를 할 수 있도록 배려했습니다.

준비 과정에서 어려움은 없었는지? 준비 과정이 3주 만에 이루어졌기 때문에 물리적 시간이 가장 부족하였습니다. 계획의 수립과 예산의 확보, 수강생의 모집 및 강사·코치진의 구성과 사전 준비 협의회, 자료집의 발간 등

식당에서도 디베이트 연습에 열을 올리는 대구 학부모님들

2011년 11월 대구 지역 1,000명 학부모 디베이트 코치 연수장에서 찍은 사진이다. 점심 식사 시간인데도 팀별로 모여서 작전을 숙의하고 있다. 이런 장면은 디베이트 현장에서 흔히 볼 수 있다. 디베이트에 들어오는 순간, 모두들 디베이트에 집중하게 된다. 정신을 딴 데 팔 사이가 없다. 학생들도 마찬가지다. 디베이트가 시작되는 순간 몰입할 수 밖에 없다는 것은 디베이트 교육의 가장 큰 장점 중 하나다.

이 정신을 차릴 수 없을 정도로 바삐 이루어졌습니다. 좀 더 치밀하고 체계적인 계획과 운영을 위해서는 2달 정도의 시간적 여유가 있어야 하지 않을까 생각이 됩니다. 그리고 교장 선생님의 강력한 의지가 있었지만 예산 확보에서는 학년 말이라 각종 예산이 지출된 상황이라 어려움이 많았습니다. 새로운 학년이 시작되기 전에 예산을 확보하여 이를 토대로 한다면 훨씬 수월하게 진행할 수 있을 것입니다.

캠프 후 학생들의 반응은? 학생들의 입장에서는 학교에서 무료로 교육 기회를 받고, 더불어 식사와 간식까지 제공되었다는 측면에서 가장 큰 만족감을 나타냈습니다. 아울러, 학생들이 캠프를 마친 후 교장 선생님이 직접 수여한 수료증을 통해서 하나의 과정을 마무리했다는 뿌듯함도 함께했구요. 또한 2일간의 짧은 일정이었지만 단기간에 집중적으로 관련된 주제를 소규모 그룹으로 각 논제별로 디베이트 매치를 진행함으로써 형식과 내용에 익숙해지면서 자신감을 얻을 수 있었다고 말했습니다.

캠프 후 학부모들의 반응은? 학교에서 좋은 교육 프로그램을 무료로 진행해 줘서 특히 감사의 뜻을 전해 주었습니다. 아울러, 사교육에 의지하지 않고 공교육 체계 속에서 지속성을 갖고 추진되기를 기대하였습니다.

캠프 후 코치진과 교장 선생님의 반응은? 단 2일간의 캠프 진행이었지만 학생들의 성장과 뜨거운 열의 등에 많은 감동을 받았다고 전해 주었습니다. 교장 선생님께서도 학생들의 만족감이 높은 만큼, 지속적으로 학교에서 진행할 수 있도록 배려하겠다고 말씀해 주셨습니다.

학교에서의 이후 디베이트 프로그램에 대한 계획은? 현재 학교 디베이트 대회와 인근 4개 학교와 연합하여 디베이트 리그를 계획하여 1월 중에 진행하고 있습니다. 교내의 디베이트 클럽의 운영뿐 아니라 몇 교과에서는 수업 주제에 맞추어 디베이트를 수업 방법으로 진행해 보면 어떨까 생각 중에 있습니다.

디베이트 코칭을 주저하는 분들을 위해 한말씀 해 주신다면? 모든 것이 준비되었기 때문에 시작하는 것이 아니라, 진행하면서 준비가 완성되는 것이 아닐까요? 특히 디베이트는 많은 이론보다는 학생들과 함께 디베이트 클레스를 운영하는 경험이 자신감을 갖게 해 주는 요인이라고 생각합니다. 특별히 학교 교사에게 드리고 싶은 말씀은, 디베이트가 기존의 토론 수업보다 학생들의 적극적인 참여와 체계적인 학습 진행이 가능하면서 동시에 논술 수업까지 병행할 수 있는 좋은 교육 방법이라는 점입니다. 따라서 망설이기보다는 주저 없이 내딛는 첫걸음이 큰 변화를 가져올 것이라 생각합니다.

● 우리 학생들에게 디베이트는 의식을 키우는 과정
전남 영광의 영산성지고등학교 과학 담당 강민구 선생님

선생님이 되기까지의 인생을 잠깐 회고해 주세요. 대학 시절 야학을 경험하면서 학습에 함께하지 못하는 학생들은 점점 소외되는 교육의 어려움을 느끼게 되었습니다. 그러던 중 『학교는 있다』(길병덕, 나라원, 1997)라는 책을 접하게 되었습니다. 영산성지고등학교라는 곳을 소개하면서 그 학교만의 독특한 학교 생활을 재미나게 엮어 놓았습니다. 그때는 그곳이 저의 보금자리가 될 줄은 몰랐습니다.

디베이트 과정에 들어온 계기는 어떠했습니까? 처음 디베이트라는 단어를 접하게 된 것은 전남대학교 교육대학원에서 수업을 듣던 중 지도 교수님의 제안으로 케빈 리 대표의 특강을 들었을 때입니다. 특강이라고 해 봐야 뭐 특별한 게 있을까…… 그냥 교양 시간으로 생각하고 시큰둥하게 맨 뒷줄에서 메모장 하나 없이 듣기 시작했습니다. 하지만 제가 생각하는 공부의 의미와 찍기의 달인으로 만드는 우리의 교육 현실을 비판하는 부분에서 공감이 가기 시작했습니다. 특히 대안학교 교사로서 교육 개혁과 교수 방법에 관심이 많았던 저를 점점 빠져들게 만들었습니다. 마지막으로 '공부의 오케스트라'라는 말을 들었을 때 뭔가 모를 희망이 보이는 듯했습니다. 무기력한 학생들에게 어쩌면 힘이 될 수 있을 것 같다는 생각이 들었습니다. 특강 이후 책을 읽고 카페에도 가입을 했습니다. 다행히 광주에서 코치 입문 과정이 열린다는 소식을 접하고 이수를 했습니다. 그 이후 2학기에 바로 방과 후 수업을 열고 운영하게 되었습니다.

학교 소개를 좀 해 주세요. 우리 학교는 삶의 지향점과 가치관이 혼란스러운 우리 청소년들에게 물질을 사용하는 정신의 힘을 기르기 위하여 각자의 마음을 밝히고 마음을 잘 사용하도록 하는 교육을 지향하고 있습니다. 우리나라 최초의 대안학교인 영산성지고등학교는 각자의 개성이 무시되는 지식 위주의 무한 경쟁 교육 현실에서 학생 개개인의 자아를 실현하고 우리 사회의 올바른 성원으로서 역할을 다하도록 인성 교육과 민주 시민 교육, 생태와 환경 교육 등 21세기 새로운 기치를 실현하고자 합니다. 1998년 3월에 특성화 고등학교로 개교하여 오늘에 이르고 있습니다.

부적응 학생 중심의 대안학교인 것으로 알고 있는데, 그런 학생들에게 디베이트가 어떤 의미가 있습니까? 부적응의 사례는 폭력, 따돌림, 무기력, 게임 중독 등으로 다양합니다. 이런 경험을 하게 된 학생들은 대부분 자아 존중감이 부족합니다. 자신에 대한 사랑과 애정이 부족하다는 말입니다. 따라서, 무엇보다 이런 학생들에게 자존감을 심어 주는 게 중요하다고 봅니다. 그래서 우리 학교에서는 사물놀이, 댄스, 밴드, 배구 등 다양한 분야의 대회에 참가하도록 독려하고 있으며, 연계된 특성화 수업도 진행하고 있습니다. 지금까지 예체능 분야에 치우쳐 있었다면, 디베이트를 통해 논리적 사고력을 바탕으로 한, 가장 교과 학습과 연계된 분야로 넓히게 되는 계기가 마련된 것입니다. 디베이트를 통해 남들 앞에 서는 자신을 바라보고 설득하는 과정에서 나도 준비하면 할 수 있다는 자신감을 갖게 되는 것입니다. 여기서 학생들에게 강조하는 것이 있습니다. "교육은 의식의 성장이다."라는 말입니다. 이와 함께 "디베이트는 의식 성장의 과정이다."라고 말합니다. 우리 학생들에게 디베이트는 의식을 키우는 과정인 것입니다.

부적응 학생들에게 디베이트를 접근하는 방법이 있다면 어떤 것입니까? 어느 날 한 여학생이 찾아왔습니다. 조심스레 "저도 디베이트를 할 수 있을까요?"라고 했습니다. 왜 그러냐고 물었더니, 관심은 많은데 스스로 집중력과 의지력이 부족해서 용기가 잘 나지 않는다고 했습니다. 그 학생에게 참관을 먼저 시켰습니다. 자신과 같은 학생들이 디베이트를 하는 모습을 보고 나서 시작하게 되었습니다. 2회에 걸쳐 실전 디베이트를 경험하였고, 스스로 만족하는 듯했습니다. 평소 수업 시간에 집중하기 힘들었던 자신이 1시간 넘도록 한 가지만을 위해 집중한게 처음이라고 했습니다. 하지만, 지금은 아쉽게도 준비 과정과 에세이 숙제가 어렵다며 잠시 쉬고 있습니다.

이처럼 우리 학생들에게는 우선 참관을 기본으로 삼고, 지도 교사의 개별 상담으로 연계해야 합니다. 모든 교육이 그러하듯 구성원의 신뢰감 형성이 매우 중요하다는 의미입니다. 다른 디베이터들도 모두 참관과 상담, 그리고 팀원들의 격려 속에서 꾸준히 활동하고 있습니다.

2학기 때부터 디베이트 수업을 했다고 했는데, 어떻게 진행했습니까? 디베이트 특강을 듣고 책과 홈페이지를 바탕으로 우선 우리 반 녀석 2명에게 디베이트가 무엇인지 설명을 했습니다. 아이들의 반응을 보고 싶었던 것입니다. 두 학생 중 한 명은 후에 대회까지 참석하게 되었습니다. 기숙사 한켠에서 1시간여 동안 설명을 듣고 난 후 두 학생은 매우 긍정적인 반응을 보였습니다. 그래서 다음 날 방과 후 시간에 과학실에서 설명회를 개최할 테니 관심 가질 만한 학생들을 모아 오라고 했습니다. 6명이 모였고, 설명회를 들고 나서는 모두 한다고 했습니다. 하지만, 결국 4명으로 역사적인 첫 디베이트를 하게 되었습니다. 방과 후 시간을 이용하여 저녁 6시 30분부터 8시 넘어서까지 진행하였습니다. 평소에는 50분 수업도 지루해하고 힘들어하던 녀석들이 2시간여를 쉼없이 진행하는 것을 보고 저 자신도 많이 놀란 것이 사실입니다. 현재는 주 1회 빠짐없이 진행하여 13번째 수업을 이어 오고 있습니다.

제2회 대회 참가 후일담을 소개해 주세요. 대안학교 학생들을 데리고 토론대회를 하러 서울까지 간다고 하니 주위의 시선은 참가하는 데 의의가 있음을 의미하는 듯했습니다. 지도 교사인 저 역시 배우러 가는 것이지 상을 타기 위함이 아님을 강조했습니다. 하지만, 속으로는 욕심이 났습니다. 특히 소외되고 어려운 상황을 겪었을 아이들에게 우리도 할 수 있음을 보여 주고 그 결과가 '의식의 성장 과정'임을 일깨워 주고 싶었기 때문입니다.

준비 과정에서 지도 교사의 전공이 과학인지라 많은 도움을 주지 못해 아쉽기도 했지만, 오히려 학생 스스로 준비할 수 있는 계기가 되기도 하였습니다. 학생 스스로 사회 전공, 역사 전공 선생님을 찾아 다녔고 미리 시나리오를 완성하여 서로 질문을 던져 보기도 했습니다.

그리고 디베이트 당일날 저는 어쩜 최고의 칭찬을 부산남고 지도 교사로부터 듣게 되었습니다. 대회를 시작하기 앞서 책상 배치가 잘 되어 있지 않았는데 우리 학생들이 일찍 들어가서 상대편 자리까지 정돈해 주는 모습을 보았다고 했습니다. 대회도 좋지만 상대방을 배려하는 우리 아이들의 모습이 무척 자랑스러웠습니다. 다음 글들은 대회 이후 아이들이 쓴 에세이입니다. 그중 일부를 발췌했습니다.

1학년 엄태민: 우리가 이번 대회를 통해서 배운 점은 다음과 같다고 생각한다. 첫째, 모두가 준비한 것은 크게 다르지 않으니 자신감 있게 이야기 할 것. 둘째, 똑같은 주제로 여러 번 디베이트를 하니, 전 팀에게 배울 점이 있다면 꼭 메모해 둘 것. 셋째, 시나리오를 짜게 되면 발표하는 데 수월하다는 것. 넷째, 우리 학교에서 디베이트를 배울 수 있는 것에 감사할 것.

2학년 김혜천: 디베이트는 타임머신이라고! 해 본 사람만이 안다. 4라운드를 하는 것은 시간적으로 45분씩 한 라운드를 해 총 3시간 동안 똑같은 주제로 다른 4팀과 말씨름을 하는 것이다. 언뜻 들으면 이해를 못 할 수 있다. 정말 해 본 사람은 안다. 시간 가는 줄 모르게 열심히 준비해서 그런 것인 줄은 모르겠지만, 디베이트하는 순간 디베이터에게 몇 시 몇 분이라는 것은 없다. 정말 즐긴다면 그렇다는 것이다. 정말 결론적으로 즐겁게 배우고 새로운 체험 할 수 있어서 좋은 시간이었다. 9등이라는 결과가 아쉽다기보다 조금 미진한 준비 때문에 스스로 아쉬울 뿐이다. 그리고 그 친구들과도 연락을 할 수 있으면 좋을 텐데 거기까지 생각 못 한 것이 좀 아쉽지만, 정말 소중한 시간이었다.

대회 이후 학교에서 디베이트를 대하는 태도가 변했습니까? 학교 간 교과 성적이 아닌, 진정 디베이트를 즐기고 배움의 자세가 준비된 학생들이 순위에 오른 것으로 판단되었고 아이들 역시 그렇게 느끼는 듯했습니다. 대회가 끝나고 내려오는 고속버스 안에서 부모, 친구, 선후배들에게 전화를 하며 호들갑 떠는 녀석들을 보며 이제 시작임을 느끼게 되었습니다.

대회 이후 학교에서 디베이트에 대한 관심도는 높아졌습니다. 학생들이 하나둘 찾아와 함께하고 싶어합니다. 그래서 정식 참관 제도를 두었습니다. 먼저 1~2회 참관을 하고 이후 디베이트 반에 들어오는 것에 대해 자율적으로 결정하라고 했습니다. 보통 2~3명 정도의 참관인이 생겼으며,

그중 디베이트 반에 합류하는 학생이 나오고 몇 주 정도 해 보고 힘들다
며 나가는 학생도 생겨났습니다. 아무래도 준비 과정이 힘든 것으로 보입
니다. 사실, 학습에 대한 준비나 실행이 워낙 부족했던 아이들이 갑자기
이런 수업을 하려니 힘든 것은 당연해 보입니다. 그래서 지금은 7명의 디
베이터들이 활동하고 있습니다.

예전에는 누가 디베이터인지도 몰랐는데, 지금은 누가 하는지 어떻게
시작했는지 관심이 많습니다. 교과 시간에도 영향을 주어, 소극적이고
말수가 적었던 학생이 디베이트 3개월 만에 말수도 늘고 수업 태도도 변
했다는 평가입니다. 참관하던 학생들은 그 학생의 디베이팅 모습을 보고
놀라는 듯했습니다. 또한 몇몇 학생들은 사회, 문화 영역을 비롯한 수업
시간에 태도가 좋아졌다는 평가를 받고 있습니다. 그 덕분에 디베이트는
교내에서 학습 태도와 발표력을 키워 주는 우수 프로그램으로 신뢰받고
있습니다.

앞으로의 계획은 무엇입니까? 전 우리 교육이 학교가 아닌 학생을 보았으면
합니다. 기업처럼 실적이 아닌 가정의 분위기를 말하듯 학교를 바라보았으
면 합니다. 교육에서 점점 소외되어 가는 우리의 아이들을 살리는 일에 관
심이 많습니다. 남과 조금 다르다고 하여 무조건 배척하는 문화가 아닌 그
만의 생활방식을 존중해주고 보장해 주었으면 합니다. 그러기 위해 더 많
은 학교가 인성 교육을 강화하고 체제를 변화시켜 나가야 한다고 봅니다.
일반 공립학교를 살펴보면 뛰어난 선생님이 많습니다. 그분들과 함께 교
실에서부터 변화시킬 수 있도록 함께하고 싶습니다. 이러한 과정의 하나
로 디베이트가 큰 도움이 되리라 봅니다. 골라내고 줄 세우는 학습이 아
닌 자신의 관심사를 찾아 고민하고 서로 협력하여 토론할 줄 아는 학습으
로 전환시켜야 합니다. 그러기 위해 작은 시골학교에서부터 변화의 바람
을 좀 더 일으켜 보렵니다.

디베이트, 노래로 배우면 더욱 재미있습니다!
대구 달서구의 원화여자고등학교 국어 담당 류지홍 선생님

간단한 자기 소개를 해 주신다면? 현재 대구 달서구에 있는 원화여자고등학교에서 국어를 담당하고 있습니다. 올해로 8년째 근무하고 있습니다. 매년 더 나은 수업을 해야겠다는 다짐을 하고 있는데, 그 다짐만큼 능력이 따라 주지를 못해 마음으로만 아파하고 있는 '소심한 국어 선생'입니다. 고등학교 시절에는 시인이 꿈이었습니다. 국어 선생님과 상담을 한 후, 그 선생님의 지대한(?) 영향으로 경북대학교 국어국문학과에 입학하였습니다. 대학을 다니면서 교직을 이수하고, 교사의 꿈을 조금씩 키웠습니다. 조금 더 배워야겠다는 마음으로 고려대 대학원에 진학하여 한문학을 전공하였습니다. 평생을 함께할 사람이 대구에 살고 있었기에 대구로 귀향하여 원화여고에 취직하였고, 그 후 결혼하여 다섯 살 된 딸아이와 내년 3월이면 태어날 예쁜 공주님의 아빠로 살고 있습니다.

학교에서 맡은 일은? 현재 2학년 6반 담임입니다. 노력하는 만큼 성적이 잘 나오지 않아 걱정인 아이들을 바라보며, '그래, 내년에는 이게 다 거름이 되어 성적이 대박 날 거야, 힘내!'라고 속으로 응원하는 담임입니다. 착한 아이들의 담임입니다. 업무는 저소득층 학비 지원, 논술 동아리, 디베이트 클럽 지도 담당입니다. 담임도 업무도 아이들의 마음을 얻고, 잘 보듬어 줘야 하는 공통점이 있네요.

디베이트를 접하게 된 계기는? 지난 여름 팔공산에서 있었던 교육청 연수를 통해서 디베이트를 알게 되었습니다. '연수가 연수지, 뭐 별거 있겠어?'라고 생각하며 갔는데, 지금까지 겪어 본 연수와는 질적으로 달랐습니다. 가장 큰 차이는 바로 '참여!'. 디베이트에 대한 이론적인 설명을 듣고, 주제를 주고 팀을 나누어 직접 디베이트를 해 보는 것은, 연수가 살아 있다는 느껌을 주기에 충분했습니다. 그 후 교육청의 심화 연수, 코치 연수를 들으며 디베이트에 좀 더 가까이 다가갈 수 있었습니다.

디베이트 관련 경력은? '경력'이라는 이름을 붙이기에는 좀(?) 부족합니다. 지난 여름 교육청 연수를 받고 난 후에 시작을 했으니, 약 4개월(반올림해서요, 하하) 정도 됩니다. 학교에서 아이들과 디베이트하면 할수록 '아, 연수 가길 잘했다'는 생각을 합니다.

현재 학교에서 진행하고 있는 디베이트 프로그램의 내용은? 현재 1학년 8명, 2학년 8명 모두 16명이 함께 활동을 하고 있습니다. 신청자가 60명이 넘어 심사를 해서 선발한 인원입니다. 그래서 더 열심히 하고 있는 것 같습니다. 일주일 전에 디베이트 주제를 안내하고, 그다음 주에 4:4 디베이트. 디베이트를 마치면 선생님의 강평과 베스트 스피치 상, 매너 상을 줍니다. 그다음 주에는 에세이 쓰기를 합니다. 아이들은 자신들이 디베이트한 주제로 에세이를 쓰니, 훨씬 더 집중하고 진지한 태도를 보입니다. 에세이를 다 쓰면 제가 거두어 와서 첨삭을 담당하고 계신 이현지 선생님께 부탁을 드리고, 다음 모임에서 선생님의 20~30분에 걸친 수업. 한 명씩, 특히 뭐가 잘못되었는지를 확실하게 짚어 주십니다. 지금까지 디베이트 3회, 첨삭 2회 수업을 마쳤습니다. 나날이 성장하는 아이들을 보니 마음이 흐뭇합니다.

학생들, 학부모님들의 디베이트에 대한 반응은? 학생들은 자신이 말할 수 있는 기회가 마련되는 것에 대해 대단히 만족스러워합니다. 가만히 앉아서 듣는 수업이 아니라 직접 자료를 찾고, 그것을 가지고 상대방과 토론을 하는 과정에 대해 큰 흥미를 보이고 있습니다. 학부모님 중에서는 학교에 더 많은 디베이트 클럽이 만들어져 본인의 자녀가 디베이트를 경험하도록 하고 싶다는 분도 계십니다. '참여', 그 속에서 학생과 학부모님들께서 새로운 교육의 길을 발견하고 있는 것 같습니다.

앞으로 학교에서 디베이트 계획은? 현재 2학년이 3학년 되면 수능 준비로 디베이트 기회가 적어질 것 같습니다. 그 자리를 1학년으로 채우려고 합니다. 2012년에는 인근의 뜻을 같이하는 학교와 디베이트 리그를 하고, 대구시 교육청에서도 디베이트 대회를 연다고 하니 적극 참여해 볼 계획입니다. 여름방학에는 '제1회 원화 디베이트 캠프'를 개최할 예정입니다.

디베이트 노래를 만들게 된 계기는? 교육청에서 연수를 들은 후 학교에 와서 학교 선생님들을 대상으로 디베이트 연수를 하게 되었습니다. 100여 분의 선생님을 모시고 연수를 하는데, 자칫 지루하지 않을까 걱정을 많이 하였습니다. 그러한 고민을 하면서 연수 자료를 만드는 중에, 집에서 다섯 살배기 딸과 함께 들었던 동요가 생각났습니다. '아, 동요를 개사하면 좀 더 재미있는 연수가 될 것 같아.' 그래서 〈산토끼〉라는 노래를 개사하여 첫 디베이트 송을 만들었습니다. 그 연수에서 두 여선생님(강윤미, 이현지 선생님)께서 노래를 불러 주셨습니다. 선생님들의 반응은 매우 좋았습니다. "재미있는 연수를 들었어요"라는 말에 마음이 뿌듯했습니다.

학교에서 1, 2학년을 대상으로 해서 디베이트 클럽을 만들고, '좀 더 쉽고 재미있게 디베이트 포맷을 전파할 수 없을까?' 고민하였습니다. '그래, 교직원 연수 때 했던 것처럼 디베이트 송을 만들어 보자.' 이번에는 동요 〈숫자송〉의 가사를 바꾸어 디베이트 송을 만들었습니다. 두 번째 디베이트 송이 탄생한 것입니다.

디베이트 노래에 대한 반응은? 첫 반응은 "재미있다"였습니다. 선생님들께서도, 학생들도. 디베이트 송을 만들고 학생들에게 직접 불러 준 적이 있습니다. 처음에는 〈숫자송〉이 나오자 웃기만 하던 아이들이 첫 번째 곡, 두 번째 곡이 지나가자 따라 부르기 시작했습니다. 얼굴에는 웃음을 머금고 진지한 목소리로 따라 불렀습니다. 노래가 끝나고, 노래를 잘 못하는 저를 위로하기 위해서 인지 박수를 쳐 주었습니다. 좀 쑥스럽긴 했지요. 디베이트 송을 통해 학생들이 디베이트에 더욱 쉽게 다가갈 수 있게 되었습니다. 그 디베이트 송을 통해 더 큰 즐거움을 가졌던 사람은 바로 '저'였습니다. 내면의 즐거움으로 항상 즐겁게 디베이트를 접하고, 학생들을 대할 수 있게 된 것이지요.

지금까지 만드신 디베이트 노래를 소개해 준다면? 반주는 〈숫자송〉입니다. 우리 학교 김형태 선생님께서 반주음을 만들어 주셨습니다. 노래는 강윤미 선생님, 녹음은 방송반 담당이신 이준호 선생님께서 해 주셨습니다. 이 세 분의 도움으로 디베이트 송 일곱 곡이 탄생하게 되었지요. 그 일곱 곡의 순서는 다음과 같지요. 효과송, 형식송, 입안송, 반박송, 요약송, 마지막초점송, 질의송. 첫 번째 곡인 〈효과송〉의 시작 부분만 잠깐 들려드릴까요? "디베이트 왜 하나요? 이렇게 복잡한데~ 논리를 키우려고 하지~ 찬성 반대 나누어~" 이렇게 시작합니다. 강윤미 선생님이 학교 방송실에서 녹음한 파일이 있습니다. 그 파일을 들어 보면 재미있습니다. 방학 중에는 학생들이 부르는 디베이트 송을 만들어 볼 계획입니다.

다른 사람이 선생님께서 만든 노래를 이용해도 되는지? 제 노래가 디베이트 교육에 도움이 될까요? 디베이트에 관심이 있으신 분들에게 조금이나마 도움이 된다면 제겐 큰 영광입니다. 공교육의 현장에서 디베이트를 확산시키는 데 도움을 주었으면 좋겠습니다. 상업적으로 사용되는 것은 사양합니다.

다른 디베이트 코치들에게 하시고 싶은 말이 있다면? 교실에서 수업을 할 때, 아이들이 저를 '시청'하고 있다는 느낌을 받을 때가 있습니다. 그냥 보고 듣고 있는 거지요. 아이들은 제게 좀 더 자극적으로 전달해 달라고 요구하는 것 같기도 합니다. 머리에 쏙쏙 와 박히도록 말이지요. 이러한 수동적인 아이들을 획기적으로 바꾸어 줄 수 있는 방법이 바로 '디베이트'라고 생각합니다. 고기가 맛있다고 말을 해 주어 고기 맛을 알게 하는 것이 아니라, 직접 씹어서 고기 맛을 알게 하는 것이지요. 첫술에 배부를 수는 없겠지만, 하나로서 완결된, 완전한 교육 방법은 없겠지만, 이 디베이트는 학생들이 스스로 자신의 마음을 살찌우게 하는 유용한 방법이라고 생각합니다. 원화여고 디베이트 파이팅! 대한민국 디베이트 파이팅! 모두모두 파이팅입니다.

⊙ 디베이트에 대한 믿음과 확신, 애정이면 충분!
서울 장훈고등학교에서 국어를 담당하고 있는 김연숙 선생님

본인 소개를 해 주신다면? 장훈고등학교에서 국어 교사로 재직하고 있습니다. 20여 년 동안 '국어' 교과를 매개로 학생들과 호흡할 수 있었던 행운에 감사하고 싶습니다.

평소 수업 진행 시 토론의 중요성에 대해 어떻게 생각해 오셨는지? 일방적인 강의식 수업에서 졸던 학생들도 자신의 의견을 말할 순간이 되면 갑자기 두 눈에 광채가 납니다. 교사라면 바로 그 순간이 놓쳐서는 안 될 장면이라고 봅니다. 초·중·고 교육을 받으면 받을수록 자신의 의견이 지워져 가서 마침내 OMR카드만 남는 학생들로 키워 내는 교육에 회의가 컸던 편입니다. 교육은 본질적으로 '소통'이라고 생각하는데, 시공간을 뛰어넘어 저자와 소통하는 '독서'가 그러하고, 교실 수업 자체가 사제와 학습자 간 '소통'이어야 하며, 학생이 복습을 통해 스스로 학습을 완성하는 내면화 과정도, 교사라면 누구라도 지향하는 수업의 가치도 결국 막힘의 병통이 없는 '소통'일 것입니다. 그러나 저 또한 아직 입시적 수월성의 압박을 벗어나지 못해 강의식 수업에 머물러 있는 평범한 교사일 뿐입니다. 그래서 더욱 안타깝기만 하지요.

선생님이 학교에서 토론을 진행시켜 온 역사를 회고해 주세요. 지난해 2011년

1년간 희망자 15~20명으로 구성된 디베이트 클래스를 운영했습니다. 학교장님의 허락을 받는 과정에서 방과 후 교육 활동으로 진행할 것을 권유받았지만, 저로선 일종의 형식 실험이기에 비공식 동아리 형태를 고집했습니다. 개점 휴업이 되면 어쩌나 걱정스러웠고, 교육비 부담은 없다고 학생들에게 이미(일부러) 구두 안내를 한 상태이기도 해서였습니다. 교육비는 무상, 입출은 자유, 교육 시간은 방과 후였기에 심야 토론이 되는 경우가 많았습니다. 신기한 건, 출발 인원이 거의 일 년을 버텨 준 것과, 예상치 못했던, 조금은 다양한 수상 실적입니다. 올해에는 저희 학교에서 토요 비전 아카데미라는 프로그램으로 공식화하여 3개 클래스를 운영하고 있습니다. 물론 이제는 유상인데, 학생들의 교육비 일부를 영등포 구청의 지원으로 충당하고 있습니다.

디베이트를 만나게 된 계기와 과정, 그리고 소감은? 학생들의 독서록을 읽다 보면 '발상의 전환'을 보여 주는 놀라운 대목을 발견하게 되는데, 이러한 아이디어를 공유하거나 학습자 간 전이의 기회를 갖지 못하는 한계가 늘

디베이트 정신을 가장 잘 표현하는 사자 성어는?

어떤 분이 《한국디베이트신문》 창간 소식을 듣고는, 아래와 같은 질문을 보내왔다.
"축하드립니다. 딴지가 아니고, 정말 궁금해서 그러는데요. 디베이트에 걸맞은 한국어는 정말 없을까요? 오해 없으셨으면 합니다."
그랬더니 여기에 어느 분이 답글을 달았는데……
…
…
…

갑론을박!!

아쉬웠습니다. 학생의 창의성을 자극하고 잠재력을 극대화하는 수업을 꿈꾸다가 '토론'을 만났습니다. 여러 연수들을 찾아 기웃거리던 2010년 겨울, 케빈 대표님의 '딱 이거다!' 싶은 연수를 받게 되었습니다. 방법과 지향에서 기존의 토론 연수와는 완전히 다른, 새로운 세계였습니다. 토론은 토론이어야 합니다. 토론처럼 비치는 것, 무늬만 토론이고 실은 연극으로 끝나는 토론은 토론이 아닙니다. 학생의 의식 속에 자신의 정체성을 만들어 가는 과정이 있어야 하는 거죠. 관광과 여행이 다르듯이 자기 주도적인 지식의 견문과 정보처리가 있어야 하고, 그런 과정을 통한 성장만이 진정한 인지적 성장을 도울 수 있다고 생각합니다. 자기 주도적 학습자와 교사 주도적 학습자가 다르듯이 말입니다.

부부 교사라고 알고 있습니다. 부군의 토론 수업에 대한 생각은? 저의 토론 지도의 최대 지원자라는 점에서 우선 감사부터 해야겠습니다. 작년 한 해 동안, 한 푼의 이득이 없어도 심야 토론 후의 귀가를 눈감아 준 장본인이니까요. 남편은 현재 혁신학교에 재직 중입니다. 주 1~2회 강의 요청이 들어오는 전국구 연수 강사이기도 하고요. 수업 변화를 교사 개인의 선택과 판단에 맡기는 것이 아니라 학교 구성원의 합의와 결심에 의해 바꾸어 가는 '학교 혁신'에 기여하고 있습니다. 배움의 공동체라는 수업 방식은 근본 철학이나 관점에서 소통을 중시하기에 토론 교육과 맥락이 같습니다.

장훈고의 경우, 디베이트 활동이 많이 활성화되어 있습니다. 그 현황은? 글쎄요. 학력 신장에 관심이 많아 이 방면의 프로그램이 많은 학교입니다. '디베이트 활성화'라고 규정하기는 어렵지만, 디베이트 수업 받으러 가는 학생들이 담임 선생님들이나 자율 학습 지도 교사에게 떳떳해진 상태라고 보면 되겠지요. 현재 1학년 2클래스(12명씩), 2학년 1클래스(15명)이며, 2011년 3월 12일에 교육을 시작한 저로선 '대한민국 학생들이 매주 모여 디베이트하는 그날'을 가장 빨리 시작하지 않았나 하는 자부심이 있기는 합니다.

디베이트 활동에 대한 반응은? 우선, 공개 토론에 와서 참관한 학생들의 반응인데(대회에 출전하는 학생이 있는 경우 실시합니다), '연아의 갈라 콘서트'를 연상하게 됩니다. A매치 축구 경기 같은 흥미진진함이 있습니다. 참관 이후에 가입을 희망하는 학생들이 나타나고요. 동료 선생님들의 이해도도 높아졌지요. 어떤 분은 "저희 반 아무개 잘 키워 주세요~" 하고 부탁하시기도 하고, 아직은 "너무 일을 벌이지 말고 공부에 집중해라"라고 저 없는 곳에서 조언하는 분도 계시는 것 같습니다. 학부모님 중에 이해도가 높아 자녀를 이 수업에 꼭 보내고 싶어하는 분이 일부 계시기도 하고요.

코치라면 누구나 디베이트 대회에서 제자들이 좋은 성과를 거두기를 원한다고 생각합니다. 하지만 현실은 그렇지 않을 때도 많습니다. 이때 학생들에게, 학부모님들에게 어떻게 설명하십니까? 어떤 경기이든 승패가 있지만, 경기 자체가 지닌 재미와 가치를 즐긴 학생이라면 누구든 승자라고 생각합니다. 어떤 학생의 말처럼 "낯선 누군가와 함께하는 배움의 장"에서의 멋진 승부는 그 자체가 추억이고 성장이 아닐까요.

클래스에서 디베이트를 진행할 때 미리 경험해 본 선생님으로서 조언해 주신다면? 지도 기술은 부차적인 문제이고, 디베이트에 대한 믿음과 확신, 학생들에 대한 애정, 그거면 충분하다고 봅니다.

디베이트에 대한 또 다른 계획 혹은 소망이 있다면? 국문학 작품으로 수업하다 보면, 우리가 정서적 의사소통이 풍부한 반면, 논리적 의사소통이 부족한 민족이 아니냐 회의할 때가 있습니다. 문학작품이 정서적인 게 당연하지 않으냐는 반문이 예상되기도 합니다만, 가령 「청산별곡」의 화자가 보여주는 '각성의 결여' 측면을 지적하고 싶습니다. 자신의 삶의 애환이 어디에서 연유하는지 묻지도 따지지도 않은 채 비관하고 체념하는 사이 일상은 후퇴하고 각성은 더욱 멀어졌습니다. 이러한 한계를 관습화한 문화가 우리 문화의 한계가 아닐까, 그러므로 문제 상황에 대한 자신과의 논리적 소통, 사회적 의사소통으로 가는 길에 '토론'이 동원되지 않으면 안 되겠다는 생각이 듭니다.

대학 입시에 의한, 대학 입시를 위한, 대학 입시 교육에 초점이 맞춰져 있는 사회구조와, 입시의 하부구조가 된 교육의 모순을 전면 수정할 대안으로서 디베이트의 가치가 바로 역설적이게도 디베이트의 한국적 한계이기도 합니다. 그러한 이유로, 사회적 합의를 이끌어 내야 할 필요인 동시에 사회적 합의로 가는 길이기도 하다는 중의적 역동성이 곧 한국 디베이트의 현재라고 봅니다. '학생들이 대학을 잘 가려면 디베이트를 해야 한다'가 있고, '디베이트를 해야 한국이 선진화된다'가 있을 때, 여기에서 디베이트의 소극적 위상과 적극적 위상이 결정되리라고 봅니다.

또한, 계획이라기보다는 소망이라 해야 할 어떤 것이 있다면, 언제라도 인터넷 자료 조사가 가능하고, 다른 수업을 침해하지 않으며, 프린터와 복사기까지 갖춘 토론 전용실을 갖춘 교사가 되고 싶다는 것입니다. 그러나 그건 '꿈'이겠지요. 소망을 압축하자면 '대모매모디'입니다. 풀어서 말씀드릴까요? '대한민국 모든 학생들이 매일 모여 디베이트하는 그날'입니다. 그러면 디베이트 확산에 애를 쓰시는 모든 분들이 자동으로 제2의 개국공신이 되는 그날이 있겠지요?

정규 교육과정 속으로 토론이 들어가야 성공
부산의 부산남고등학교의 장순희 선생님

본인 소개를 해 주신다면? 현재 부산의 부산남고등학교에 근무 중입니다. 교사 16년차로, 세계지리와 시사 토론을 담당하고 있습니다.

평소 수업 진행 시 토론의 중요성에 대해 어떻게 생각해 오셨습니까? 아마 교사들 중 토론의 중요성을 부정할 사람은 없다고 생각합니다. 우리 학생들이 주역이 되어 살아갈 미래는 지금과는 다를 것입니다. 즉, 평균수명은 더 길어질 것이고, 평생 동안 하나의 직업이 아닌 서너 개의 직업을 가지며 살아가게 될 것입니다. 교사로서 '그렇다면 이 학생들의 대학 진학에 포커스를 맞춘 입시 위주의 교육이 진정한 교육인가?', '우리 학생들이 건강한 사회인으로 살아가도록 하려면 고등학교에서 어떤 역량을 강화할 수 있도록 지도해야 할까?'라는 의문을 갖게 되었습니다.

미래 사회를 살아갈 우리 학생들에게 필요한 역량으로 흔히 창의성과 인성을 꼽습니다. 창의성과 인성 교육을 하기 위해 교사인 우리는 어떤 수업을 해야 할지 고민하면서 토론의 필요성을 느끼게 되었습니다. 그러나 우리가 학교를 다니면서 토론이라는 것을 배운 적도 없고, 더구나 지리를 전공한 본인의 입장에서 토론이라는 것은 제가 지도할 과목은 아니라고 생각하고 있었습니다.

토론 수업을 어떻게 시작했습니까? 그리고 그 과정에서 어떤 성과나 문제가 있으셨는지? 본격적으로 '시사 토론' 수업을 하기 전에는 '사회' 시간에 수행평가의 한 방법으로 실행했습니다. 기존의 수업에서는 토론이 주가 아니었고, 일종의 별식처럼 도입했었습니다. 그러다 보니 교사인 저의 준비도 소홀했고, 학생들도 평가니까 점수를 잘 받기 위해서 흉내만 냈습니다. 토론이 좋다는 인식은 있었기 때문에 도입은 하고 싶어서 수업 시간에 실시하긴 했지만, 교사도 학생도 인식 부족, 노하우 부족으로 힘들었습니다. 한마디로 '이걸 꼭 해야 하나?'라는 생각을 우리 모두 했었습니다.

부산남고의 경우 작년 1년 사회 과목 대신 시사 토론을 진행했는데, 그 구체적 내용은? 부산남고에는 교육의 본질에 대해 고민하시는 분들이 많이 있습니다. 특히 사회과 선배 교사 중 한 분이 이제는 토론 수업을 해야 하지 않겠느냐는 말씀을 제게 하셨습니다. 우리 사회는 말한 사람이 책임을 져야 한다는 무언의 약속이 있기 때문에 토론의 중요성은 알지만 가르칠 자신이 없어서 그 누구도 말하지 않고 있었는데…… 그 십자가를 제게 지라고 하셨습니다. 그래서, 토론에 대한 전문 지식도 없고 자신도 없었지만, 토론 교육이 꼭 필요하다는 생각을 평소에 하고 있었던 터라 한번 해 보자는 생각을 가지게 되었습니다. 그리고 작년 2월 수업을 위한 계획을 세우고 교재도 제작하였습니다. 옛말에 "시작이 반"이라고 했습니다. 그 진리를 제 인생에서 직접 체험하게 되었습니다.

구체적으로는 이렇게 진행했습니다. 매 학기가 시작되면 토론 오리엔테이션을 합니다. 거창하게 토론과 관련한 이론 수업을 하는 것이 아니고, 토론 수업의 중요성, 우리가 수업 시간에 하게 될 토론 형식, 수업 평가 방식 등을 4시간 정도로 진행합니다. 이론 수업을 길게 한다고 학생들이 토론을 잘하는 것은 아니라고 생각하기 때문에, 토론을 실제로 하면서 토론 형식의 세부 사항을 좀 더 자세히 설명합니다.

먼저, '자료 조사'는 교사가 만든 읽기 자료를 학생들이 읽으면서 찬반 자료 조사를 하도록 합니다. 우리가 하는 토론은 모든 학생이 참여하는 것인데 처음부터 학생들에게 자료를 찾아 오라고 하면 가능한 학생도 있지만 많은 학생들이 힘들어서 포기하게 되므로, 처음에는 교사가 만들어 준 자료에서 찾도록 합니다. 학생들이 여기에 좀 익숙해지면 컴퓨터실에 가서 인터넷을 통한 자료 조사를 할 수 있도록 안내합니다. 두 번째는 '모둠 토론'입니다. 대부분의 교사가 토론에 실패하는 것은 성적이 우수한 학생들만 토론을 하고 나머지 학생들은 참여하지 않기 때문입니다. 나머지 학생들은 토론에 참여하고 싶어도 자료 조사가 충분히 되지 않았기 때문에 할 말이 없습니다. 그래서 모둠 토론에서는 학생들이 자신이 조사한 내용을 하나씩 친구들 앞에서 발표하는 시간을 가집니다. 이때 자료 조사가 미흡

한 학생들은 친구의 발표를 듣고 자료를 보강할 수 있고, 모둠원들은 그 모둠의 토론 준비지를 완성합니다. 세 번째는 희망 학생들이 팀(세 모둠이 한 팀) 대표로 나와서 하는 '반 토론'입니다. 나머지 학생들은 토론 평가지를 작성하게 됩니다. 토론이 끝나면 승패를 가리고, 최우수 토론자를 선정합니다. 마지막으로, 토론 논제에 대한 '논술문 작성'을 합니다. 900자 원고지에 서론—본론—결론의 형식을 갖추어 찬/반 입장 중 하나를 선택하여 자신이 선택한 입장으로 글쓰기를 합니다.

토론 주제는 학기 시작 전에 교사가 선정합니다. 논제는 찬/반 입장이 있는 시사적, 교육적인 주제로 미리 선정합니다. 그러나 수업을 하면서 학생들의 수준을 고려하여 주제는 언제든지 변경할 수 있고, 학생들이 토론하고 싶어하는 논제가 토론 주제로 적당하면 계획에 없던 논제를 도입하기도 합니다. 이렇게 하면 학생들의 토론 수업에 대한 관심도는 더 높아집니다. 예를 들어, 구체적인 토론 주제는 다음과 같았습니다.

〈2011년 1학기 토론 주제〉
- 학교 체벌은 정당하다.
- 무상급식 제도는 확대되어야 한다.
- 남녀공학 학교는 효율적이다.
- 군 가산점 제도를 시행해야 한다.
- 대학 진학 시 봉사활동 시수 평가는 합리적이다.

〈2012년 1학기 토론 주제〉
- 원자력 발전은 지속되어야 한다.
- 형사 처벌은 학교 폭력을 예방하는 효율적 수단이다.
- 국민 참여 재판 제도는 확대되어야 한다.

- 공동주택 내 애완견 사육은 정당하다.
- 선거권을 만 16세로 확대해야 한다.
- 대기업의 사회적 기업 진출은 정당하다.
- 통일세 신설은 정당하다.

1년 동안 시사 토론 과목을 진행한 이후 반응은? 현재 2학년은 작년에 토론 수업을 했습니다. 지금도 복도에서 만나면 토론 수업이 끝났음을 아쉬워합니다. 학기 말에 있는 교내 토론 대회에 적극적으로 참여하려는 학생들도 많습니다. 이 기회를 기다리는 2, 3학년 학생들을 생각해서 좀 힘들더라도 학기 말에 제3회 한물결 토론 대회를 개최할 것입니다.

디베이트를 만나게 된 계기와 과정, 그리고 소감은? 퍼블릭 포럼 디베이트는 작년 초에 토론 수업을 하면서,《한겨레신문》에 난 케빈 선생님의 기사를 보고 알게 되었습니다. 토론 수업을 준비하느라 책도 여러 권 읽었는데, 케빈 선생님의 글이 수업에 실질적인 도움이 많이 되었습니다. 물론, 처음에는 글로만 접하다 보니 이해 안 되는 부분도 있었지만, 여름방학 때 부산남고에 오셔서 교사 연수와 토론 캠프를 진행해 주신 덕분에 토론과 많이 친해졌습니다. 무엇보다 자신감을 가지게 되었습니다.

작년 부산남고가 2회 대회에서 1위를 했는데, 지도교사로서 어떻게 준비했는지? 다른 선생님들께서도 적극적으로 학생을 지도해 주셨기 때문에 1등이 가능했습니다. 결코 혼자 학생들을 지도한 것은 아니었음을 우선 말하고 싶습니다. 먼저 용어 조사를 하도록 했고, 찬/반 입장에서의 입론, 마지막 초점까지는 시나리오를 작성했습니다. 그리고 사회 심화 동아리 선후배, 토론 대회 수상 경험이 있는 선배까지 참석시켜서 학생들끼리 서로 도움을 주고받도록 했습니다. 이러한 전통은 앞으로도 계속 이어 나갈 생각입니다.

이번 제3회 전국 초·중·고 학생 디베이트 대회 때, 심판을 보셨죠. 그 소감이

있다면? 학교의 토론 수업은 성적을 산출해야 합니다. 일반계 고등학교의 내신 성적은 입학사정관 제도, 수시모집에서 수능 성적만큼이나 중요합니다. 학생들의 대학 진학 시 중요한 자료가 되는 성적 산출의 책임을 지고 있는 교사로서 제대로 된 평가를 해야 한다는 사명감으로 심판 워크숍에 참여하게 되었고, 내친김에 심판까지 보게 되었습니다. 덕분에 토론 평가에 대한 노하우와 자신감을 가질 수 있게 되어서 기쁩니다.

클래스에서 디베이트를 진행할 때 미리 경험해 본 선생님으로서 조언해 주신다면? 학교 수업에서 토론이 성공하기 위해 가장 중요한 조건은 정규 교육과정 에 토론 수업을 넣는 것입니다. 그렇게 되면 교사와 학생 모두 책임감을 가지고 열심히 토론하게 될 것입니다. 또한, 교사당 담당하는 학생 수가 많으면 토론 수업의 질은 낮아질 수 밖에 없으므로, 학급당 학생 수를 줄이고 수업은 학기 집중이수제로 진행하는 것이 효율적입니다. 무엇보다 중요한 것은 토론 수업을 제대로 하고자 하는 교사의 열정입니다.

앞으로 선생님을 하시면서 디베이트를 어떻게 적용하실 계획인지? 부산남고가 아닌 다른 학교로 전근을 가게 되면 지금처럼 토론 수업을 할 수 있을지 걱정입니다. 무엇보다 교육과정상 시사 토론 수업이 없을 테니 말입니다. 그래서 하루빨리 다른 학교로 토론 수업이 확산되길 바라고 있고, 그를 위해 노력하고 있습니다. 지금 교육다운 교육을 할 수 있는 분위기가 잘 조성되어 있는 부산남고등학교에 근무하는 저는 참 행복하다고 생각합니다. 현재의 부산남고를 위해 노력하시는 많은 분들께 감사의 말씀을 전하고 싶습니다.

제3부

한국형 학급 디베이트 모델 깊이 알아보기

제5장 **디베이트 수업 준비**

제6장 **디베이트 수업 진행**

제7장 **디베이트 수업 관련 활동**

제5장 디베이트 수업 준비

앞 장의 이야기를 통해서 우리는 어떻게 학급에서 디베이트를 할 수 있는지 그 모델에 대해 설명했다. 하지만 이는 충분하지 않다. 실제로 학급에서 디베이트를 하려면 여러 가지 상황들을 고려해야 한다. 이제 실제로 학교에서 디베이트 수업을 진행하는 방법을 알아보자.

학교에서 처음 디베이트를 시작하려면 여러 장애물들이 있다. 학생들은 무엇이 새로 시작되는지 이해하지 못해 고개를 갸우뚱한다. 동료 선생님들 중에도 고개를 젓는 분이 있다. 학부모들에게 디베이트 안내문을 보내면 다 읽어 보지도 않고 버리기 일쑤다. 토론 수업 의욕에 불타 디베이트 수업을 시작했지만, 그동안의 관성과 맞부딪치면 토론 수업은 표류한다.

이런 상황을 간단히 말한다면, '누구도 이 일을 할 준비가 되어 있지 않다'는 것이다. 없던 일을 시작하려니 당연한 노릇이다. 이런 장애물을 만나 초반기에 지치면 오래갈 수 없다. 따라서, 처음 시작할 때부터 계획을 잘 세워야 한다. 디베이트 수업 준비가 필요한 까닭이다.

디베이트 수업 준비는 크게 두 가지로 나눠진다. 하나는 디베이트 수업 자체에 대한 준비, 다른 하나는 디베이트와 관련된 사람들의 준비다. 우선, 디베이트 수업 자체에 대한 준비. 여기에는 디베이트 수업 시간에 대한 결정, 디베이트 주제 정하기, 디베이트 관련 자료 준비, 기타 디베이트 준비물 등 디베이트 수업을 위한 준비가 포함된다. 다음으로, 디베이트와 관련된 사람들의 준비는 디베이트 수업과 관련된 학생, 학부모, 동료 선생님들의 준비를 가리킨다. 이들이 디베이트 수업을 잘 이해하고 기대해야 좋은 성과를 거둘 수 있다.

특히 두 번째 준비, 즉 디베이트와 관련된 사람들의 준비를 소홀히 하지 말라고 권하고 싶다. 아무리 디베이트 수업 준비를 잘 해도, 관련된 사람들의 이해와 협력을 구하지 못한다면 그 성과는 기대 이하일 것이다. 기껏 열심히 준비했는데 성과가 낮게 나타나면 허탈할 것이다. 디베이트 수업을 잘 준비하려면, 그에 앞서 디베이트 수업과 관련된 사람들의 호응을 구하는 데 주력해야 할 것이다.

◉ 디베이트 시간 결정

내가 미국에서 본 가장 격렬한 형태의 디베이트 클래스는 이렇게 진행된다. 이 디베이트 클래스는 두 시간 진행한다. 첫 번째 시간에는 학생들을 찬반으로 나눠 디베이트를 진행한다. 그러고는 5분간 쉬는 시간을 갖는다. 이어 두 번째 시간에는 찬반을 바꿔 디베이트를 진행한다. 그러니까 첫 번째 시간에서 찬성을 맡은 학생들은 반대를, 반대를 맡았던 학생들은 찬성을 맡는 것이다. 이렇게 하면 학생 개인으로서는 하루 동안 해당 주제에 대해 찬성과 반대를 골고루 경험하게 된다. 결과는 그 주제에 대해 전모를 이해하는 것으로 나타난다.

하지만, 학교에서 수업을 진행할 때에는 이렇게 자유롭게 디베이트 시간을 결정할 수 없다. 아직은 디베이트 시간이 따로 마련되어 있지 않기 때문이다. 만약 디베이트 시간이 따로 마련되어 있다면, 디베이트 코치는 다양한 방법으로 디베이트 시간과 지도 방법을 결정할 수 있다. 방과 후 시간이나 토요 디베이트 학교 등의 방법으로 디베이트를 진행할 때 자유롭게 계획을 짤 수 있는 것과 마찬가지다. 이때는 교과 진도에 대한 부담 없이 편하게 수업을 설계할 수 있다. 문제는 이것이 현재는 가능하지 않다는 데 있다. 따라서, 정규 학교 수업 시간에 디베이트를 진행하려면 여러 가지 제약을 고려해야 한다.

첫째, 수업 시간의 제약을 고려해야 한다. 한국의 학교에서는 초·중·고 각 학교 급별로 40~50분을 1교시로 진행하고 있다. 가장 이상적인 디베이트 수업이라면 2~3시간을 Block Schedule(=수업 시수를 2~3단위 통폐합해서 운영하는 것)로 진행하는 것이 좋다. 2~3시간 동안 디베이트 준비와 실제 디베이트를 진행하는 것이다. 그런데, 40~50분을 단위로 수업이 진행되는 것을 준수해야 한다면, 디베이트 준비와 실제 디베이트를 나눠서 하는 것이 좋다. 만약 한 주일에 두 시간을 낼 수 있다면, 첫 번째 시간에는 디베이트 준비를, 그다음 시간에는 실제 디베이트를 하는 것이다. 만약 일주일에 한 시간만 낼 수 있다면 첫 번째 주에는 디베이트 준비를, 그다음 주에는 실제 디베이트를 하면 된다.

둘째, 수업 진도의 제약을 고려해야 한다. 현재의 수업 진도는 별도의 디베이트 시간을 아직 고려하고 있지 않다. 즉, 선생님으로서는 수업 진도를 나가면서 디베이트를 병행해야 한다는 부담감이 있다. 초등학교 선생님이라면 혼자서 전 과목을 가르치니 시간을 조정하기에 다소 유리할 것이다. 하지만, 중·고등학교 선생님이라면, 과목별로 가르치니 시간을 조정하기가 더욱 어려울 것이다. 가장 이상적인 형태는 디베이트를 감안한 수업 진도가 제시되는 것이다. 하지만, 역시 아직은 현실과 거리가 멀다. 결국, 학교별로 다양한 형태로 진행되는 창의적 재량 활동 시간을 활용하거나, 혹은 수업 진도를 빨리 나가고 남은 시간에 디베이트를 하는 방법으로 진행한다.

만약 학생들이 디베이트 준비를 잘 해올 수 있을 정도로 훈련되어 있다면, 이들 제약은 사라진다. 즉, 학생들이 스스로 알아서 디베이트 준비를 끝내고 온다면 정규 수업 시간 한 시간을 빌려 실제 디베이트만 진행하면 된다. 하지만, 아직은 학생들이 리서치를 스스로 해서 논리를 정리해 올 능력이 부족하다. 해서, 디베이트 수업 초반기에 디베이트 준비를 수업 시간에 포함시키는 것은 필연이 된다.

그러니 이렇게 결정하자. 현재의 수업 시간과 진도를 감안하여, 디베이트에 배정할 수 있는 수업 시간을 확정하자. 그 시간이 한 주일에 두 시간이라면 디베이트 준비와 실제 디베이트를 나눠서 진행하자. 그 시간이 일주일에 한 시간이라면 두 주일에 걸쳐서 디베이트 준비와 실제 디베이트를 나눠서 진행하자. 좀 더 여유 있게 편성하는 선생님도 있다. 즉, 일주일에 한 시간씩을 내서, 한 달에 주제 하나를 소화하는 방식으로 진행하는 것이다. 그럴 때에는 이렇게 진행한다. 첫째 주에는 주제 분석과 리서치, 두 번째 주에는 찬반 쟁점 정리, 세 번째 주에는 실제 디베이트, 네 번째 주에는 에세이 쓰기가 된다. 이를 표로 정리하면 〈그림 5.1〉과 같다.

교과목별 주제 정하기

디베이트 시간을 결정하면, 한 학기에 실제 디베이트를 몇 번 할 수 있는

지가 확정된다. 한 학기를 17차시라고 하자. 첫 번째 주는 디베이트를 소개하는 데 쓴다고 하자. 그러면 한 주에 한 주제를 소화할 때 16개의 주제가 필요하다. 두 주에 한 주제를 소화할 때 8개의 주제가 필요하다. 한 달에 한 개의 주제를 소화하면 4개의 디베이트 주제가 필요하다. 즉, 디베이트에 수업 시간을 얼마 배정하느냐에 따라 한 학기에 4~16개의 주제가 필요하다.

학교 수업 시간에 쓸 디베이트 주제를 선정할 때에는 교과목과 연계된 주제를 정하는 것이 좋다. 그래야 학부모들도 안심하고, 또 학생들도 디베이트를 통해 현재 배우고 있는 단원을 더 깊이 이해할 수 있다.

교과목과 관련된 주제를 정하는 방법은 일반 디베이트 주제를 선정하는 방식과 같다. 첫째, 해당 과목의 해당 진도에서 이슈로 삼을 만한 키워드를 뽑아낸다. 예를 들어 과학과 과목에서 생수에 대해 배우고 있다고 하자. 그렇다면 키워드는 생수가 된다. 둘째로, 인터넷을 통해 생수가 어느 면에서 논란거리가 되고 있는지 검색해 본다. 이를 통해 〈생수 판매를 금지해야 한다.〉는 최초의 디베이트 주제가 선정된다. 셋째로, 이렇게 정리된 디베이트 주제가 과연 과목의 학습 목표와 일치하는지, 또한 적절한 논란거리인지 확인하는 작업을 한다. 이를 통해 디베이트 주제를 확정한다. 넷째로, 이 주제와 관련된, 학생들에게 적합한 읽기 자료를 찾아낸다. 읽기 자료는 찬성 측을 대변하는 자료 2개, 반대 측을 대변하는 자료 2개, 일반적인 자료 2개 등으로 구성하는 것이 좋다. 많을수록 좋겠지만, 학생들이 소화할 수 있는 양도 고려해야 한다.

여담이지만, 이런 작업은 개별 교사가 하기보다는 그 상위 조직에서 하는 것이 좋다. 제일 좋은 것은 교과서 자체에 이런 주제가 수록되고, 읽기 자료와 선생님 지도 매뉴얼이 함께 제공되는 것이다. 교육과학기술부에서 이런 일을 하면 좋겠다. 그러면 교사들은 이를 참조하여 학생들을 지도

하면 된다. 하지만 현실은 아직 그 수준에 이르지 못했다. 결국, 이 부담은 단위 교육청 혹은 학교 내 과목별 선생님들 모임으로 넘어간다. 이마저 불가능하다면 개별 교사가 직접 만드는 수밖에 없다. 지금 전국의 선생님들 중 토론 수업을 직접 지도하는 선생님들이 그렇게 한다. 개인적으로 디베이트 주제와 자료를 만드는 고생을 하고 있는 것이다. 어려운 환경 속에서 묵묵히 이 일을 해가고 있는 이들 선생님의 노고에 경의를 표한다. 이런 고생이 빨리 종식되면 좋겠다.

2012년 가을 경북대에서 열린 국립사범대학 부설 중·고등학교 연합회에서 소개된 경북대사대부중(한원경 교장)의 〈디베이트를 활용한 교수학습 활동 사례〉에서 제시된 디베이트 주제들을 음미해 보자. 과목별로 이런 주제들이 가능하다.

- 국어과: 가축의 대량 사육과 생산은 정당하다.
- 도덕과: 억지로 하는 공부는 옳지 않다.
- 사회과: 대형 마트의 강제 휴무는 계속되어야 한다.
- 과학과: 제2 시화호 개발을 금지해야 한다.
- 체육과: 학교 체육을 통하여 학교 폭력을 예방할 수 있다.

교과 연간 지도 계획 작성

디베이트 주제와 자료가 확보되었다면, 다음은 교과 연간 지도 계획을 작성하는 일이 남는다. 교과 연간 지도 계획이란 학기별, 학년별로 매주 어떤 내용을 어떻게 지도할 것인지를 밝힌 계획이다. 아마 선생님들에게는 익숙한 문서 양식일 것이다.

실제 예를 들어 보자. 다음은 경기도교육청 효자고등학교 사회과 권현숙 선생님이 작성한 '토론 수업을 적용한 교과 연간 지도 계획안'이다.

월	주	대단원 및 중단원명	소단원 학습 주제	토론 학습 활동	배당 시수
3	1	법과 사회 수업 오리엔테이션	수행평가 방법 OT 토론의 내용, 절차, 방법	토론의 방법 교수 토론 영상, 평가 실습	3
	2	I. 법의 이념과 권리·의무 1. 법의 의의와 구조	법의 특성, 기능 사회규범의 종류 관습, 종교 규범, 법, 도덕		3
	3		법과 도덕의 관계 도덕과의 차이점	착한 사마리아인의 법 제정 여부(1)	3
	4	2. 법의 일반 원칙과 법의 적용	법의 이념, 정의, 합목적성, 법적 안정성	친일파 자손의 상속 재산 몰수 여부(2)	3
4	5		법의 분류-공법, 사법, 사회법, 자연법과 실정법	악법도 지켜야 하는가 여부(3)	3
	6		법치주의, 신의성실 원칙 권리남용 금지의 원칙 법의 해석과 적용		3
	7	3. 권리와 의무	법률 관계와 호의 관계 권리와 의무의 주체, 객체 법치 사회와 민주 시민 I 단원 형성평가, 마인드맵	지역 개발보다 환경보호가 우선인지 여부(4)	3
	8	II. 개인 생활과 법 1. 권리 능력과 미성년자의 권리	권리 능력의 발생과 소멸 동시 사망, 인정 사망 의사 능력과 행위 능력 행위 무능력자 제도	모둠 토론 1차 (1~4 논제 중 택1하여 입장 글 쓰기)	3
	9		미성년자의 권리 보호	중간고사 — 출제	1

주	차시	단원	내용	토론 논제	시간
5	10	2. 가족 관계와 법	부부간의 법률 관계 혼인과 이혼의 법률 효과 사실혼과 법률혼		2
	11		부자간의 법률 관계 대리모 계약 친족 관계와 법률 관계 상속과 법률 관계	이타적 대리모 출산 법적 허용 여부(5)	3
	12	3. 민법의 기본 원리	근대 민법의 원리 현대 민법의 원리 민법 원리가 변화된 배경		2
	13		부동산 거래와 등기 불법 행위와 손해배상 2단원 형성평가, 마인드맵		3
6	14	III. 사회생활과 법 1. 학교생활과 법	학교교육과 법 교원의 권리와 의무 학생의 권리와 의무	학교 내 CCTV 설치 허용 여부(6)	3
	15	2. 여성과 법	여성의 법적 지위 성차별과 성 구별 여성의 법적 지위 향상 대책	미혼의 미성년자 작태 허용 여부(7)	3
	16		직장 내 성희롱 문제 성폭력과 성범죄 예방	모둠 토론 2차 (5~7논제 중 택 1하여 입장 글 쓰기)	3
7	17	3. 소비자의 권리 보호	소비자 보호와 법 소비자 권리와 책임 소비자 주권의 의미	토론 수행평가 — 완료	3
	18		소비자 피해 구제 절차		1
	19		신용거래 및 할부 거래 청약 철회 제도 리콜 제도	기말고사 — 출제	3
	20	1학기 수업 평가회	토론왕전 및 수업 평가	학습자 제시 논제 또는 최근 이슈 논제	2

이상에서 보는 것처럼, 교과 연간 지도 계획은 한 학기 혹은 학년별로 매달, 매주 어떤 학습 과제를 다룰 것인지, 그리고 토론 수업은 이에 어떻게 적용되는지, 각각의 시수는 어떻게 되는지 계획을 밝힌 문서다. 이런 식으로 해당 과목의 진도와, 그를 진행하는 과정에서 토론 교육을 어떻게 접목하면 좋은지 설계를 해 보자. 그러면 한 학기, 연간 계획이 완성된다.

⊙ 기타 준비물 준비

디베이트 수업에는 교과 연간 지도 계획 외에도 여러 가지 준비물이 필요하다. 디베이트 일지, 디베이트 평가지, 기타 소품 등이다.

먼저, 디베이트 일지. 디베이트 일지는 학급 단위, 개인 단위로 나눠서 작성한다. 학급 차원의 디베이트 기록과 개인 차원의 디베이트 기록을 남겨 두자는 것이다. 이는 디베이트 수업의 성과물로 제시될 수 있고, 평가의 자료로 활용될 수도 있다.

학급 차원의 디베이트 일지는, 앞서 말한 대로, 실제 디베이트 수업 진행 시 학생 한 명이 진행하면 된다. 이 기록은 다음과 같은 내용이 포함된다. (1) 디베이트 수업 개괄: 디베이트 수업 일시, 디베이트 수업 주제, 디베이트 역할 분담, 디베이트 준비 내용, (2) 디베이트 플로차트, (3) 디베이트 평가: 디베이트 심사위원단의 평가, 디베이트 코치의 평가. 이들 기록을 꾸준히 남기면, 디베이트 수업의 성과물이자 추억거리가 된다. 디베이트를 처음 시작하는 다른 선생님들에게 귀중한 자료가 될 수 있고, 학부모들에게 소개할 수 있는 자료도 된다. 이들 자료를 예시하면 124~126쪽과 같다. 이들 자료는 양식을 프린트하여 책임을 맡은 학생들이 매번 기입한 후, 3링 바인더에 차례로 꽂아 두면 된다.

이들 일지는 선생님이 정기적으로 확인하여 그 내용에 대해 조언해 주면 좋다. 그러면 학생들이 선생님이 볼 것을 예상해 더욱 열심히 쓸 것이며, 또 거기에 남겨진 선생님의 조언을 보고 격려를 받을 것이다.

개인 차원의 디베이트 일지는, 실제 디베이트 수업 진행 시 디베이트 수업 참가 학생 모두가 개인적으로 작성하는 노트이다. 이 기록에는 다음과 같은 내용이 포함된다. (1) 디베이트 수업 준비, (2) 디베이트 플로차트, (3) 디베이트 에세이. 이들 기록을 꾸준히 남기면, 디베이트 수업의 성과물이자 추억거리가 된다. 디베이트를 처음 시작하는 다른 선생님들에게 귀중

'전통에 호소하는 오류'의 정답은?

선생님들을 대상으로 한 디베이트 워크숍에서 있었던 일.

논리의 오류 중 '전통에 호소하는 오류'를 설명하고 있었다.

"이런 것은 어떤 논리의 오류일까요?

며느리: 어머니, 이건 좀 문제가 있다고 봅니다. 왜 제사를 지내는데 여자들만 부엌일을 해야 하죠? 남자들은 저렇게 탱탱 쉬고 있는데…….

시어머니: 얘야, 나도 그랬고, 우리 시어머니도 그랬다. 원래부터 그런 것을 어떻게 하겠니?

며느리 : 아무리 그래도 그렇지……."

먼저 정답을 말하자면, 이 오류는 '전통에 호소하는 오류'였다. 대화에서 합리적 근거를 제시하며 말하는 것이 아니라, 지금까지 내려온 전통 내지는 관행을 들어 설명하는 것이다. "원래 그런 거야……"라며 주장을 펼칠 때 이런 오류에 빠지는 경우가 많다. 그런데, 먼저 사례를 말씀드리고 나서, 이 사례가 어떤 논리의 오류인지 선생님들에게 물었다. 그러자 한 남자 선생님이 바로 의견을 제시했다.

"그건 오류가 아닙니다. 올바른 태도입니다."

연수를 받던 선생님들은 모두 뒤집어졌다. 그 남자 선생님이 여자 선생님들의 벌떼와도 같은 야유를 받은 것은 물론.

디베이트에서 타임카드를 들어 보이고 있는 선생님

한 자료가 될 수 있고, 학부모들에게 소개할 수 있는 자료도 된다. 이들 자료를 예시하면 127~129쪽과 같다. 이들 자료 역시 양식을 프린트하여 매번 기입한 후, 3링 바인더에 차례로 꽂아 두면 된다.

다음으로 준비해야 할 것은 디베이트 평가지다. 디베이트 평가지 역시 두 종류로 작성되어야 한다. 하나는 실제 디베이트 수업에서 학생 심사위원들이 쓸 평가지, 다른 하나는 선생님이 작성하는 평가지다. 선생님에 따라 다르게 작성할 수 있다.

우선, 학생 심사위원들의 평가지는 130쪽과 같은 양식이면 좋겠다.

선생님의 평가서는 선생님 별로 다를 수 있다. 여기에서는 경기도교육청 효자고등학교 사회과 권현숙 선생님이 작성한 토론 수업의 수행평가 기준안을 예로 든다(131쪽).

마지막으로, 디베이트에 필요한 기타 소품도 미리 준비해야 한다. 기타 소품에는 시계와 타임카드, 약간의 상품 등이 있다. 시계는 디베이트 발언

<table>
<tr><td colspan="4" style="background:#3a7fb5;color:#fff">디베이트 수업 개괄</td></tr>
<tr><td>디베이트 수업 일시</td><td colspan="3">____________년________월________일________교시</td></tr>
<tr><td>디베이트 주제</td><td colspan="3"></td></tr>
<tr><td rowspan="2">디베이트 역할 분담</td><td colspan="3">의장단 :
토론 팀 :</td></tr>
<tr><td colspan="3">

찬성 팀	순서	반대 팀
	입안	
	교차 질의	
	반박	
	교차 질의	
	요약	
	(전체) 교차 질의	
	마지막 초점	

찬성 지원 팀 :
반대 지원 팀 :
심사위원 :
</td></tr>
<tr><td>디베이트 자료 정리</td><td colspan="3"></td></tr>
<tr><td>디베이트 쟁점 분석</td><td colspan="3"></td></tr>
<tr><td>예상되는 찬반 논리</td><td colspan="3">찬성의 논리

반대의 논리</td></tr>
</table>

디베이트 주제

찬/반	찬/반
입안 발언자 :　　　　발언 시간 :	**입안** 발언자 :　　　　발언 시간 :

교차 질의　발언자 :　　　　　　/

반박 발언자 :　　　　발언 시간 :	**반박** 발언자 :　　　　발언 시간 :

교차 질의　발언자 :　　　　　　/

요약 발언자 :　　　　발언 시간 :	**요약** 발언자 :　　　　발언 시간 :

전체 교차 질의　발언자 :　　　　　　/

마지막 초점 발언자 :　　　　발언 시간 :	**마지막 초점** 발언자 :　　　　발언 시간 :

디베이트에 대한 총평	디베이트 심사위원장의 총평
디베이트 승패와 이유	승리한 팀 (찬/반) 승리한 이유 :
디베이트 수상과 이유	베스트 스피커상 : 베스트 경청상 : 베스트 교차 질의상 : 베스트 진보상 : 베스트 태도상 : 베스트 팀워크상 : 베스트 심사위원상 : 특별상 :
선생님의 강평	

디베이트 수업 준비	
디베이트 수업 일시	____________년______월______일 ______교시
디베이트 주제	
내가 맡은 역할	
디베이트 자료 정리	
디베이트 쟁점 분석	
예상되는 찬반 논리	찬성의 논리 반대의 논리

디베이트 주제

찬/반	찬/반
입안 발언자 :　　　　　발언 시간 :	**입안** 발언자 :　　　　　발언 시간 :

교차 질의　발언자 :　　　　　　　　/

반박　발언자 :　　　　발언 시간 :	**반박**　발언자 :　　　　발언 시간 :

교차 질의　발언자 :　　　　　　　　/

요약　발언자 :　　　　발언 시간 :	**요약**　발언자 :　　　　발언 시간 :

전체 교차 질의　발언자 :　　　　　　/

마지막 초점　발언자 :　　　　발언 시간 :	**마지막 초점**　발언자 :　　　　발언 시간 :

디베이트에 대한 나의 소감	디베이트 주제에 대해 : 디베이트 내용에 대해 : 디베이트 평가에 대해 : 나의 역할에 대해 :
디베이트 에세이	나의 주장 :

디베이트 수업 일시	________________년________월________일________교시	
디베이트 주제		
점수(찬/반)	평가 항목	점수(찬/반)
	입안: 태도와 시간 준수	
	입안: 논거의 적절함	
	교차 질의: 태도와 적극성, 논리적 지적	
	반박: 태도와 시간 준수	
	교차 질의: 태도와 적극성, 논리적 지적	
	요약: 태도와 시간 준수	
	요약: 디베이트에 대한 이해도	
	전체 교차 질의: 태도와 적극성, 논리적 지적	
	마지막 초점: 디베이트에 대한 전략적 이해	
	지원 팀: 태도와 적극성	
	지원 팀: 지원 내용	
	점수 합계	
심사 총평		

학기	시기	평가 영역		평가 기준	점수 배점 기준	배점
1·2 학기	수시	학습지 포트폴리오		• 배포된 프린트가 전부 있음 • 프린트 내용 정리가 충실함 • 정해진 기한 내에 제출함 • 포트폴리오 형식을 갖춤	4가지 기준을 모두 갖춘 경우	10점
					3 가지 기준을 갖춘 경우	8점
					2 가지 기준을 갖춘 경우	6점
					1 가지 기준을 갖춘 경우	4점
					제출하지 않은 경우	0점
	수시	평소 활동		• 교과서·학습지 등 준비 여부 • 수업 시간 주어진 활동 적극 참여 • 수업 태도 성실성 여부 (수면, 교사 지도 불응)	누가 기록하여 매회 1점씩 감점하며 최하점을 3점으로 한다.	10~3점
	수시	토론 활동 영역	찬반 팀별 토론	• 토론 개요서 작성, 기한 내 제출 • 다양한 자료 토대로 의견을 논리적으로 주장함 • 상대방의 주장을 잘 듣고, 논리적으로 반박함 • 토론 규칙 준수, 발성·발음·화법이 적절함	4가지 기준을 모두 갖춘 경우	10점
					3 가지 기준을 갖춘 경우	8점
					2 가지 기준을 갖춘 경우	6점
					1 가지 기준을 갖춘 경우	4점
					토론자로 참여하지 않은 경우	0점
			배심원 토론 평가	• 팀별 승패 결정 • 토론왕 선정 • 토론 내용에 대한 질문 • 평가자의 입장 변화 • 토론 과정 평가 기재, 정해진 기간 내에 제출 • 포트폴리오 형식을 갖춤	4가지 기준을 모두 갖춘 경우	10점
					3 가지 기준을 갖춘 경우	8점
					2 가지 기준을 갖춘 경우	6점
					1 가지 기준을 갖춘 경우	4점
					제출하지 않은 경우	0점

	지필평가		수행평가				
					토론 활동		
	중간 고사	기말 고사	학습지 포트폴리오 (10%)	평소 활동 (10%)	찬반 팀별 토론 (10%)	배심원 토론 평가 (10%)	계
1학기	30%	30%	10%	10%	10%	10%	100%
2학기	30%	30%	10%	10%	10%	10%	100%

시간을 재는 용도로 쓴다. 스마트폰을 써도 무방하지만, 중간에 전화가 걸려 올 수도 있으니 가급적 초시계를 준비한다. 디베이트 대회에 따라서는 앞뒤로 잘 보이는 전자시계를 사용하기도 한다. 하지만 이는 상당한 비용 부담이 발생한다. 123쪽 사진처럼 타임카드를 만드는 것이 좋다. 종이 앞뒤에 같은 내용의 남은 시간을 적어 인쇄한 후, 이를 비닐로 코팅해서 만든다. 이렇게 한번 만들어 두면 두고두고 쓸 수 있다. 마지막으로, 작은 상품들을 준비하여 상을 받는 학생들에게 주면, 격려도 되고 분위기도 더욱 고조시킬 수 있다.

◉ 학부모님들과 선생님들의 준비

그동안의 경험을 볼 때, 아직은, 학부모님들에게 "앞으로 디베이트 수업을 하겠으니 자녀를 잘 지도해 주시기 바랍니다"라는 통지문을 보내면 바로 휴지통으로 가는 것 같다. 디베이트라는 말이 생소하기 때문이다. 그래서 "디베이트 관련 설명회를 하려 하니 참여해 주세요"라고 통지문을 보내면 다른 교육 행사에 비해 참여도가 낮게 나타난다. 디베이트에 문제가 있는 것이 아니다. 아직 디베이트를 모르고 있다는 데 문제가 있다.

동료 선생님들도 마찬가지다. 한국에서 학교 선생님들은 학생들을 가르치는 일 외에 수많은 잡무에 시달린다. 각종 연수도 마찬가지다. 이런 상황에서 디베이트 연수회를 한다고 하면 '또 연수군!' 하면서 기대치가 낮다.

그래서 내가 권하는 것은, 약간 강제성을 띠더라도 가급적 많은 선생님들과 학부모님들이 참여하는 디베이트 설명회를 갖자는 것이다. 학교의 관리자인 교장 선생님과 교감 선생님도 참여한다면 더욱 좋겠다. 이렇게 하면 처음에는 불평을 늘어놓던 분들도, 디베이트 설명회가 진행될수

록 디베이트에 빠져든다. 지금까지의 경험으로 보면, 참가자의 90% 이상
이 호응하는 것 같다. 시간은 한 시간도 무방하나, 두 시간이면 더 좋은 것
같다. 특히 학부모님들 중에는 '학교의 요청이니 참석은 하는데, 눈치 봐서
슬쩍 일찍 가야지……'라는 생각으로 왔다가도, 디베이트 매력에 빠져들
어 자리를 뜨지 못하는 분들이 많다. 그러고는 디베이트 수업에 대한 열렬

〈흥선대원군은 19세기 조선에 긍정적인 기여를 했다〉라는 주제로 디베이트를 했다.
중간고사 때문에 몇 주 쉬다가 나온 한 친구.
주제 자체도 어려운데 읽어 오지도 않은 상태에서 디베이트를 하다 보니 실수 연발
이다.
그중 하나.
"흥선대원군은 권세가들을 밀어내고 왕실의 권위와 위엄을 되찾으려고 노력했다.
특히, 오랫동안 권력을 좌지우지하던 안성 김씨들이 그 대상이었다."
으응??!! 안성 김씨?
듣고 있던 친구들이 안성 김씨라는 말에 킥킥대고, 그러면서도 발표하는 친구를 생
각해서 저마다 웃음을 참으려고 노력하는데……. 그 모습을 보던 발표자는 드디어
화가 나서 웃음을 참고 있는 친구들에게 "왜 웃어!"라고 고함을 치고, 그 바람에 웃
음을 참던 친구들은 더 이상 못 참겠다는 듯 큰 소리로 웃어 댔다.
한 친구는 "안성 김씨가 아니라 안성 탕면이야"라고 이죽거리기까지 했다. 아직도
영문을 모르는 발표자는 "내가 그것도 모르는 줄 아냐?"고 화를 냈지만, 한편으로
는 당황한 기색이 역력했다. 도와주려고 "안성 김씨가 아니라 안동 김씨"라고 알려
주자, 떨떠름한 표정을 지으며 선생님까지 왜 놀리냐고 항의했다. "안동은 한씨가
유명하지 김씨가 유명하지 않다"며 얼굴을 붉히며 말한다. 그래서 안동 한씨는 선생
님도 잘 모르겠다고 하니, "한씨는 안동 한씨, 횡성 한씨, 나주 한씨가 유명하다"고
답한다.
믿거나 말거나.

한 기대를 나타낸다.

디베이트 설명회는 크게 두 가지의 내용을 포함하는 것이 좋다. 하나는 실제 디베이트 동영상을 잠깐 보여 주는 것이다. 동영상을 보여 주며 디베이트에 대한 설명을 곁들이면 참석자들은 '아니, 저렇게 말을 잘하는 학생들이 있다니……'라며 놀라워한다. 그리고 동영상을 통해 디베이트의 기본 개념을 익힌다. 만약 이미 학교에 디베이트 활동을 하는 학생들이 있다면, 이 학생들에게 시연을 보이라고 해도 좋다. 그러면 동영상보다 훨씬 실감이 난다.

이어, 디베이트의 개념과 효과를 이론적으로 정리해 주는 것이 좋다. 동영상을 본 직후라, 디베이트 개념과 효과는 자연스레 이해된다. 효과의 마지막에는 디베이트와 현재 한국 교육의 현안인 토론 교육의 접점을 설명해 주면 된다. 이렇게 하면 참가자들은 디베이트가 무엇이고, 왜 해야 하며, 그것이 현재 한국 교육에서 왜 현안이 되는지 고개를 끄덕인다.

2012년 5월 16일 대전광역시 의회 주최 디베이트 설명회가 열렸을 때의 일이다. 350명에 달하는 대전 교육계 관계자들이 참여했다. 자의로 온 분들도, 타의로 온 분들도 있었을 것이다. 하지만, 설명회가 끝나고 나서 설문 조사를 하자, 근 90%에 달하는 응답자들이 "디베이트는 필요하다"고 응답했다. 이러한 반응은 대전만이 아니라 전국적인 현상이다. 확신을 가져도 좋다. 대전광역시 의회 주최 행사의 설문지 결과는 이 책의 뒤에 부록으로 붙인다.

이렇게, 우선 디베이트와 관련된 어른들부터 설득하자. 학부모와 동료 선생님들이 대상이 된다. 디베이트 설명회는 좋은 방법이다. 그리고 그 반응은 확실하다. 다음은 디베이트 설명회를 열 때의 순서의 한 예다. 두 시간 진행하는 것을 염두에 두었다. 각 학교의 사정에 맞게 조금씩 수정해서 진행하면 된다.

1. 개회사 및 설명회 안내	10분
2. 동영상 시청 및 설명	40분
3. 디베이트 개념 및 효과, 한국 교육에서의 의미 강의	40분
4. 디베이트 수업 계획 발표	10분
5. 질의 및 응답	20분

● 디베이트 참여 학생들의 준비

그다음으로 준비해야 할 사람들은 디베이트에 직접 참여하는 학생들이다. 한국의 학생들은 한국식 수업에 지쳐 있다. 새로운 프로그램에 대해 미리 부담스러워하는 학생들도 적지 않다. 게다가, 그 새로운 프로그램의 이름이 '디베이트'라는 생경한 이름이라면! 따라서, 학생들도 디베이트에 참여할 마음의 준비를 할 기회를 주는 것이 좋다.

학생들에게 디베이트를 소개할 때에는 학부모, 동료 선생님들에게 소개할 때와는 다르게 접근하는 것이 좋다. 간단히 말해, '강의식'은 적절하지 않다는 뜻이다. 학부모나 동료 선생님들은 이미 강의식에 익숙하다. 그래서 강의식으로 디베이트를 소개해도 통한다. 하지만 학생들은 다르다. 특히 학생들이 많이 모여 있는 경우라면 더욱 그렇다. 강의를 시작한 지 10분도 되지 않아 몸을 비틀 수가 있다.

이럴 때 제일 좋은 방법은 이 책의 앞 부분에서 소개하고 있는 '케빈식 집체 디베이트 방법'이다. 이 방법이라면 수십 명, 수백 명을 앞에 두고도 자연스레 디베이트를 소개할 수 있다. 디베이트로 디베이트를 소개하는 것이다.

만약 디베이트 설명회 시간이 1시간 정도로 짧다면, '케빈식 집체 디베이트'만 해도 좋다. 그런데, 시간이 좀 더 많다면, 추가로 같은 또래 학생들이 진행하는 디베이트 동영상을 보여 주면 좋다. 만약 학교에 디베이트 팀이 활동 중이라면 이들의 시연을 보여 줘도 좋다. 디베이트 동영상은 37분 정도로 짧다. 하지만 이조차 지루해하는 경우가 있다. 그때는 중간중간에 동영상을 끊고, 학생들에게 평가를 해 보도록 하면 좋다. 디베이트 수업 시간에 쓰려고 했던 디베이트 평가지를 학생들에게 미리 나눠 주고 평가의 기준을 익히도록 하면 더욱 좋다. 이러한 과정을 통해 학생들은 디베이트에서 주의해야 할 점들을 자연스레 익힌다.

처음의 디베이트 수업 준비를 통해 학생들이 모든 것을 배워야 한다고 부담을 가질 필요는 없다. 차차 알아 가면 된다. 중요한 것은 디베이트 준비 과정에서 '디베이트가 재미있겠다'는 생각을 갖게 하는 것이다. 디베이트 준비 과정에서 '이건 너무 어려워서 내가 할 수 없는 일'이라고 생각하면 곤란하다. 따라서, 과도한 요구는 적절하지 않다. 디베이트란 찬반으로 나눠 토론하는 과정에서 그 주제를 정확히 이해하는 일이라는 점, 그리고 그 과정은 재미있다는 점만 일러 주면 디베이트 수업 준비의 목표는 달성된 것이다. 절대로 서두르지 말자. 디베이트를 실제로 하는 선생님들은 이구동성으로 "디베이트하는 과정에서 학생들은 스스로 깨우쳐 나간다"고 증언한다. 이를 믿고, 학생들을 반걸음만 앞서 가자.

이렇게 디베이트에 대해 이해했다면, 남은 것은 구체적인 수업 준비 방법이다. 다음 시간에 디베이트할 주제를 소개하고, 어떻게 준비할 수 있는지 알려 준다. 이어서 수업 방식을 소개한다. 책상 배치가 달라진다는 것을 알려 주고, 각자의 역할에 따라 책상에 다르게 앉을 것을 안내한다. 학생들이 '다음 디베이트 시간에는 무엇을 토론할 것이며, 이를 위해 나는 무엇을 준비해야 하며, 디베이트 시간이 되었을 때 어떻게 다르게 앉아 있어야 하는지, 그리고 디베이트 수업은 어떻게 진행될 것인지'를 이해했다면 그것으로 충분하다.

학생들의 의견을 충분히 들어 두는 것도 중요하다. 디베이트는 참여식 수업이다. 참여가 관건이 된다. 학생들이 '이 수업의 주인은 나'라는 생각을 하게 해야 한다. 그러자면, 수업의 계획과 집행에서 학생들의 의견을 충분히 듣고, 그중 타당한 것을 적극 반영하려는 자세가 필요하다. 개별 학생들은 엉뚱한 의견을 제시하기도 한다. 하지만, 학생 집단에 의해 스스로 여과된 의견들은 어른들 의견에 근접한다. 어른들도 생각하지 못한 의견을 제시할 때도 많다. 이 의견들을 수업에 적극 반영하면, 학생들은 수업에 더욱 주체적으로 참여하게 된다.

다음은 학생들을 대상으로 한 디베이트 설명회를 열 때의 순서의 한 예다. 두 시간 진행하는 것을 염두에 두었다. 각 학교의 사정에 맞게 조금씩 수정해서 진행하면 된다.

1. 설명회 안내	10분
2. 케빈식 집체 디베이트 진행	30분
3. 디베이트 동영상 시청 및 평가지 작성/발표	50분
4. 디베이트 수업 안내	10분
5. 질의 및 응답	10분

제6장
디베이트
수업 진행

디베이트 수업 진행

자, 이제 실제 디베이트 수업을 진행하는 일이다. 이때 제일 중요한 문서는 교수학습 과정 지도안이다. 앞서 설명한 교과 연간 지도 계획이 학기별, 학년별로 학생들을 어떻게 지도할 것인지 총괄 계획을 밝힌 문서라면, 교수학습 과정 지도안은 매주 구체적으로 수업을 어떻게 진행할 것인지를 밝힌 문서다. 선생님들이라면 아마 익숙한 문서 양식일 것이다.

교수학습 과정 지도안은 마치 방송국의 큐 시트와 같다. 방송국에서 방송을 할 때에는 작가가 미리 대본을 다 써 둔다. 물론 그대로만 진행되지는 않는다. 진행자 혹은 참가자들의 즉흥적인 발언들도 돌출한다. 하지만 미리 그렇게 준비해야 방송을 예상할 수 있고, 큰 실수를 줄일 수 있다. 디베이트 수업에서도 그런 안을 미리 마련해 두면 수업을 진행할 때 도움이 될 것이다.

교수학습 과정 지도안에서는 다음과 같은 내용이 핵심이 된다. 디베이트 수업을 두 시간에 걸쳐서, 즉 디베이트 준비와 실제 디베이트 수업을 함께 진행할 때를 상정해서 두 가지로 구분해서 설명한다.

디베이트 준비 시간은 실제 디베이트에 앞서 학생들이 디베이트에 대해 준비를 하는 시간이다. 디베이트 준비는 자료 조사와 읽기로 시작된다. 가장 이상적인 것은 학생들이 스스로 자료 조사를 해 오고 읽어 오는 것이지만, 초반에는 무리가 따를 수 있다. 이때는 선생님이 자료를 제공하고, 이를 같이 읽고 분석하는 방법으로 진행하는 것이 좋다. 학생들은 이 과정을 통해 이번에 제시된 주제가 왜 논란의 대상이 되고 있는지를 파악하고, 무엇이 쟁점이 되는지 분석한다. 이어서, 가능한 찬성과 반대의 논리는 무엇인지 생각한다.

아래 표에 디베이트 준비 시간에 꼭 포함되면 좋은 요소들을 정리해 보았다. 물론, 선생님에 따라서는 순서를 바꿔도 좋겠다. 이 시간의 목표는 학생들이 디베이트 주제와, 그것이 왜 논란이 되는지 이해해서 찬반 논리를 정리해 보는 것이다. 그런 상태에서 다음 시간의 실제 디베이트에 임하면 훨씬 여유롭게 디베이트에 임할 수 있다.

자료 읽기	팀 별로 나누어 자료를 읽고 그 정리된 내용을 발표한다.
쟁점 분석	팀 별로 이번 디베이트 주제의 예상되는 쟁점들을 분석한다.
찬반 논리 정리	찬반의 팀 별로 찬반 논리를 정리해본다.

디베이트 준비는 실제 디베이트 때와 마찬가지로 미리 팀을 나눠 놓고 하는 것이 좋다. 이때 찬성과 반대 팀별로 리더를 정해, 그 사이 팀워크를 유지할 수 있도록 하면 좋다. 이와 별도로, 재미있는 순서를 집어 넣는 것도 좋다. 예를 들면 '논리의 오류를 찾아라', '미니 디베이트' 같은 것이다.

자, 이제 남은 것은 실제 디베이트 시간이다. 디베이트를 실제로 해 보는 시간이다. 실제 디베이트 시간의 진행은 복잡하지 않다. 대부분의 시간이 실제로 디베이트하는 데 사용되기 때문이다. 아래 표대로 진행해 보자.

수업 전 준비	좌석 배치, 칠판에 주제 쓰기, 평가지 배부, 기타 준비물 확인	0분
의장의 개회사	디베이트 주제 소개, 디베이트 팀 소개	5분
실제 디베이트	실제 디베이트	37분
심사위원의 강평	심사위원장의 강평	5분
선생님의 강평	선생님의 강평, 다음 주 디베이트 안내	5분

실제 디베이트 시간을 진행할 때 몇 가지 주의할 점이 있다.

첫째, 실제 디베이트를 진행할 때에는 가급적 관여하지 않는다. 학생들이 실수를 하더라도 알아서 진행할 수 있도록 놔두라는 것이다. 하고 싶은 말은 나중에 강평 시간에 하면 된다.

둘째, 강평에서 제일 중요한 것은 학생들을 격려하고 칭찬하는 일이다. 학생들은 지금 디베이트를 마친 상태에서 선생님의 반응을 기다리고 있다. 그런데 그 반응이 질책 일변도라면 학생들은 '열심히 해도 안 되는구나!'라고 생각할 것이다. 그리고 그 이후 디베이트 수업 동력은 상실되어 갈 것이다. 그 반면에, 스스로 미흡하다고 생각하고 있는데 선생님이 칭찬과 격려를 아끼지 않는다면 학생들은 더욱 동기를 부여받을 것이다. 아예 질책을 빼도 좋다. 그래도 된다. 학생들은 디베이트하는 과정에서 저절로 자기 길을 찾아 나간다. 선생님이 하고 싶은 말은 모두 격려성으로 하자.

셋째, 이렇게 디베이트를 하면 실제 수업 시간과 충돌할 수 있다. 앞의 표에 나온 시간을 다 합하면 이미 52분이다. 물론 현실의 디베이트 수업은 이보다 짧을 수 있다. 학생들이 자기 발언 시간을 채우지 못하기 때문이다. 하지만 정해진 수업 시간을 넘길 경우에는 그 내용을 다음 디베이트 준비 시간에 채우는 것으로 하면 된다.

넷째, 수업이 끝난 뒤에는 모두 에세이를 쓰도록 한다. 에세이 작성 양식은 129쪽에 예시해 두었다.

디베이트 수업에서 꼭 필요한 8가지 교훈

광주 송원초등학교 이형선 선생님의 조언

2011년 9월부터 12월까지 약 4개월 동안 광주송원초 6학년 1반 25명 학생을 대상으로 디베이트 수업을 진행했다. 여기서 얻어진 '디베이트 수업에서 꼭 필요한 8가지 교훈'을 소개한다. 디베이트 수업을 시작하려는 선생님들께 도움이 되기 바란다.

1. 대뜸 디베이트와 만나게 하라

디베이트를 처음 경험한 사람들의 공통점은 준비 과정에서는 담담하다가 디베이트가 끝나면 모두가 약속이나 한 듯 상기된 얼굴과 함께 흥분한 목소리로 "심장이 뛰어 내가 무슨 말을 했는지 하나도 모르겠다"고 말한다는 것이다. 그리고 다음 디베이트에서 이기기 위해 열심히 준비한다. 디베이트는 참여자를 움직이게 하는 마력을 가지고 있다.

그렇기 때문에 처음부터 디베이트에 대해 자세히 설명할 필요가 없다. 오히려 디베이트를 따분하고 지루한 것으로 오해하게 만든다. 설령 자세히 설명한다 하더라도 피부에 와 닿지 않는다. 실감이 나지 않기 때문이다. 그때는 대략적으로 디베이트의 개념과 형식을 설명한 후 바로 실습에 들어가는 것이 디베이트를 이해시키는 데 효과적이다.

디베이트를 경험하면 스스로 의문이 생긴다. 입안을 어떻게 해야 하는지? 교차 질의와 교차 조사가 무엇인지? 교차 질의는 어떻게 해야 하는지? 반박은 어떻게 해야 하는지? 요약과 마지막 초점은 또 어떻게 해야 하는지? 많은 물음이 생기고 질문하게 된다. 곧, 학생들 스스로 움직이게 된다.

그런데 학급에서는 시간이 좀 필요하다. 왜냐하면 한 번 디베이트를 할 때 최대 인원이 8명이기 때문이다. 32명을 기준으로 했을 경우 4번을 해야 하기 때문이다. 이에 대한 대안으로 처음에는 디베이트가 무엇인가를 소개하는 것이 큰 목적이므로 시간표에 이틀을 재량 활동이나 특별 활동 시간으로 편성하여 2시간씩 총 4시간을 배정하여 실시하는 것도 하나의 방법이 될 수 있다.

2. 조급함을 버리고 칭찬과 격려를 하라

디베이트를 안내하는 과정에서 많이 하는 실수가 디베이트 실력이 빨리 늘기를 바라는 조급함이다. 조급함은 욕심에서 비롯한다. 조급증이 생기면 학생들이 조금씩 발전해 가는 모습을 보는 기쁨을 놓치게 된다. 그리고 잘하는 것보다는 고쳐야 할 점이 자꾸 크게 보이게 되어 강평을 할 때 칭찬보다는 지적을 하게 된다. 교사는 학생을 생각하여 잘못한 점을 지적하지만, 정작 학생의 입장에서는 디베이트가 또 다른 지적의 대상이 되어 흥미를 잃게 된다. 다른 것도 마찬가지겠지만 디베이트를 좋아하게 해야 한다. 디베이트 자체는 재미있고 즐겁다. 문제는 강평에 있다.

일주일 또는 이 주일 동안 나름대로 최선(자신의 수준에서)을 다하여 디베이트를 준비해서 참여한다. 디베이트는 게임과 같다. 디베이트를 하는 과정에서 스스로 자신의 준비 정도와 실력이 어느 정도인지 너무도 냉정하게 확인하게 된다. 끝까지 최선을 다하고 강평을 기다리고 있는 학생들에게 과연 무엇을 먼저 해 주어야 할까? 당연히 칭찬과 격려다.

그런데 조급함은 칭찬과 격려할 기회를 빼앗아 간다. 곧, 디베이트 과정에서 학생들이 디베이트를 하는 모습이 기대치에 못 미치면 교사는 자신도 모르게 실망하게 된다. 이러한 교사의 마음이 그대로 학생들에게 전달이 된다는 것을 잊어서는 안 된다. 무엇보다도 이제 디베이트를 시작한 지 1년, 아니 채 몇 개월도 되지 않았다는 사실 또한 잊지 말아야 한다. 처음부터 잘하는 사람은 없다.

3. 처음에는 친근한 주제로 시작하라

디베이트를 해야겠다고 결심하고 준비를 하다 보면 부딪히는 첫 번째 관문은 주제다. 곧, 첫 주제를 무엇으로 할 것인가를 고민하게 된다. 디베이트의 포맷에 익숙해질 때까지는 일단 학생들에게 친근한 주제로 시작하는 것이 좋다. 예컨대 '초등학교에서 일기 검사는 하지 말아야 한다', '자리 배치는 학생이 해야 한다' 등을 들 수 있다. 친근한 주제는 리서치에 대한 부담을 덜어 준다. 자신의 평소 생각을 중심으로 준비할 수 있기 때문이다.

여기서 잠시 처음에 다룰 수 있는 주제를 살펴보면 다음과 같다.

(1) 초등학생은 교복을 입어야 한다.

(2) 체벌은 허용되어야 한다.

(3) 초등학교에서 시험은 폐지되어야 한다.

(4) 초등학생은 학원 수강을 금지해야 한다.

(5) 각종 데이를 기념하지 말아야 한다.

디베이트 포맷은 한 달 정도 경험하면 익숙해진다. 한 달이면 두 번의 디베이트와 여섯 번의 참관 경험을 하니, 다음 순서를 말하지 않아도 학생 스스로 움직일 수 있게 된다. 포맷에 익숙해지면 다양한 주제로 디베이트를 할 수 있는 밑바탕이 마련되었다고 볼 수 있다.

투게더 디베이트 클럽에서는 디베이트 주제를 3개월 단위의 대주제로 나누어 진행할 것을 권하고 있다. 학교 현장은 방학이 있기 때문에 2개월 단위로 대주제를 나누어 진행하면 좋을 것 같다. 투게더 디베이트 클럽에서는 8개의 대주제, 곧 학교와 교육, 가족과 생활, 사회와 문화, 환경, 과학과 기술, 법과 범죄, 정부와 국제관계, 윤리와 종교로 프로그램을 구성하여 소개하고 있다. 8개의 대주제를 참고하여 각 교과에서 토론을 할 수 있는 내용을 사전에 분석하여 학년 교육과정에 포함하면 좋을 것이다.

4. 디베이트 팀 구성원에 변화를 주어라

디베이트 포맷에 익숙해지는 한 달이 지나면 팀을 새롭게 바꾸는 것이 좋다. 한 달이 지나면 습득의 차이로 인해 학생 간에 실력 차가 생긴다. '디베이트가 이런 것이구나!' 하는 시점이기 때문에 팀을 재편성하여 새롭게 시작하는 분위기로 바꾸는 효과도 있다. 팀 편성은 학급 형편에 따라 교사 재량껏 하면 된다. 팀 구성이 교실의 공동체를 형성하는 좋은 기회가 되었기 바란다.

5. 동학년과 함께 하라

학년 초에 동학년 선생님이 결정이 되면 협의를 통해 디베이트를 소개하고 함께 하면 좋겠다. 혼자 하는 것보다 함께 하면 여러 가지로 도움이 된다. 주제를 공유할 수 있고 지도상 어려운 점을 함께 해결할 수 있다. 또한, 디베이트는 대화와 타협, 상대방 의견 경청하기, 협력하는 태도 등 토론하는 문화를 형성할 수 있다. 그 밖에 동학년이 함께 한다면 동학년 안에서 다양한 이벤트 행사를 함께할 수 있다.

6. 학생들이 능력을 발휘할 수 있는 장을 마련해 주어라

디베이트 자체만으로도 학생들에게 자극이 되긴 하지만, 2개월이 지나면 새로운 자극이 필요하다. 새로운 자극을 주는 방법은 동학년 또는 옆 반과 디베이트 배틀을 하는 것이다. 운동 경기가 몸으로 하는 게임이라면 디베이트 배틀은 머리로 하는 지적 게임이다. 배틀에 참여하는 팀은 자기 반을 대표하기 때문에 책임감을 갖고 디베이트에 집중하게 된다. 다른 방법으로는 디베이트 대회가 있다. 이 방법은 동학년이 구성되지 않아도 학급 내에서도 할 수 있다. 이 방법은 많은 준비가 필요하다. 구체적인 방법은 케빈 리의 저서 『대한민국 교육을 바꾼다, 디베이트』(한겨레에듀)를 참고하기 바란다.

학급에서 대회 외에 자극을 줄 수 있는 방법은 선생님이나 학부모를 초청하여 디베이트를 공개하는 것이다. 한번은 교내 선생님들을 대상으로 디베이트를 소개할 기회가 있었다. 계획에 따라 해당 학생들에게 선생님 앞에서 디베이트를 한다고 알려 주었다. 그때 우리 반은 디베이트를 시작한 지 두 달 정도 된 시점이었다. 이때 나는 조급함으로 인해 디베이트 효과에 대해 의문을 갖고 있었다. 나의 의문은 기우에 불과했다. 이날의 디베이트는 나를 감동시켰다. 디베이트가 진행되는 내내 '지금 내가 보고 있는 이 아이들이 우리 반이 맞나?'라는 생각을 몇 번이고 했다. 과연 무엇이 아이들을 이렇게 성장하게 했단 말인가? 평상시와 다른 점이라면 심판이 우리 반 학생에서 선생님으로 바뀐 것 뿐이다. 단지 대상이 바뀌었을 뿐인데 아이들에게는 엄청난 자극이 되었던 것이다. 디베이트 후의 "평소보다 엄청 긴장이 되었어요", "잘하고 싶었어요"라는 소감을 통해서 디베이트에 임하는 자세가 평소와 달랐음을 알 수 있었다. 이 일을 통해 나는 직접 경험(2회)뿐 아니라 심판을 보면서 간접적으로 경험(6회)한 것도 학생들에게 큰 공부가 된다는 것을 알게 되었다. 가랑비에 옷이 젖은 것이다.

이처럼 2개월이 지나면 배틀이나 대회 또는 공개와 같이 학생이 자신의 능력을 발휘할 수 있는 장을 마련해 주기 바란다. 대회를 통해 학생들은 많이 성장한다.

7. 지도교사는 디베이트에 대한 경험치를 높여라

학생들과 함께 교사 또한 디베이트를 많이 경험해 보아야 한다. 디베이트에 관심이 있는 선생님들과 모임을 만들어 정기적으로 연구할 수 있는 기회를 마련하면 좋겠다. 여기서 투게더 디베이트 클럽 코치 일반 게시판에 케빈 리 대표가 쓴 '디베이트 코치라는 일의 장점'의 일부분을 소개한다. 전문은 투게더 디베이트 클럽 네이버 카페(http://cafe.naver.com/togetherdebateclub.cafe)에서 볼 수 있다.

"역시 제일 큰 장점은 보람이지요. 학생들이 디베이트를 통해 변화해 가는 모습을 보면, 정말 마음이 뿌듯합니다.

그런데, 이 일이 본인에게도 큰 도움이 됩니다. 디베이트를 하면 머리가 좋아지거든요. 학생뿐만이 아니라 코치 분들도 마찬가지입니다. 학생들과 같이 생각하면서, 아니 학생들을 지도하기 위해 더 열심히 준비하면서 실은 디베이트 효과를 가장 크게 보는 사람이 됩니다.

디베이트를 모르던 때와, 디베이트를 알고 난 후, 또 디베이트를 좀 지도해 보고 난 후, 그리고 디베이트를 오래 지도해 보고 난 후 변화한 자신을 보면 제 말을 실감할 것입니다.

그러한즉, 저는 코치님들이 지도와 실습의 기회를 가급적 많이 가지도록 권합니다. 그 양이 코치님들의 자산이 될 것입니다."

8. 지속적으로 하라

『에스퀴스 선생님의 위대한 수업』의 저자 에스퀴스는 교실 문화 개선을 위한 네 가지 지침에서 "자신이 역할 모델임을 인식하라"고 말하고 있다. 여기에 에스퀴스 선생님의 글을 소개하고자 한다.

> 아이들이 항상 당신을 보고 있다는 사실을 잊어서는 안 된다. 아이들은 당신의 말과 행동을 그대로 따라 하기 때문에, 아이들이 어떤 사람이 되길 원한다면 당신이 먼저 그런 사람이 되어야 한다. 학생들이 착하게 행동하고 열심히 공부하길 바란다면 당신이 먼저 아이들이 지금껏 만나 본 사람 중 가장 착하고 가장 열심히 공부하는 사람이 되어야 한다. 아이들을 속이려는 생각은 꿈에도 하지 말라. 아이들은 그런 쪽으로 굉장히 눈치가 빠르다.　　레이프 에스퀴스, 『에스퀴스 선생님의 위대한 수업』, 서울: 추수밭, 2011, p.26.

아이들이 디베이트에 관심을 갖고 열심히 참여하기 바란다면 교사부터 일관된 관심과 노력을 보여 주어야 한다. 디베이트를 시작했으면 멈추지 말고 학년이 끝날 때까지 지속해야 한다. 1년 후, 아이들은 분명 상상 그 이상으로 성장해 있을 것이다.

디베이트
수업 관련 활동

디베이트 활동으로 효과 극대화

디베이트 수업 효과를 더욱 극대화하기 위해 수업과는 별도로, 관련된 활동을 전개하는 것이 좋다. 그 활동들에는 디베이트 카페 운영, 디베이트 대회 및 캠프 조직, 디베이트 시연 등이 있다. 디베이트 카페는 온라인에 익숙한 학생들을 감안하여 온라인에 카페를 만들어 활동을 공유하고, 서로 의견을 나누자는 것이다. 디베이트 대회 및 캠프는 디베이트 활동에 활기를 더하기 위해 간단한 형태로 대회 및 캠프를 조직해 보자는 것이다. 디베이트 시연은 디베이트 활동을 하는 모습을 학생들 혹은 동료 선생님들이 보는 앞에서 시연을 보이자는 것이다.

우선, 디베이트 카페. 요즘 학생들은 온라인에 익숙하다. 사진도 자유롭게 찍어 온라인에 올린다. 디베이트 카페는 이러한 요즘 학생들의 특징을 디베이트 수업에 소화하기 위한 장치이다.

다음이나 네이버에는 무료로 카페를 자유롭게 개설할 수 있는 공간이 마련되어 있다. 여기에 디베이트 카페를 만들어 보자. 〈○○학교 ○학년 ○반 디베이트 카페〉로 만들어도 좋고, 학생들의 의견을 고려하여 고유한 이름을 정해도 좋다. 〈참사랑 디베이트 카페〉— 이런 식으로 말이다. 그리고 학생들 중 한 명을 카페지기로 정하자. 카페지기는 카페를 관리할 책임을 맡는 학생이다.

카페에는 자유로운 의견을 올리도록 유도하자. 사진도 좋고, 디베이트 자료도 좋다. 디베이트 소감을 올려놓아도 좋다. 학부모의 참여까지 유도해 낸다면 더욱 좋다. 자유롭게, 그렇지만 따뜻한 카페 분위기를 만든다면 디베이트 수업 진행에도 도움을 줄 것이다.

이 카페는 디베이트 수업의 시간상 제약을 뛰어넘을 수 있다. 학교에서 디베이트 수업은 시간상 제약이 있다. 서로 할 말들을 다 하지 못한다. 그

런데, 카페를 통해 서로 하고 싶은 말을 나누면 소통이라는 디베이트 정신을 더욱 분명히 할 수 있다. 하여 카페는 디베이트 수업을 더욱 내실 있게 하는 데 기여한다. 〈그림 7.1〉은 네이버에 있는 디베이트 카페의 한 예이다.

다음으로, 디베이트 대회. 디베이트 대회는 디베이트에 참가한 학생들에게 새로운 자극을 준다. 학생들은 평소보다 더욱 디베이트에 관심을 쏟게 된다. 이를 통해 디베이트 심화 학습의 계기도 마련해 볼 수 있다. 만약 다른 반도 참여하게 되면 더욱 긴장도가 높아질 것이다.

학급의 학생들이 32명이라고 할 때 4명씩 한 팀을 짜면 8개 팀이 탄생한다. 두 팀이 대결을 하니 교실 4개가 필요하고, 심판과 타이머도 역시 각각 4명이 필요하다. 학교 측의 협조가 필수가 되는 이유다. A, B 조로 나눈다면 부담은 절반이 된다. 교실도 두 개만 필요하고, 심판과 타이머도 두 명씩이면 충분하다. 수업이 없는 토요일에 학교 교실을 빌리고, 동료 선생님의 협조를 구하자. 학부모 자원봉사자를 구해 타이머 역할을 하도록 하자.

토너먼트 방식은 대회를 진행하는 목적을 고려할 때 적절하지 않다. 오히려 리그 형태가 더 유리하다. 오전에 각 팀이 두 경기씩을 치러, 우선 승률을 고려하고, 승률이 같을 경우 점수 차를 따져 상위 두 팀을 뽑는다. 이어 오후의 3라운드는 이들 두 팀이 모든 학생들이 보는 가운데 디베이트 시연 및 결승전을 벌이는 것으로 한다.

이런 식으로 진행하면 크게 부담 되지도 않고, 디베이트 수업에 활력을 불어넣을 수 있다.

다음은 디베이트 캠프. 디베이트 캠프 역시 새로운 자극을 준다. 학교에서 하는 것이니 간단하게 치르자. 대회와 통합해서 치러도 좋다. 하루에 끝내도 좋다. 학급 차원이 아니라, 희망자를 뽑아 학교 차원에서 진행해도 좋다.

우선, 캠프의 테마를 정하자. 캠프의 테마는 사회적으로 큰 이슈가 되는 것을 교육적으로 재해석한 것이 좋다. 〈행복한 학교 만들기〉같이 실생활에 밀착된 것이면 더 좋다. 그 테마에 따라 관련된 주제들을 정한다. 하루 캠프라면 디베이트 주제 두 개를, 이틀 캠프라면 세 개 정도의 디베이트 주제를 만드는 것이 좋겠다.

디베이트 중간중간에는 평소에 학생들이 디베이트를 하는 과정에서 어려워했던 내용들을 워크숍으로 보완하자. 워크숍 역시 학생들의 참여를 기준으로 설계한다면 무리 없게 진행할 수 있다.

캠프의 마무리는 시연으로 하는 것이 좋겠다. 캠프 과정에서 가장 적극적인 입장을 보였던 학생들을 중심으로 선을 보이는 것이다. 이런 자리에는 학부모들을 초대해도 좋다. 152쪽의 〈그림 7.2〉는 투게더 디베이트 클럽이 개최한 제2회 디베이트 철학 캠프의 일정표다. 학교에서 간단히 치르는 것이니 이렇게 어렵게 짤 필요는 없겠다. 다만, 참고 자료로 소개한다.

마지막으로, 디베이트 시연. 디베이트 시연은 참가 학생들에게 색다른 경험과 긴장을 선사한다. 우선, 시연에 참여하게 되었다는 자부심을 갖게 한다. 당연히 학생들은 시연을 위해 더욱 긴장하며 준비한다. 준비를 열심히 하니, 역시 당연하게 디베이트 현장에서는 보통 때보다 잘하게 된다. 이

	1/12(1일차)	1/13(2일차)	1/14(3일차)	1/15(4일차)
07:00~08:00	집결 10:00	기상	기상	기상
08:00~09:00		조식(08:00)	조식(08:00)	조식(08:00)
09:00~10:00	고려대 세종 캠퍼스로 이동	디베이트 II	디베이트 IV	디베이트 축제
10:00~11:00				
11:00~12:00		철학 워크숍	철학 워크숍	
12:00~13:00	중식	중식	중식	중식
13:00~14:00	디베이트 OT	조별 활동 시간	배틀 준비 시간	수료식
14:00~15:00	디베이트 I	에세이 워크숍	디베이트 V (배틀)	세종캠퍼스 출발 (14:00)
15:00~16:00		봉사활동		
16:00~17:00	철학 워크숍			
17:00~18:00	석식	석식	석식	
18:00~19:00	에세이 작성	디베이트 III	반별 활동 시간	
19:00~20:00	프레젠테이션 워크숍		공동체 활동	
20:00~21:00	공동체 활동 I	철학 워크숍		
21:00~22:00		유토피아 만들기 프로젝트 I	유토피아 만들기 프로젝트 II	
22:00~23:00	취침	취침	취침	

결과물들을 보고 참가 학생들 스스로도 놀라고, 이를 참관한 학생, 동료 선생님들도 놀라고, 이를 추진했던 당사자 선생님도 놀란다. 당사자에게 는 디베이트 수준을 한 단계 업그레이드하는 계기가 되고, 디베이트 참가 학생들이 더욱 확대되는 계기가 된다.

디베이트 시연을 할 때에는 주제를 학생들에게 익숙한 것으로 잡는 것 이 좋다. 언젠가 한번 경기도의 한 학교에서 학생들이 디베이트 시연을 하 는 모습을 본 적이 있다. 참가 학생들은 열심히 했지만, 주제가 너무 어려 웠다. 참관하는 학생들은 그 이슈의 쟁점을 잘 모르기 때문에 시연을 적 극적으로 즐기지 못했다. 그러니, 시연 주제는 평이한 것으로, 참관 학생들도 즐길 수 있는 것으로 준비하자.

시연을 전후로, 디베이트에 대한 간단한 설명을 덧붙이는 것도 좋겠다. 그러면 참관하는 학생들, 동료 선생님들의 디베이트에 대한 이해도가 높아질 것이다.

다음은 2012년 충남 당진의 상록문화제에서 디베이트 시연을 했던 투게더 디베이트 클럽의 김혜란 교수의 후기와 사진이다.

"안녕하세요, 투게더 디베이트 클럽 김혜란 교수입니다. 본래 토론의 일종인 디베이트 형식을, 상록문화제를 위해 약간 수정해서 학생들이 시연하였습니다. 심훈 선생이 작품 '상록수'를 통해 농촌운동의 방향성을 제시하셨던 것처럼, 우리 당진 지역 학생들이 시대와 지역의 문제에 관심을 가지고, 세상을 좀 더 다양한 시각에서 바라보게 하고 싶었습니다. 그래서 최근의 왕따를 포함한 학교폭력 문제를 학생들 스스로, 찬성과 반대의 입장에서 디베이트 토론을 해 봄으로써 문제의 심각성을 깊이 있게 인식하는 한편, 비판적 안목을 가지고 지혜로운 해결책을 찾아보도록 하고 싶었습니다. 또한, 이 디베이트 시연을 보신 우리 학부모님들, 선생님들, 그리고 학생들이 함께 학교폭력 문제에 대하여 고민했으면 하는 바람을 품었습니다.

당진의 멋진 청소년들이 심훈 선생께서 품으셨던 뜻을 이어받아 바르게 사회에 이바지하기를 바라는 마음으로 상록문화제 추진위원회 주최, 투게더 디베이트 클럽 주관, 당진시청의 도움으로 당진의 각 지역 학교에서 추천하고 신청한 40여 명의 학생들이 2개월 동안 디베이트를 배우고 준비하였습니다. 용기를 가지고 무대에 올라 디베이트 시연을 한 친구들과, 2개월 동안 다양한 주제들을 가지고 열심히 준비하며 디베이트를 즐겼던 40여 명의 학생 모두에게 박수를 보냅니다.

이 자리를 빌려, 학생들이 디베이트하는 모습을 지켜보시면서 매번 수업을 참관하시고, 때론 타이머로도 수고해 주셨으며, 강평을 통해 학생들에게 미래 비전을 심어 주셨던 상록문화제 추진위원회 한기홍 위원장님, 이사님들, 그리고 처음부터 끝까지 함께하신 조상연 사무국장님께 진정으로 감사드립니다.

다음에 비슷한 행사를 하실 분들을 위하여 몇 가지 경험담을 말씀드립니다. 저희는 4명의 학생들이 두 명씩 한 팀이 되어 토론을 하고, 각 팀에 3명씩 서포터를 두어 준비 시간에 함께 토의하고 수시로 조언을 포스트잇으로 전달하는 형식으로 팀을 돕게 했고, 디베이트는 퍼블릭 포럼 형식으로 수행했으며, 타이머는 무대 아래와 전광판으로 동시 진행하였습니다. 오랜 시간 연습을 하였기에 승패를 가른다는 것이 무의미할 정도로 팽팽하여 승패를 가르지는 않았습니다. 4명은 얼굴에 장착하는 마이크를 사용하고, 심판(김혜란)과 사회자는 핸드마이크를 사용하였습니다. 시상은 10명 전원에게 당진시 교육장님상과 상록문화제와 투게더 디베이트 클럽의 이름으로 수여되는 상, 2개씩을 주었습니다. 학생들이 무척 좋아했습니다. 교육장님상을 10명 모두에게 줄 수 있도록 추진하신 상록문화제 추진위원회에 감사드립니다. 투게더 디베이트 클럽에서 지원해 주신 수업 자료는 기부금으로 처리되도록 해 주셨습니다.

상록문화제 추진위원회와 투게더 디베이트 클럽에서 물심양면으로 도와주셨던 케빈 리 대표님 이하 모든 분들께 감사드립니다. 또한, 멀리서 디베이트 시연을 보시려고 찾아오신 선생님들과 학생들(서산여중 등)에게도 감사의 말씀을 올립니다.

무대에서 내려오며 깊은 포옹들을 할 때 눈물들이 글썽해서 자칫 한바탕 울음바다가 될 뻔한 것을 막았답니다. 시연 직전까지 무섭게 코치했던 선생님과 학부모님들, 학생들이 모두 감동 속에 시연을 마쳤습니다. 지금 중간

고사가 1주일 앞으로 다가온 학생들이 많아서 일단 당일은 헤어지기로 하고 중간고사 끝나고 뒤풀이 하기로 했습니다. 밤 10시까지 피곤한 줄 모르고, 마지막까지 긴장된 모습으로 준비했지만, 사실 무대에서는 하나도 떨지 않았습니다. 집에 돌아가서도 아쉬워서 문자들을 보내옵니다. 참 좋은 경험이었고, 저 역시 보람된 행사였습니다. 다시 한 번 감사드립니다.”

학교 디베이트 수업은 시간상 제약이 많다. 그러다 보니 충분한 디베이트가 이뤄지지 않을 수도 있다. 이럴 때 디베이트 카페를 통한 온라인 활동, 한 학기에 각각 한 번 정도의 대회나 캠프, 여러 사람 앞에서의 시연 등은 디베이트 수업에 활력을 불어넣을 수 있다. 이외에도 다양한 디베이트 관련 활동들이 가능하다. 학부모님들을 적극적으로 이 과정에 참여하게 하는 것도 좋은 방법이다. 다른 곳에서 열리는 대회 참가를 목표로 준비하는 것도 학생들에게 큰 자극이 된다. 다른 학교와 리그전을 벌이는 것도 큰 자극이 된다. 디베이트 수업을 준비하는 선생님이 창의적·적극적으로 준비할수록 학생들도 창의적·적극적으로 된다는 점을 명심하자.

충남 당진의 상록문화제(2012년)에서 진행된 디베이트 대회

제4부

디베이트와 주제 분석

제8장 **디베이트 주제 분석 방법**

제9장 **디베이트 주제 분석 연습**

제8장 디베이트
주제 분석 방법

◉ 디베이트를 더욱 잘하려면?

디베이트를 시작하면, 학생들 개개인의 차이는 있겠지만, 대개 다음과 같은 단계를 밟는다.

첫 달, 그러니까, 4번의 디베이트를 할 때까지는 디베이트 형식을 익히는 데 주력한다. 이 기간 중 디베이트가 무엇인지, 디베이트 준비를 할 때에는 어떻게 하는지, 순서는 어떠하며 시간은 어떻게 배정되어 있는지를 익힌다. 이때까지는 상대방 말이 잘 들리지 않는다. 우선은 자기 순서 해내기에 급급하기 때문이다.

그래서 이 단계의 디베이트는 평행선을 달릴 때가 많다. 디베이트가 디베이트답기 위해서는 두 팀 의견의 교차와 격돌이 활발하게 이뤄져야 하는데, 이 단계에서는 그렇지 않을 때가 많다. 교차 질의 시간에 질문을 하지 않고 의견을 제시한다거나, 같은 이야기를 되풀이하는 모습을 보일 때도 많다. 아직은 주제를 충분히 장악하지 못하기 때문이다. 하지만 그렇다고 코치가 깊게 개입하는 것은 금물이다. 학생들이 자연스럽게 다음 단계로 넘어갈 수 있도록 칭찬과 격려를 해 주면 된다. 그러면, 학생들은 스스로 성장한다.

두 번째 달, 그러니까 8번 정도의 디베이트가 끝날 때쯤이면, 학생들은 디베이트의 각 순서에 어떤 내용을 집어 넣어야 하는지 알게 된다. 그래서 디베이트를 두 달 정도 한 학생들이 디베이트를 하면 그럴싸하게 보인다. 이 단계에서 두 팀은 간혹 의견이 격렬하게 충돌하기도 한다. 쟁점이 형성되기 시작하는 것이다.

세 번째 달이 지나면서 학생들은 고민에 빠진다. 무언가 허전한 것이다. 디베이트를 잘해보고 싶은데 답보 상태에 빠진 듯해 답답한 느낌이 든다. 이때 학생들이 하는 이런 질문은 이렇다. "리서치를 어떻게 해야 하죠?"

"요약과 마지막 초점은 어떻게 다른가요?" "교차 질의를 좀 더 잘해 보고 싶은데, 어떻게 해야 하죠?" 이들의 질문을 하나로 모아보면 이런 것이다. "디베이트를 좀 더 잘해 보고 싶은데, 어떻게 해야 하죠?"

디베이트 코치의 사정도 다르지 않다.

첫 달에는 디베이트를 지도할 때 주로 디베이트의 형식적인 측면에 주력한다. 순서가 틀리면 알려 주고, 발언 시간이 불충분하거나 초과하면 지적해 준다. 학생들은 이런 지적을 소화하는 일도 힘들어하는 경우가 있다.

두 번째 달에는 디베이트의 내용적인 측면을 거론한다. 입안의 순서에서는 어떤 이야기를 해야 하는지, 반박에서는 어떤 이야기를 해야 하는지, 교차 질의에서는 어떻게 하는 것이 좋은지 등등의 내용이다.

세 번째 달부터는 디베이트 코치들도 고민에 빠진다. 이제 디베이트에 어느 정도 익숙해진 학생들에게 무언가 더 주고 싶다는 마음이 있는데, 이 지점에서 벽에 부딪혔다는 생각이 든다. 좀 더 고급스런 코칭을 해 주고 싶은 것이다. 게다가, 학생들 문제 의식도 달라졌다. 디베이트가 무엇이냐는 질문을 넘어서, 어떻게 하면 디베이트를 더 잘할 수 있느냐는 질문을 해 온다. 이런 질문에 좀 더 충실히 답해 주고 싶은 것이다.

결국, 몇 개월 동안의 디베이트를 통해 디베이트 마법에 빠진 학생과 코치가 이렇게 묻는다. "어떻게 하면 디베이트를 더욱 잘할 수 있을까요?" 어떤 분들은 작은 목소리로 이렇게 묻기도 한다. "지금 제가 하는 디베이트가 제대로 된 디베이트일까요?" 그들의 질문에 답하고 싶다.

먼저 정답을 공개한다. 디베이트를 잘하는 비결은 먼저 '주제를 장악하라'는 것이다. 그것이 출발점이다. 주제를 장악한다? 무슨 뜻일까?

잠깐 이야기를 돌아 가겠다. 1994년 29세 때, 나는 모 일간지로부터 특채 제안을 받았다. 그 전에 나는 책을 쓰는 사람이었다. 운이 좋았는지 몇 가지 책들이 베스트셀러가 되었다. 이러한 경력이 그 신문사의 관심을 끌었나 보다. 나는 '한국의 권력 기관 중의 하나인 언론을 경험해 보자'는 생각에 그 제안을 수락했다.

당시 나는 신문 기사 쓰기를 쉽게 봤다. 내심 '내가 그래도 베스트셀러를 쓴 사람인데…' 하는 못난 우쭐함까지 있었던 것 같다. 하지만, 신문 기사 쓰기는 그동안 내가 해 왔던 책 쓰기와는 다른 독특함이 있었다. 그 연습을 전혀 하지 않았던 나는 허우적거릴 수밖에 없었다. 포인트는 기사체 글쓰기를 배우는 것이었다. 하지만 신문사에 수습으로 들어간 것이 아니라서, 처음부터 차분하게 배울 기회가 없었다. 욕먹어 가며 배우는 수밖에 없었다.

눈물 나는(실제로 눈물 한방울을 흘리기도 했다) 기간을 거쳐 어느덧 기사체 글쓰기에 익숙해질 때였다. 스멀스멀 의문이 떠올랐다. "과연 기사를 잘 쓰는 방법은?"이라는 질문이었다. 그때 내 앞에 앉아 있던 한 선배가 이렇게 조언했다. "사안을 장악하라!" 이리저리 물어본 결과, 그 말의 뜻은 다음과 같았다. 주어진 어떤 사안에 대해 피상적인 이해만을 통해 기사를 쓰면 기사도 피상적이 되고, 주어진 사안에 대해 정확하고 완벽한 이해를 통해 기사를 쓰면 기사도 완벽해진다는 것이다. 그래서 기사를 잘 쓰려면 '사안을 장악'해야 한다고 했다.

디베이트도 마찬가지다. 어느 정도 디베이트 형식에 익숙해지면 똑같은 의문이 떠오른다. "과연 디베이트를 잘 하는 방법은?" "디베이트 지도를 잘하려면?" 내 답은 그때 그 선배의 답과 같다. '디베이트 주제를 장악해야 디베이트를 잘하게 된다'는 것이다. 기사거리에 대한 피상적인 이해만으로 기사를 쓰면 좋은 기사가 될 수 없다. 정확하고 완벽한 이해를 거쳐야 제대로 된 기사가 나온다. 마찬가지다. 디베이트 주제에 대한 피상적인 이해만으로는 디베이트를 제대로 해낼 수 없다. 디베이트 주제를 장악해야 높은 수준의 디베이트가 가능하다. 디베이트를 3개월 정도 한 학생, 코치 분들이 마주치는 벽이 바로 이것이다.

자, 그럼 디베이트 주제를 어떻게 장악할까? 디베이트 주제가 적힌 종이를 손에 꽉 쥐고 있으면 장악이 될까? 그건 아닐 것이다. 과연 주제의 장악이란 무엇인가?

◉ 예상되는 쟁점을 파악하라!

디베이트를 처음 하는 학생들은 이렇게 행동한다. 어떤 주제가 주어졌을 때 '찬성 편에 서면 뭐라고 말할까? 무엇이 논거가 될 수 있을까? 반대로, 반대 편에 서면 뭐라고 말할까? 무엇이 논거가 될 수 있을까?'를 생각한다. 그리고 찬성 편이든 반대 편이든 3~4가지의 논거를 생각한 후에 디베이트에 참여한다.

이것도 진일보다. 디베이트를 하지 않은 학생들은 "아이스크림을 먹고 싶어하는 이유가 뭐냐?"는 질문에 "그냥……" 혹은 "내가 지금 아이스크림을 먹고 싶으니까"라고 답변한다. 동어반복 혹은 무의미한 대답이다. 아마 주변의 많은 학생들이 이런 식일 것이다. 충분히 생각하면서 세상을 살아오지 못했기 때문이다. 이런 학생들을 감안한다면, 그래도 어떤 주제에 대해 찬성 편이건 반대 편이건 무언가 3~4가지 이유를 들어 자신의 입장을 설명하려 하는 것은 대단한 진보다. 왠지 꽤 조리 있어 보인다.

하지만, 디베이트를 거듭할수록 이런 간단한 방법은 통하지 않는다. 디베이트에는 교차 질의와 반박, 요약, 마지막 초점이 있기 때문이다. 각 주장별로 3~4가지의 논거를 생각한 정도로는 그 이후의 복잡다단한 과정에서 버텨 낼 수가 없다. 찬반의 입장에서 3~4가지의 논거를 생각한 정도의 준비를 한 학생들은 상대방의 날카로운 교차 질의에 당황하고, 말문이 막힌다. 상대방의 반박을 듣고 재반박을 하지 못한다. 해당 디베이트에서 무엇이 쟁점이 되었는지 파악하는 것을 힘겨워한다. 그 결과로 요약과 마지막 초점이 부실해진다. 그런 식의 간단한 준비만 한 학생들의 디베이트를 보면 디베이트가 평행선을 달린다. 서로 주장만 하다 끝나는 것이다. 이런 디베이트는 웅변과 다를 바가 없다. 자기 할 말만 할 뿐이기 때문이다.

다른 차원에서 생각해 보자. 디베이트를 처음 시작한 학생들은 각각의 사안에 대해 즉흥적이거나 피상적인 견해를 종합한다. 예를 들어 보자. 〈공동주택에서 애완동물 사육을 금지해야 한다〉라는 주제를 생각해 보자. 디베이트 초보자들이 이 주제에서 찬성을 맡으면 흔히 하는 이야기가 '애완동물 사육과 관련된 피해'에 관한 것이다. 이를테면 밤새 울어서 시끄럽다는 둥, 질병을 옮긴다는 둥, 변 때문에 지저분해진다는 식의 의견이다. 반대를 맡은 학생들은 흔히 '애완동물 사육과 관련된 이익'에 집중한다. 요즘 핵가족화, 1인 가족화되어 가고 있는데 반려동물로 의미가 있다는 둥, 정신적으로 안정이 된다는 둥 하는 의견들이다. 하지만, 주제에 대한 이런 식의 '즉흥적이고 피상적인' 의견만으로는 디베이트를 잘할 수 없다. 입안 부분을 어느 정도 해내더라도, 이후 반박이나 요약, 마지막 초점에서는 디베이트가 꼬인다. 무언가 명쾌하지가 않다.

이런 수준에서 벗어나 거듭나려면, 디베이트에 앞서 먼저 주제를 장악하는 길밖에 없다. 과연 어떻게?

주제를 장악한다는 것은 주제 자체가 내포한 다양한 쟁점과 함의를 미리 파악해서 그에 대한 준비를 한다는 말이다. 주제에 대해 즉흥적이고 피상적인 의견만 종합하는 것이 아니라, 그와 관련된 다양한 쟁점을 종합적으로 파악해서 미리 조사하고 생각해 오며, 이 주제가 던지는 근본적인 물음들에 대해 생각해 온다는 것이다.

리서치도 마찬가지다. 처음에 학생들은 리서치를 힘겨워한다. 해 본 적이 없기 때문이다. 그래서 처음에는 코치들이 디베이트 자료를 직접 찾아 주기도 한다. 그러다가 한 달쯤 지나면 관련 자료를 찾아 오는 학생들이 있다. 그러고는 이렇게 묻는다. "선생님, 제가 이런 자료를 봤는데요, 디베이트할 때 써먹어도 돼요?" 이런 경우 나는 격렬하게 칭찬을 한다. 디베이트에서 원하는 것은 이처럼 본인 스스로 리서치하는 것이라고 말해 준다. 그러면 알아서 자료를 찾아 오는 학생들이 점차 생긴다. 리서치가 학생들 몫이 된다.

학생들이 처음 리서치를 할 때에는 구글이나 네이버 같은 검색 사이트에 가서 관련 키워드를 집어넣는 식으로 한다. 그러니까, 〈공동 주택에서 애완동물을 사육하는 것을 금지해야 한다〉가 주제라면 검색창에 '공동 주택' 혹은 '애완동물'이란 단어를 집어넣고 자료를 찾는 것이다. 이렇게 해서 얻을 수 있는 자료에는 한계가 있다. 그래서 학생들은 "선생님, 자료를 찾아봤는데, 자료가 별로 없어요"라고 한다. 자료가 없는 것이 아니다. 자료를 찾는 방법을 모르기 때문이다.

어떻게 하면 자료를 잘 찾을까? 우선 필요한 것은 문제의식이다. 문제의식이 있어야 문제해결과 관련된 자료를 찾을 것이 아닌가? 문제는 '문제의식이 없는 것'이다. 주어진 디베이트 주제를 즉흥적·피상적으로 대하니 문제의식도 즉흥적·피상적으로 될 수밖에 없고, 결과적으로 리서치도 즉흥적·피상적으로 되는 것이다.

결국, 리서치도 주제에 대한 다양한 문제의식이 있어야, 앞서 말한 표현대로 하자면 '예상되는 쟁점과 주제가 내포한 함의'를 충분히 생각해야 가능하다. 그래야 쟁점별로, 함의대로 관련 자료를 찾을 것이 아닌가? 그래서 리서치도 실은 주제 분석이 출발점이다.

여전히 질문은 남는다. 그렇다면 과연 어떻게 주제를 분석할 것인가? 어떻게 주제를 장악할 것인가?

주제 분석 사례

공동 주택에서 애완동물 사육을 금지해야 한다

내가 학생들에게 권하는 주제 분석의 첫 번째 방법은 주제의 키워드를 비슷하거나 다른 말로 바꾸어 보는 것이다. 그러면 주제가 던지는 문제의 핵심이 어렴풋이 드러난다. 실제로 해 보자.

〈공동 주택에서 애완동물 사육을 금지해야 한다〉라는 주제를 생각해 보자. 이 주제에서 핵심 어휘를 고르면 '공동 주택'과 '애완동물'이 될 것이다. 그렇다면 이 핵심 어휘를 다른 말로 바꾸어 보는 것이다(〈그림 8.1〉).

처음에 〈공동 주택에서 애완동물 사육을 금지해야 한다〉는 주장을 들으면 갸우뚱하게 된다. 찬성 의견도 가능하고, 반대 의견도 가능하다고 생각하기 때문이다. 논란거리가 되고 있으니 당연하다. 이럴 때 키워드 중의 하나인 공동 주택이란 말을 개인 주택으로 바꾸어 보자. 그럼 〈개인 주택에서 애완동물 사육을 금지해야 한다〉가 될 것이다. 이 주장에는 대부분이 반대할 것 같다. '개인 주택에서 애완동물을 기르든 말든……'이라고 생각하는 사람이 많기 때문이다. 이는 곧, 애완동물 사육이 어느 경우에나

그림 8.1 키워드 바꾸어 보기

공동 주택에서 애완동물 사육을 금지해야 한다

개인 주택?　짜장면 배달?
밤에 큰 소리로 노래 부르기?
밤 새워 공부하기?
거실에서 뛰어다니기?

물고기 기르기?
커다란 개 기르기?
맹인견 기르기?

금지해야하는 일은 아니라는 말이 된다. 개인 주택인 경우에는 허용해도 상관없고, 공동 주택의 경우 문제가 된다는 점이 드러난다. 그렇다면 왜 공동 주택에서만 문제가 될까? 이는 피해를 주기 때문일 것이다. 그렇다면

디베이트와 아들, 그리고 부작용

이철호 코치가 해 준 이야기.

"매주 금요일 8시면 우리 집에 꼬마 친구들이 모인다. 초등학교 3학년 3명, 4학년 3명. 학교 다니랴, 학원 다니랴 바쁜 꼬마 친구들이지만 특별한 일이 없는 한 빠짐없이 모인다. 이른바 보라매 디베이트 팀. 올 봄부터 디베이트를 하였으니 벌써 9개월 남짓 되었다. 한 주는 디베이트 주제 분석 및 이해, 또 한 주는 디베이트 실전. 처음에는 입안을 1분도 못 한 녀석들이지만 이제는 제법 3분 30초, 4분 남짓 하니 그야말로 비약적인 발전이다.

그러나 발전에는 항상 부작용이 따르는 법. 특히 초등 3학년 아들과 평상시에 이야기할 때에는 디베이트고 뭐고 할 것 없이 한 대 갈기고(!) 싶을 때가 있다.

"아들, 공부 안 해?"

"아빠, 조금 있다가 할게요."

"야, 임마! 조금이 대체 몇 시간째야. 빨리 안 해? 맞고 할 거야?"

"아빠, 어린이에게도 인권이 있어요. 그리고 아빠의 말씀은 아동학대죄에 해당될 수 있어요. 알아요?"

"뭐?"

"아빠, 제가 지금 공부를 해야 할 납득할 만한 이유를 제시해 보세요. 납득이 되면 할게요."

"관둬, 임마."

오늘도 한 차례 아들과 설전을 벌였지만, 뭐 좀 안다고 인권이니 자유권이니 하며 능청을 떠는 아들을 보면 어쩔 수 없이 웃음이 나온다. 아마 아들은 우리나라에서 퍼블릭 포럼 디베이트 포맷이란 말을 먼저 알게 된 순위를 따지면 학생 중 열 손가락 안에 들어갈 것이다. 우리 아이가 '살아 있는 두뇌' 상태에서 퍼블릭 포럼 디베이트를 만날 수 있어 천만다행이다. 다소 부작용이 있지만……^^

문제의 핵심은 '피해를 관리'하는 것이 된다.

이번엔 '애완동물'이라는 말을 바꾸어 보자. 예를 들어 〈공동 주택에서 짜장면을 시켜 먹어도 된다〉고 해 보자. 모두가 찬성할 것이다. 공동 주택에서 짜장면을 배달시켜 먹든 말든 무슨 상관이란 말인가. 하지만, 〈공동 주택에서 밤에 큰 소리로 노래 부르기를 해도 된다〉는? 이 대목에서는 사람들이 반대할 것이다. 다른 사람에게 피해를 주기 때문이다. 하지만, 똑같이 밤에 하는 행위라도 〈공동 주택에서 밤 새워 공부하기를 해도 된다〉는 주장에는 고개를 저을 사람이 없을 것이다. 이건 다른 사람에게 피해를 주지 않기 때문이다. 〈공동 주택에서 거실에서 뛰어다녀도 된다〉고 하면 이번에는 또 반대가 많을 것이다. 역시 피해를 주기 때문이다.

앞의 사례들을 통해, 공동 주택에서 무엇이든 금지되는 것이 아니라, 어떤 것은 허용되고 또 어떤 것은 금지된다는 것을 알 수 있다. 그렇다면 그 기준은? 역시 '피해'다. 문제의 핵심은 '피해의 관리'로 더욱 좁혀진다. 결국, 공동 주택에서 애완동물 사육의 문제는 '피해의 관리'라는 차원에서 봐야 한다는 뜻으로 이해된다.

다시 말해서, 공동 주택에서도 다른 사람에게 피해를 주지 않는 한 짜장면을 배달시켜 먹거나 밤 새워 공부해도 상관없다. 이런 일에 간섭한다면 사람들은 오히려 화를 낼 것이다. "내가 하고 싶은 일을 내가 하는데 뭔 상관이냐?"고 덤비는 사람도 있을 것이다. 그렇다. 개인에게는 다른 사람에게 피해를 주지 않는 한 자기가 원하는 일을 할 권리가 있다. 멋있게 말하자면 개인의 행복추구권이다.

결국, 문제는 이렇게 좁혀진다. 사람들은 자기가 하고 싶은 일을 하고 살 수 있는 권리가 있다. 이를 개인의 행복추구권이라고 한다. 애완동물 사육도 마찬가지다. 자기가 기르고 싶다면 기르면 그만이다. 그런데, 이런 개인의 행복추구권 행사가 제약될 때가 있다. 이번 주제에서 보듯이 다른 사람에게 피해를 줄 때가 그 보기이다. 그렇다면, 개인의 행복추구권이 여러 사람이 모여 사는 공동 주택에서는 어떻게 관리되어야 할까? 이것이 이번 주제의 핵심이다. 바로 주제의 함의다.

이번에는 '애완동물'이란 말을 바꾸어 보자. 같은 애완동물이더라도 종류에 따라 어떻게 반응이 달라지는 보자는 것이다. 예를 들어 〈공동 주택에서 수족관에 물고기를 기르는 것을 허용해야 한다〉고 하자. 여기에 반대하는 사람은 없을 것이다. '피해'를 끼치지 않기 때문이다. 그렇다면 〈공동주택에서 커다란 개 기르기를 허용해야 한다〉라면? 여기에는 반대하는 사람이 많을 것이다. 위험하고, 주변 사람들에게 위협이 되기 때문이다. 그렇다면 〈공동주택에서 맹인견을 길러도 된다〉라면? 여기서는 사람들이 반응을 달리할 가능성이 크다. 개이기 때문에 위협적이고, 시끄럽고, 또 털도 날리겠지만, 맹인인 사람의 처지를 생각해서 작은 불편함을 감수할 수 있다고 생각하기 때문이다. 결국, 같은 애완동물이라도 어떤 것은 허용되고, 또 어떤 것은 반대가 심하다는 것을 알 수 있다. 그 기준은? 역시 '피해'다. '피해의 관리'가 핵심이 된다.

여기서 한 가지 더 우리가 생각해 볼 점은, 주어진 주제가 〈공동 주택에서 애완동물 사육을 금지해야 한다〉라는 것이다. 무슨 뜻이냐 하면, 여기에서는 애완동물의 종류에 상관없이 포괄적인 금지를 주장하고 있다는 것이다. 그렇다면 여기에서 또 문제의식이 싹튼다. '피해의 유무'에 상관없이 포괄적인 금지를 주장하는 것이 과연 정당하냐는 것이다. 간단히 말해, 공동 주택에서 애완동물 사육을 금지해야 한다고 해서 아파트에서 수족관에 물고기 기르는 것도 금지하는 것이 옳으냐는 것이다. 다르게 말하자면, 몇몇 경우에서 문제가 된다고 해서 그에 대해 포괄적인 금지를 내리는 것은 개인의 행복추구권 침해가 아니냐는 것이다. 이렇게 해서 또 하나의 쟁점이 떠오른다. 피해 사례가 있다는 이유로 포괄적인 금지를 내리는 것이 정당한가라는 문제다.

이렇게 주어진 주제의 핵심 어휘를 바꿔치기해 보면, 주제가 물어보고 있는 문제의 핵심이 자연스레 드러난다. 이 과정에서 이 디베이트 주제를 훨씬 심도 있게 이해할 수 있다.

이번에는 한걸음 더 나아가자. 좀 더 다양하게 생각해 보자. 그러니까, 이 주제가 야기할 수 있는 쟁점들을 생각해 보자는 것이다. 요령은 다음과 같다. 큰 종이의 중간에 디베이트 주제를 써 보자. 그리고 이 주제가 파생시키는 각종 쟁점 혹은 문제를 마인드맵으로 그려 본다. 아래 그림을 보자(〈그림 8.2〉).

이 그림에서는 〈공동 주택에서 애완동물 사육을 금지해야 한다〉라는 주제에서 파생되는 쟁점들이 드러나 있다. 하나하나 생각해 보자.

우선, 앞서 제기한 문제인 문제의 심각성을 생각해보자. 앞의 핵심 어휘 바꾸어 보기에서 드러났듯이, 애완동물 모두가 이웃에게 피해를 끼치는 것은 아니다. 그렇다면 그에 대해 포괄적 제약을 가하는 것이 과연 타당하냐는 질문이 가능하다. 이 질문에 대해서는 무언가 적절하지 않다는 생각을 하는 사람이 많을 것이다. 그렇다면 '개인의 행동을 제약할 때에는 어

그림 8.2 디베이트 주제 마인드맵

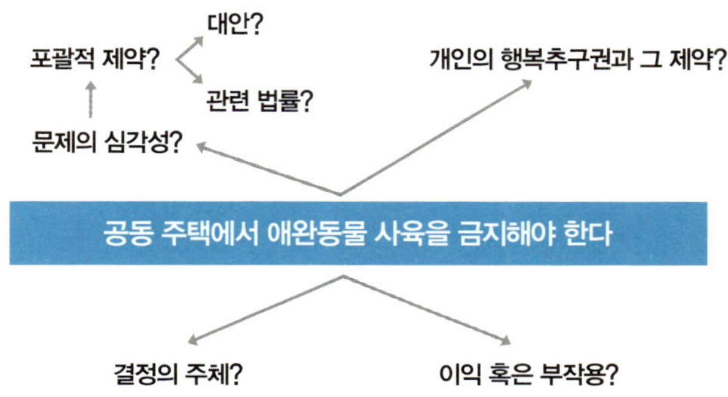

떤 조건이 필요한가?'라는 질문을 곰곰히 생각해 봐야 한다. 이를 충분히 생각해야 실제 디베이트에서 의견을 활발하게 개진할 수 있다.

여기서 또 다른 문제가 파생한다. 문제가 되는 부분은 이미 해법이 있지 않으냐는 것이다. 그러니까, 이미 관련 법률에서 다른 사람에게 피해를 끼쳤을 경우 그에 대한 법적인 조치를 마련해 두고 있지 않으냐는 것이다. 만약 이것이 리서치를 통해 확인된다면, 이 주제에 대한 찬성 팀의 주장은 목소리가 작아질 것 같다. 이미 해당 사안과 관련된 해법이 있는 마당에 또 다른 조치를 취해야 할 필요가 있느냐는 의문이 들기 때문이다. 이로부터 또 다른 문제가 파생된다. 포괄적 금지가 문제가 된다면, 그에 대한 대안이 있느냐는 것이다.

다음으로, 이 결정과 관련된 주체의 문제를 생각해 보자. 과연 이 주장에 대해 결정해야 하는 사람은 누구일까? 정부일까? 정부라면, 법률로써 이를 명문화할 것이다. 그런데 과연 이 결정을 정부가 내려야 할까? 특히나 포괄적인 제약이 부적절하다는 것이 드러난 마당에? 다른 사람에게 피해를 주는 일에 대해 이미 법률적 조치가 마련되어 있는 마당에? 오히려, 이런 문제는 그 공동 주택에 살고 있는 사람들이 자치 규약을 만들어 집행하는 편이 훨씬 자연스럽지 않을까?

이 조치가 실현되었을 때의 이익과 부작용을 예상해 보는 것도 좋겠다. 이익이라면 이 문제와 관련된 시비가 없어지는 것이겠다. 무엇보다, 다른 집 애완동물로 인해 피해를 보고 있던 사람들이 좋아하겠다. 하지만 부작용은 없나? 애완동물 모두가 피해를 주는 것이 아닌데, 이를 포괄적으로 금지한다면 개인의 행복추구권은 어떻게 되냐는 점이다. 피해를 보고 있는 사람들의 입장도 고려해야 하지만, 애완동물을 기르고 싶은 사람들의 입장도 고려해야 하지 않을까? 포괄적 금지라면 어느 한쪽 편 손만 들어주는 것 같다.

　결국 이 주제의 핵심에 근접했다. 사람들에게는 인권이 있고, 그 중요한 구성 부분의 하나가 개인의 행복추구권이다. 그런데 이 행복추구권은 간혹 제약이 된다. 예를 들어, 청소년인 경우 담배나 술의 구입이 허락되지 않는다. 그 연령대의 경우 이런 기호 식품들이 심각한 해가 될 수 있다고 판단해서 제약하는 것이다. 이렇게 생각하면 이번 디베이트 주제는 더욱 분명해진다. 이 주제는 개인의 행복추구권이 공동 주택이라는 현장에서 충돌할 때 어떻게 관리하는 것이 현명한 방법이냐고 묻고 있는 것이다.

　디베이트 초보자라면 이번 주제에 대해 주로 피해 사례와 이익 사례를 중심으로 접근할 것이다. 하지만, 그렇게 접근할 경우 디베이트는 평행선을 달린다. 디베이트를 좀 더 잘해 보고자 하는 사람이라면 그 외에도 이 주제와 관련된 '예상되는 쟁점들'을 충분히 생각해 두어야 한다. 쟁점별로 리서치도 해야 한다. 이렇게 준비해야 이 주제를 장악할 수가 있다. 이런 준비 끝에 실제 디베이트에 나서면 우리 팀의 의견도 명료하게 정리할 수 있고, 상대방 팀의 주장도 귀에 쏙쏙 들어온다. 교차 질의에서도 막힘이 없다. 답변도 빨리 정리해서 대답할 수 있다. 오늘 디베이트에서 쟁점이 되었던 것이 무엇인지 쉽게 파악된다. 심판을 설득시킬 우리 팀 주장의 관건 — 마지막 초점도 잘 준비할 수 있게 된다. 이 모든 것이 디베이트 주제를 장악한 데서 가능한 것이다. 이렇게 주제를 장악해 보자.

제9장
디베이트
주제 분석 연습

⦿ 불법 체류자 자녀의 의무교육 혜택을 중단해야 한다

〈불법 체류자 자녀의 의무교육 혜택을 중단해야 한다〉라는 주제를 생각해 보자. 현재 한국에서도 불법 체류자가 나날이 증가하는 추세다. 신자유주의로 인해 노동이 국경을 넘나들면서 발생하는 문제이다. 현재 17만 명 정도 있다고 한다. 이들에게도 아이들이 있을 텐데, 이들이 학교에 갈 나이가 되었을 때 이들에게 한국 학생들에게 부여되는 의무교육 혜택을 주어야 하는지의 문제다.

초보 디베이터들은 이런 대답들을 내놓는다. "아니, 세금도 내지 않는 사람들이 왜 학교를 다니려고 해요?" 이를 좀 더 멋있게 말하면 이렇다. "아니, 의무는 수행하지 않으면서, 왜 권리는 행사하려는 거예요?" 이런 의견도 있다. "그럴 돈이 있으면 한국의 다른 그늘진 부분에 투자하는 것이 옳지 않을까요?" "그러다가 전 세계 불법 체류자들이 한국으로 다 몰려오면 그건 누가 책임지죠?" 반대편은 이렇게 말한다. "아무리 그래도 애들인데…… 최소한은 해 줘야 하지 않을까요?" "

디베이트를 제대로 하고 싶다면 앞에서 본 것처럼 우선 키워드 바꿔치기를 해보자. 그래서 주제에 익숙해지자. 〈불법 체류자 자녀의 의무교육 혜택을 중단해야 한다〉에서 키워드라면 '불법 체류자'와 '의무교육'이 되겠다. 이들 단어를 바꿔 보자(〈그림 9.1〉).

먼저, 불법 체류자라는 말을 이완용으로 바꿔 보자. 이완용이라면 우리나라의 대표적인 매국노로 꼽히는 사람이다. 그렇다면, 이완용 자녀에게도 의무교육 혜택을 주어야 할까? 이에 대해 많은 사람들이 "의무교육 혜택을 주어야 한다"고 말한다. 그리고 그 이유를 물어보면, "죄를 지은 것은 이완용이지, 그 자녀가 아니기 때문"이라고 대답한다. 불법 체류자를 절도범으로 바꿔도 마찬가지다. 절도범의 자녀에게 의무교육 혜택을 주어야 하느냐는 질문에, 많은 사람들이 "줘야 한다"고 답한다. 그 이유는 역시 "죄를 지은 것은 절도범이지, 그 자녀가 아니기 때문"이다. 이 두가지 키워드 바꿔치기를 해 보면 문제의 양상이 드러난다. 요는, 자녀 앞에 붙은 수식어구의 조건으로 인해서 자녀에 대해 불이익을 주어서는 안 된다는 것이다. 이완용의 자녀라 해서, 절도범의 자녀라 해서 자녀에게 불이익을 주어서는 안 된다는 주장이다. 멋있게 말하자면, '연좌죄'는 성립하지 않는다는 생각이다.

결국, 불법 체류자의 자녀라고 해서, 즉 아이의 부모가 불법 체류자라 해서 그 아이에게 부모의 죄로 인한 책임을 물을 수 없다는 결론이 나온다. 하지만, 여기서 또 하나 숨은 문제가 드러난다. 이완용이나 절도범의 자녀와 불법 체류자의 자녀는 조건이 다르다. 전자는 한국에서 합법적으로 체류하는 사람들이고, 후자는 불법적으로 체류하는 사람들이다. 간단히 말해, 불법 체류자의 자녀들을 합법과 불법의 잣대로 가르면 불법적인 존재라는 것이다. 그들의 여권에 한국 출입국관리소의 입국 허가 도장이 찍혀 있는 것은 아니지 않은가? 이렇게 하니 문제가 복잡해졌다.

지금까지 이야기를 정리하자면 이렇다. 첫 번째 기준은 연좌죄는 성립하지 않는다는 것이다. 자녀의 부모로 인해 자녀에게 불이익을 주는 것은 적절하지 않다. 그런데 두 번째로, 불법 체류자의 자녀들은 문제가 더 복잡하다. 그들 자체의 신분이 불법인 것이다. 간단히 생각할 문제가 아니다.

다음으로, '의무교육'이란 말을 바꾸어 보자. 먼저, 불법 체류자의 자녀들에게 군 복무 의무를 지워야 할까? 미국에서는 불법 체류자에게 군 복무를 시키고, 일정한 시간이 지나면 시민권을 부여하는 프로그램을 운영하고 있다. 미국의 사정은 간단하다. 군인들 숫자가 줄어들면서, 군인들을 모집하는 방법의 일환으로 이런 프로그램을 진행하는 것이다. 하지만, 한국의 경우는 다르다. 그렇게까지 할 필요가 없는 것이다. 그래서 많은 사람들이 불법 체류자의 자녀들에게 군 복무 의무를 지워야 할까라는 질문에 고개를 젓는다.

또 다른 말을 넣어 보자. 불법 체류자의 자녀들이 목이 말라 물을 한 잔 부탁하면 어떻게 해야 할까? 매정하게 "물은 너희 나라 가서 마셔라"라고 내쳐야 할까? 많은 사람들이 이 질문에 대해 "물 한 잔 정도야……"라고 생각한다. 또 다른 말로 바꾸어 보자. 불법 체류자의 자녀들이 화장실이 급해 화장실 좀 이용하자고 하면 거절해야 할까? 많은 사람들이 이에 대해 "허락해 줘야 한다"고 생각한다. 이는 다시 말해, 불법 체류자의 자녀들이지만, 물을 한 잔 마시거나 생리적 현상을 해결하려고 하는 것을 용인하는 것이 좋다는 생각을 갖고 있다는 것이다. 더 그럴듯하게 말하자면, 불법 체류자의 자녀들에게도 최소한의 인권은 보장해 주어야 한다고 생각하는 것이다. 범죄자에게도 최소한의 인권은 있다고 생각하는 주장을 생각하면 이해가 쉽다. 불법 체류자의 자녀들에게 모든 것을 금지시킬 수는 없는 것이다.

이번에는 의무교육이란 말을 자원봉사 교육 기관으로 바꾸어 보자. 즉, 불법 체류자의 자녀들이 자원봉사로 운영되는 교육 기관에 간다고 할 때 이를 금지해야 하느냐는 것이다. 많은 사람들이 이에 대해 고개를 젓는다.

교육 기관이 자원봉사로 운영된다고 할 때, 이를 막을 필요까지는 없다고 생각하는 것이다. 불법 체류자의 자녀라도 이런 형태의 교육을 받을 수는 있다는 것이다. 여기서 한 가지 문제점이 생긴다. 그렇다면 왜 불법 체류자의 자녀들에게 의무교육 혜택을 주는 것은 논란이 되고, 왜 그들이 자원봉사자가 운영하는 교육 기관에 가는 것은 용인이 되냐는 것이다. 같은 교육인데 말이다. 결국, 이 주제의 포인트는 교육이 아니었다. 불법 체류자에게 교육을 시키는 것이 문제가 되는 것이 아니라, 법제화된 의무교육을 시키는 것이 문제인 것이다. 그렇다면 왜 이게 문제가 될까를 생각해 보면 이 주제가 가지는 함의가 쉽게 드러난다. 불법인 존재에게 한국의 합법 시스템이 보장하는 권리나 혜택을 주어야 하느냐는 문제인 것이다. 겉으로 보기에 교육 문제로 포장되어 있지만, 문제는 실은 여기에 있는 것이다.

자, 이번에는 앞에서와 같은 요령으로 큰 종이 가운데에 이 주제를 써 놓고, 그로부터 파생되는 이슈들을 마인드맵을 그려서 생각해 보자(〈그림 9.2〉).

첫 번째 문제. 불법 체류자 자녀의 체류 신분의 문제다. 이는 앞서 키워

그림 9.2 디베이트 주제 마인드맵

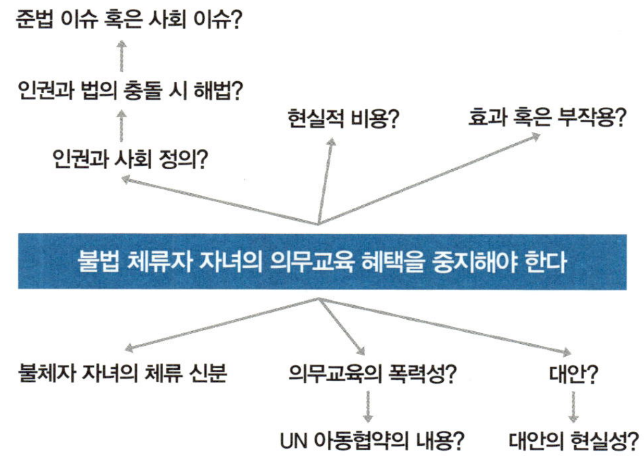

드 바꿔치기에서 설명했다. 어떤 사람들은 이렇게 주장한다. "연좌제는 틀렸다. 부모가 문제이지, 자녀는 문제가 아니다"라고 말이다. 하지만, 이는 불법 체류자 자녀의 신분 자체가 불법이라는 점을 간과하고 있다.

두 번째 문제. 불법 체류자 자녀에게 의무교육 혜택을 주는 데 드는 비용의 문제를 현실적으로 따져 보아야 한다. 이를 생략하면 허공에 뜬 주장이 된다. 주장이 실질적 내용을 갖기 위해서는 비용의 문제를 검토해야 한다. 한국은 현재 연간 예산이 350조 원 가량이다. 돈이 많은 나라다. 이때 불법 체류자 자녀에게 의무교육 혜택을 줌으로써 들어가는 비용이 연간 약 2억 원이라면? 한국 사람들은 "그 정도 쯤이야……"라고 할 것이다. 약 20억 원이라면? "그 정도도 큰 문제는 아닌데……"라고 말할 것 같다. 약 200억 원이라면? "음, 비용이 상당하긴 하지만 그래도……"라고 이야기할 것 같다. 약 2000억 원이라면? "이거 고려해 봐야겠는데…… 돈이 많이 드네……"라고 생각할 것이다. 약 2조 원이라면? "그 돈 있으면 차라리 다른 더 좋은 곳에 쓰겠다"고 말하는 사람이 많을 것 같다. 약 200조 원이라면? "다른 문제 다 떠나서 이건 불가능의 문제"라고 말할 것이다. 그래서 현실적 비용을 따져 보아야 한다. 불법 체류자 자녀들에게 의무교육 혜택을 부여하는 데 드는 비용이 얼마나 되는지 말이다. 어떻게 이 숫자를 구할까? 한국에서 학생 1명에게 투자하는 공교육 비용에 예상되는 불법 체류자 자녀의 숫자를 곱하면 나올 것이다. 결국, 한국에서 학생 1명에게 투자하는 공교육 비용이 얼마나 되는지, 불법 체류자 자녀가 어느 정도로 추정되는지를 리서치해 보아야 한다. 그리고 이를 한국 사회가 감당해 낼 수 있는지 판단해 봐야 한다.

다음으로, 불법 체류자 자녀에게 의무교육 혜택을 줌으로써 얻어지는 이익, 야기되는 피해도 곰곰 따져 봐야한다. 디베이트를 처음 시작하는 학생들이 주목하는 쟁점이다. 그 이익과 피해를 비교해 봤을 때 어느 쪽이 더 큰지 생각해 봐야 한다.

이어서 대안의 문제. 이 주장에 대해 찬성하는, 그러니까 의무교육 혜택을 부여하는 것에 반대하는 측이 효과적인 대안을 제시한다면 심판과 청중을 설득하는 데 효과적일 것이다. 그렇다면 의무교육 혜택을 부여하는 것의 대안으로는 무엇이 있을까? 이를 리서치해 봐야한다. 대안을 따져 볼 때에는 반드시 점검해야 하는 것이 그 대안의 현실성이다. 대안이 실현 가능한지, 의무교육 혜택을 대신할 만큼 효과적인지 따져 봐야 한다는 것이다. 그래야 주장이 현실성 있다고 받아들여질 수 있다.

결국, 이 주제의 핵심 쟁점 혹은 함의라면 인권과 사회 정의의 충돌이겠다. 불법 체류자의 자녀들에게 의무교육 혜택을 주자는 입장이 최종적으로 다다르는 곳은 '인권'의 이슈다. 간단히 말해, 인권, 특히 어린이의 기본권이란 관점에서 보자면, 불법 체류자 자녀에게 의무교육 혜택을 주는 것은 당연하다는 주장이다. 이에 비해, 의무교육 혜택 부여를 반대하는 입장이 최종적으로 다다르는 곳은 '사회 정의'의 이슈다. 한 사회가 정상적으로 유지되기 위해서는 서로가 합의한 틀을 지켜 나가야 하는데, 이러저러한 이유로 이 틀을 흔들면 사회 정의가 사라진다는 주장이다. 사실, 인권과 사회 정의는 서로 대립되는 것이 아니다. 서로 보완하는 개념이다. 하지만, 어떤 구체적인 문제에서는 이 둘이 충돌하는 양상을 보일 때가 있다. 이번 주제에서처럼 말이다. 이럴 때 어떤 가치를 우선해야 하는가가 이번 주제의 핵심 문제다.

이 문제에서 한걸음 더 나아가면 과연 인권과 법이 충돌할 때 무엇을 우선해야 하는지에도 다다른다. 어린이 기본권을 생각하자면 불법 체류자 자녀라고 해도 의무교육 혜택을 주는 것이 당연하다. 하지만, 이는 법적으로는 말이 안된다. 이럴 때 어떻게 해야 하느냐는 것이다. 이런 디베이트 과정을 거쳐 학생들은 어렵기 짝이 없는 인권이라는 말, 법이라는 말을 구체적으로 생각해 볼 기회를 갖는다.

이 주제를 준법과 합법의 문제로 볼 것인지, 아니면 사회적 문제로 볼 것인지도 쟁점이 될 것 같다. 한국보다 훨씬 심각한 문제를 안고 있는 미국에서는 불법 체류자의 숫자가 1,300만명 정도로 추정되고 있다. 이 정도 규모가 되면 이는 불법과 합법의 테두리를 벗어난다. 이건 사회적 문제가 된다. 최근 오바마 대통령이 어릴 때 미국에 와서 범죄 기록 없이 고등학교를 졸업한 불법 체류자에게 임시 노동권을 부여하는 법을 발표해서 화제를 모은 적이 있다. 불법과 합법의 잣대로만 보면 이는 말이 안 된다. 그렇다면 애써 합법적인 절차를 거쳐 미국에서 살고 있는 사람들은 뭐가 된

"대구는 원래 이래요?"

다음은 대구교육청 학부모 디베이트 연수 과정에서 생긴 일.
2011년 대구 학부모 연수 1기 과정의 연수 첫날이었다. 김남옥 실습 코치가 놀란 표정으로 뛰어왔다.

실습 코치: 케빈 선생님, 큰일 났어요.

케빈: 아니, 왜요?

실습 코치: 대구 학부모님들이 디베이트하랬더니 모두 싸워요!

케빈: (서둘러 현장에 뛰어가) 다들 왜 싸우세요?

학부모들: (어리둥절한 표정으로) 우린 디베이트 중이라예!

케빈: ……대구는 원래 이래요?

학부모들: 원래 이래 하는데예!

실습 코치·케빈: ???

대구 분들, 말 좀 살살 하셨으면 좋겠다^^ 당사자들은 편하게 말씀하시지만 외지인들은 싸우는 것으로 아는 경우가 종종 있다.

다는 말인가? 그런데도 이런 일이 가능한 것은 이 문제가 불법/합법의 테두리를 벗어나 사실상 사회문제가 되었기 때문이다. 이는 불법 체류자를 가리키는 용어에서도 상징적으로 드러난다. 이전에는 미국에서 불법 체류자들을 Illegals라고 표현했다. '불법 체류자'란 뜻이다. 그런데 요즘에는 Undocumented라고 부르는 경우가 많아졌다. '아직 서류가 미비된 사람들'이란 뜻이다. 똑같은 사람들 두고 '불법 체류자'라고 부르는 것과 '아직 서류가 미비된 사람들'이라고 부르는 것은 큰 차이가 있다. 전자는 불법과 합법의 기준으로 보는 것이고, 후자는 사회적 문제로 보는 것이다. 한국도 마찬가지다. 이전에는 '불법 체류자'라고 부르다가 요즘엔 '미등록 외국인'이라고 부르는 경우가 많아졌다. 문제를 바라보는 시각이 달라져 가고 있는 것이다.

마지막이다. 실제로 이 디베이트에 참여했던 어떤 선생님은 "불법 체류자 자녀에게 의무교육 혜택을 부여하지 않는 것이 오히려 인권적인 접근"이라고 주장했다. 통상 이 주제로 디베이트를 하면 '인권'이란 가치는 의무교육 혜택을 주자는 쪽의 무기였다. 그런데 이 선생님은 오히려 상대방의 인권은 가짜 인권이라고 주장했다. 이 선생님 주장의 요지는 다음과 같았다. "심지어 우리와 얼굴색도 같고 같은 말을 쓰는 탈북자의 자녀들도 한국의 학교에서 왕따를 당하는데, 우리와 피부색도 다르고 다른 말을 쓰는 불법 체류자의 자녀들에게 한국의 의무교육 혜택을 강요한다면 오히려 이는 그 학생들을 더 불행하게 할 것"이었다. 이 선생님은 덧붙이기를 "정말로 그들의 인권을 옹호하고 싶다면, 그들의 조건에 맞는 특별한 교육을 디자인해 주는 것이 맞다"고 했다. 여기서 쟁점이 발생한다. '과연 불법 체류자 자녀에게 의무교육 혜택을 주는 것이 인권 차원에서 옳으냐 아니냐'라는 문제다. 이를 충분히 생각하지 않고 디베이트에 임한다면 이런 주장을 들을 때 당황해 버릴 것이다.

여담이다. 이 주제에 대해 리서치를 하는 학생이라면 이 주제와 관련하여 자주 언급되는 UN의 아동헌장을 실제로 한번 정확히 읽어 볼 필요가 있다. 아동헌장이 제시하는 방향이 정확히 무엇인지, 의무교육 혜택을 주는 것이 그 방향과 직접적인 관계가 있는지를 분명히 확인해야 한다는 것이다. 이를 제대로 하지 않고 두리뭉실하게 이해하여 "UN의 아동협약에 한국이 가입해 있으니, 한국은 불법 체류자 자녀에게 의무교육 혜택을 줘야 한다"고 주장한다면, 구체적인 내용을 묻는 교차 질의에서 머뭇거릴 수밖에 없다.

이 대목에서 다시 한 번 디베이트의 효과를 확인해 두고 싶다. 디베이트는 참가 학생으로 하여금 비판적 사고를 할 수밖에 없도록 만든다. 디베이트에 참가하는 학생들은 이기고 싶어한다. 디베이트는 경쟁의 형태를 띠고 있기 때문이다. 디베이트에서 이기려면 디베이트를 잘해야 한다. 디베이트를 잘하려면 심판과 청중이 우리를 지지할 수밖에 없을 정도로 완벽한 논리를 준비해야 한다. 완벽한 논리란 주어진 주제에서 파생되는 모든 쟁점들, 주어진 주제의 함의를 완벽하게 파악하여 준비한다는 뜻이다. 그러자면, 주어진 주제에 대해 미리 이리저리 생각할 수밖에 없다. 강제로 비판적 사고를 하게끔 만드는 것이다. 이런 과정을 여러 번 거친 학생들은 어떤 문제가 생길 때 즉흥적이고 피상적인 의견을 제시하지 않는다. 다른 의견도 있을 수 있다는 것을 감안하고, 그 문제 속에 숨어 있는 근본적인 논란거리를 파악하여 조리 있게 대처한다. 사려 깊고 현명한 학생이 되는 것이다. 교육은 결국 이런 학생을 키우려는 것이 아닌가? 사려 깊고 현명한 학생의 양성 — 바로 디베이트가 그 일을 가능케 해 준다.

예를 들어, 어떤 나라와 FTA 협상을 한다고 해 보자. 디베이트에 익숙하지 않은 사람이 한국의 대표단이 되면 그 사람은 회담장에서 우리편 주장을 늘어놓고 강조하는 데 주력할 것 같다. 이를 받아주지 않으면 인상을 쓸 지도 모른다. 그런데 디베이트로 훈련된 사람이 한국의 대표단이 된다면? 우선, 그는 협상에서 파생되는 쟁점들을 사전에 모두 조사할 것 같다. 그래서 이번 협상에서 예상되는 쟁점이 무엇인지 충분히 생각할 것 같다. 그리고 우리편 입장을 강화해 주는 사례나 통계를 잘 모을 것 같다. 그런 다음, 회담장에서는 차분한 목소리로 조리 있게 우리편 입장을 설명할 것 같다. 상대방의 주장에 대해서는, 이미 예상해 두었던 터라, 효과적인 근거를 들어 반박할 것이다. 디베이트로 충분히 훈련된 사람들이 협상에 나선다면 그 승률이 높아질 것이다. 반대로, 주먹구구식으로 준비한 사람은 빈손으로 돌아와 불평만 털어놓을 것 같다. 그래서 디베이트를 해야 한다.

◉ 성범죄자의 신상 공개를 폐지해야 한다

이번엔 〈성범죄자의 신상 공개를 폐지해야 한다〉라는 주제를 생각해 보자. 현재 한국에서는 성범죄가 큰 사회적 이슈다. 워낙 충격적인 사건들이 연이어 발생하기 때문에 이에 대한 특별한 조치를 요구하는 목소리도 높다. 해서, 이미 한국에서는 성범죄자에 대한 신상 공개 제도를 시행하고 있다. 하지만 과연 이 제도가 적절한 제도인지, 효과는 있는지 따져 보자는 것이다.

초보 디베이터들은 이런 대답들을 내놓는다. "성범죄자들의 신상을 공개하는 것이 당연하죠. 게다가, 가능하다면 전자발찌도 채워야 합니다." 나아가 이렇게 말하는 사람도 있다. "성범죄를 줄일 수만 있다면 무슨 일이든 해야 할 것입니다. 화학적 거세도 적극 도입해야 합니다." 하지만, 반대편은 조심스럽게 이렇게 말한다. "성범죄자에게도 인권이 있는 게 아닐까요?"

그림 9.3 키워드 바꾸어 보기

성범죄자의 신상 공개를 폐지해야 한다

절도범? 무기징역?
살인범? 물 한 컵 주기?
지하철 몰카?

"만약 그 조치가 효과가 없다면, 이는 화풀이에 불과하지 않을까요?"

이 주제와 관련된 디베이트를 제대로 하기 위해, 앞에서 한 것처럼 우선 키워드 바꿔치기를 해 보자. 그래서 주제에 익숙해지자. 〈성범죄자의 신상 공개를 폐지해야 한다〉에서 키워드라면 '성범죄자'와 '신상 공개'일 것이다. 이들 단어를 바꿔 보자(〈그림 9.3〉).

먼저, 성범죄자 대신에 다른 말을 넣어 보자. 예를 들어, 같은 범죄자인 절도범을 넣어 보자. 그럼 '절도범의 신상 공개를 해야 할까, 말아야 할까?'라는 문제가 된다. 이 문제에 대해 많은 사람들이 "그럴 필요까지는 없다"고 대답한다. 실제로 그렇게 하고 있지도 않다. 왜 그럴까? 절도범이 죄를 지었다면 그 벌을 받는 것으로 충분하지, 신상 공개까지 할 필요는 없다고 생각하기 때문이다. 살인범은 어떨까? 살인범의 신상 공개는 해야 할까? 이에 대해서는 사람들이 잠깐 주저한다. 하지만, 둘 중 하나를 택하라면 대부분 신상 공개를 해야 할 필요까지는 없다고 말한다. 역시 같은 이유에서다.

여기서 문제가 발생한다. 성범죄자나 절도범이나 살인범이나 모두 똑같은 범죄인들인데, 왜 성범죄자는 신상 공개라는 벌을 더해야 하느냐는 것이다. 이럴 때 성범죄자의 신상을 공개해야 한다고 주장하는 팀이라면 성범죄가 절도나 살인과는 다른, 어떤 특성이 있는지를 충분히 설득력 있게 설명해야 할 것이다. '이건 사람을 대상으로 한 범죄니까'라고 단순하게 답하면

곧바로 상대방의 반박을 받는다. "강도도 사람을 상대로 한 범죄거든요."

이번에는 성범죄자를 지하철 몰래카메라(몰카)로 바꿔보자. 지하철 몰카를 찍은 사람의 신상 공개를 해야 할까? 실제로 질문해 보니, 여성과 남성의 대답이 극명하게 엇갈렸다. 여성은 "당연히 해야 한다"는 쪽이 많았다. 이 문제에 대한 여성의 분노를 짐작할 수 있게 하는 대목이다. 이에 비해 남성은 "나쁜 일이긴 하지만, 신상공개까지야……"라고 하는 사람들이 많았다. 남성은 '죄질의 차이에 따른 징벌의 차이'를 생각하고 있는 것이다. 이때 남성의 의견이 맞는다면, 또 하나의 문제가 불거진다. '정도의 차이를 무시한 포괄적 징벌'이 과연 타당하냐는 문제다.

자, 이번에는 신상 공개라는 말을 바꿔 보자. 성범죄자를 모두 무기징역을 살려야 하느냐는 것이다. 이것 역시 성범죄의 죄질에 따른 포괄적 징벌의 타당성을 묻는 질문이 된다. 그런데 이 문제에서도 여성과 남성의 의견이 극명하게 엇갈렸다. 여성 분들 중에는 "모두 무기징역을 살려야 한다"고 답하는 경우도 꽤 있었다. 역시, 이 사안에 대한 여성의 문제의식을 엿볼 수 있는 대목이다. 이에 비해 남성은 "죄질에 따라 다른 처벌을 내려야 할 것"이라고 생각한 사람이 많았다. 역시 '죄질의 차이를 무시한 포괄적 징벌'의 타당성을 문제 삼고 있는 것이다.

신상 공개를 '물 한 잔 주기'로 바꿔 질문했다. 그러니까, 성범죄자들이 목이 말라 물 한 잔 달라고 할 때 어떻게 할 것이냐는 것이다. 앞서 〈불법 체류자 자녀의 의무교육 혜택을 중지해야 한다〉라는 주제에서, 불법 체류자 자녀가 목이 말라 물 한 잔을 달라고 한다면 어떻게 할 것이냐는 질문에 모두가 "줄 수 있다"고 대답했던 것에 비해, 이 문제 역시 여성과 남성의 대답이 극명하게 엇갈렸다. 여성은 "물 한 잔도 주기 싫다"고 대답한 사람이 많았다. 아예 상종도 하기 싫다고 덧붙인 사람도 있었다. 남성은 이런 여성 분들의 반응을 보면서 묵묵부답이었다.

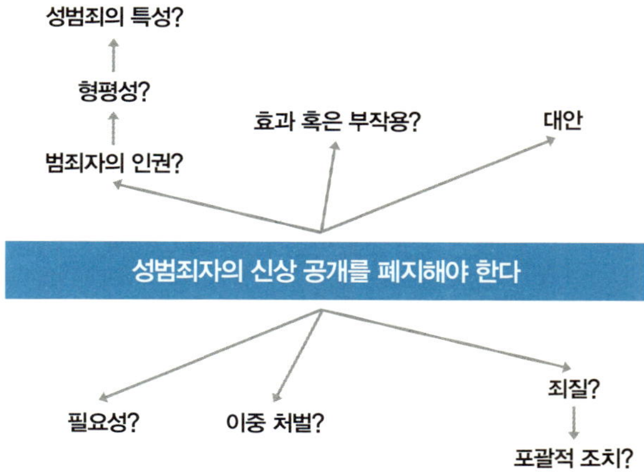

자, 이번에는 앞에서와 같은 요령으로 큰 종이 가운데에 이 주제를 써 놓고, 그로부터 파생되는 이슈들을 마인드맵을 그려서 생각해보자(〈그림 9.4〉).

첫 번째 고려할 문제는 '왜 이 문제가 불거졌는가?'이다. 이 조치의 필요성 내지는 배경을 정확히 이해해야 이 디베이트에 제대로 임할 수 있다는 뜻이다. 그러자면, 성범죄자들의 신상 공개 결정을 내리기 전에 어떤 근거들이 제시되었는지 살펴볼 필요가 있겠다.

다음으로, 앞서 이야기한 것처럼, '형평성'의 문제가 쟁점으로 부상할 가능성이 있다. 범죄자들에게도 인권이 있다. 그런 맥락에서 절도범이나 살인범의 경우에는 신상 공개를 하지 않는다. 그런데, 왜 유독 성범죄자의 신상은 공개하느냐는 문제다. 다른 범죄자의 처벌과 비교할 때 형평성에 어긋난다는 주장이 가능하다. 이 주장에 적절하게 답하기 위해서는, 앞서 말한 바와 같이, 다른 범죄와 다른 성범죄의 특성에 대해 리서치를 해야 할 것이다. 범죄자의 인권이 갖는 구체적인 내용과 그 주장의 배경도 살펴봐야겠다.

또, 죄질을 따지지 않고 모든 성범죄자에 대해 똑같이 신상 공개를 하도록 한다면 이 역시 쟁점이 될 수 있다. 그렇다면, 현행 법률에서 신상 공개의 요건을 어떻게 규정하고 있는지 리서치할 필요가 있다.

이중 처벌이 아닌가도 쟁점으로 부상할 수 있다. 이는 형평성과도 관련이 있는 문제인데, '범죄를 저질러 벌을 받았는데, 왜 신상 공개라는 벌을 추가로 받아야 하느냐?'는 질문이다. 그렇다면 한국에서 이중 처벌을 허용하고 있는지, 허용한다면 그 요건이 무엇인지, 일사부재리 혹은 죄형법정주의의 구체적인 내용이 무엇인지 확인해야 할 것이다.

그다음, 현실적으로 따져 봐야 하는 것이 이 조치의 실효성이다. 왜냐하면 성범죄자의 신상 공개를 했는데도 성범죄율이 낮아지지 않는다면, 이는 성범죄자에 대한 한국 사회의 화풀이에 불과할 것이기 때문이다. 따라서, 이 조치를 취했을 때 소기의 목적이 제대로 달성되었는지 확인할 필요가 있다. 만약 이 효과 부분을 성범죄자의 신상 공개를 지지하는 측에서 증명해 내지 못한다면, 상대방으로부터 '형평성에 어긋난 조치, 화풀이에 불과한 조치'라고 반박당할 수 있다.

성범죄자의 신상 공개에도 불구하고 효과가 없음이 밝혀졌다고 가정해 보자. 나아가 성범죄자의 신상 공개에 반대하는 측에서 그보다 훨씬 효과 있는 방법을 제시한다고 해 보자. 즉, 더 나은 대안을 제시했다고 하자. 그렇다면 심판과 청중의 관심을 그쪽으로 쏠릴 듯하다. 지금 사회가 원하는 것은 성범죄를 줄이는 것이지, 누가 성범죄를 저질렀는지 알고 싶은 것이 아니기 때문이다. 결국, 디베이트를 잘하려면 예상되는 쟁점을 충분히 생각하고 관련된 리서치를 하고 나서 디베이트에 임해야 한다.

마지막으로 한 가지만 더 생각해 보자. 이상의 예상되는 쟁점들 중에서 무엇이 가장 큰 쟁점으로 부상할까? 아마 '이 조치로 인한 실질적 효과'가 아닐까? 만약 이 조치의 효과가 있다면, 심판과 청중들은 속으로 '다소 인권상의 문제가 있지만, 저렇게 효과가 있다니, 그냥 하는 것이 좋겠다'고 생각할 가능성이 있다. 그런데, 이런 조치를 취했는데도 성범죄율에 전혀 변화가 없는 것으로 나타났다면, 심판과 청중들은 '효과도 없는 조치를, 범죄자의 인권을 침해하면서까지 할 필요가 있을까?'라고 생각할 것 같다. 따라서, 이 효과 여부를 디베이트에 임하는 쌍방은 모두 정확히 리서치할 필요가 있다.

내 조언은 이렇다. 예상되는 쟁점들을 모두 파악한 다음, 그중에서 무엇이 핵심 쟁점이 될지 한 번 더 생각해 보자는 것이다. 〈성범죄자의 신상 공개를 폐지해야 한다〉라는 주제에서는 신상 공개의 실효성이 최대 쟁점이 될 것 같다. 그렇다면, 리서치도 그에 집중되어야 한다. 디베이트 현장에서도 이 문제가 중점적으로 다뤄져야 한다. 이렇게 '여러 쟁점들 중에서 핵심 쟁점을 구별해 내는' 연습은 학생들에게 '전략적 사고'를 하는 방법을 알려 준다. 다양한 쟁점들 중에서 핵심 쟁점과 부수적인 쟁점을 구별하는 시야를 길러 준다는 것이다. 이런 연습을 많이 해두면, 퍼블릭 포럼 디베이트의 마지막 순서인 '마지막 초점'을 효과적으로 해낼 수 있다. 무엇이 관건적인 쟁점인지를 미리 예상하고 있으니, 마지막 초점에 쉽게 대처할 수 있는 것이다. 그러니 디베이트 주제 분석을 할 때에는 한 걸음 더 나아가 생각해 보자. 예상되는 쟁점들 중에서 무엇이 핵심 쟁점이 될까? 이 문제의 관건은 무엇인가?

주제 분석 연습 3
수형자가 교도소 운영 비용을 부담해야 한다

이번엔 〈수형자가 교도소 운영 비용을 부담해야 한다〉라는 주제를 생각해 보자. 수형자란 형 확정 판결을 받아 교도소에 수감되어 있는 사람들이다. 즉, 죄를 지은 것이 확인된 사람들이다. 이들을 교도소에 수감하면 비용이 발생한다. 간단하게는 그들의 숙식 비용이 들고, 그들을 감시할 비용도 추가된다. 이 비용을 지금까지는 국가가 부담해 왔다. 즉, 국민의 세금으로 충당해 왔다. 이것이 과연 정당하냐는 것이다. 오히려, 죄를 지은 수형자에게 비용을 부담시키는 것이 당연하지 않을까? 최근에 입에 담기도 힘든 흉악 범죄가 잇따르면서, 과연 이들 흉악 범죄자들이 교도소에서 지내는 비용을 국민의 세금으로 충당해야 하느냐는 반발이 일고 있는 것이 주제 설정의 배경이다.

초보 디베이터들은 이런 대답들을 내놓는다. "아니, 죄를 지은 사람이 비용을 부담해야죠. 왜 세금으로 그 사람들 비용을 대 줘야 하는 거죠?" 좀 더 멋있게 이렇게 말하는 사람도 있다. "수익자 부담의 원칙을 생각해야죠. 자신이 어떤 이익을 얻는다면, 그 이익을 얻는 데 대한 대가를 치러야 하는 것 아닙니까? 교도소에서 편히 입고 자고 하는데, 그 비용은 본인이 치러야죠." 반대편은 한참 생각하다가 이렇게 말한다. "글쎄, 기분이 유쾌하진 않지만, 그게 국가의 기능이 아닐까요? 그렇게라도 하니까 우리 사회가 그나마 이렇게 굴러가고 있는 것이 아닐까요?"

이 주제 관련 디베이트를 제대로 하기 위해, 앞에서 한 것처럼 우선 키워드 바꿔치기를 해 보자. 그래서 주제에 익숙해지자. 〈수형자가 교도소 운영 비용을 부담해야 한다〉에서 키워드라면 '수형자'와 '교도소 운영 비용'이 되겠다. 이들 단어를 바꿔 보자(〈그림 9.5〉).

먼저, '수형자'라는 말을 바꿔 보자. '미결수'라는 말로 바꿔 보자. 미결수란 아직 법원의 확정 판결이 나지 않은 사람들이다. 따라서 이들은 법적으로는 무죄인 상태로 이해된다. 소위 '무죄 추정의 원칙'이다. 미결수에게 교도소 운영 비용을 부담시켜야 할까? 이에 대해 대부분의 사람들은 고개를 젓는다. 그럴 필요가 없다는 뜻이다. 죄를 지은 것이 확인되지도 않아

▌ 그림 9.5 키워드 바꾸어 보기

수형자가 교도소 운영 비용을 부담해야 한다

미결수?　속옷?
　　　　　간식?
　　　　　식사 및 의류?
　　　　　전기 요금?

서 아직은 검찰의 요구와 법원의 판단에 따라 수감되어 있을 따름인데, 이들에게 그 비용을 지불하라는 것은 말이 안 된다는 생각이다.

　그렇다면 수형자, 그러니까 죄인임이 확인된 사람들에게 교도소 운영 비용을 부담시키는 것은 왜 논란이 될까? 그 배경에는 '죄를 지은 당사자들이니, 그들이 쓰는 비용도 당연히 그들이 내야 할 것'이라는 판단이 깔려 있다. '차라리 그 돈을 더 좋은 데 쓰는 것이 낫지 않을까' 하는 생각도 있다. 그렇다면, 수형자들을 교도소에 수감하는 데 드는 비용은 순전히 불필요한 지출일까? 수형자에게 교도소 운영 비용을 부담시키는 것에 반대하는 사람은 그것이 필요한 지출, 혹은 불가피한 지출임을 설명해야 할 것이다.

　자, 이번에는 '교도소 운영 비용'을 다른 말로 바꿔보자. '속옷'은 어떨까? 수형자에게 속옷을 지급해야 할까? 예컨대, 군대에서는 장병들에게 속옷도 지급한다. 교도소에서는? 이 질문에 많은 사람들은 "그럴 필요가 없다"고 말한다. 왜냐고 물으면 "이는 개인적 물품"이라고 대답한다. 그럼 다음 말로 바꿔 보자. 수형자들에게 자기 '간식' 값을 부담시켜야 할까? 모든 사람이 고개를 끄덕인다. 역시 이유는 '개인적인 용도'이기 때문이다. 다음으로, 수형자에게 제공되는 '식사 및 의류'에 드는 비용은? 이 질문에는 많은 사람들이 국가가 부담해야 할 것 같다고 대답한다. 그 이유를 물으면, "국가의 판단에 의해 자유를 박탈하여 수감하고 있는 것이고, 또 교도소 내에서 교도관과 수형자를 구별하려면 통일된 의류를 지급하는 것은 당연"하다고 한다. 마지막으로, 교도소에서 필요한 '전기 요금'이란 말을 대신 넣어보자. 이 전기 요금은 누가 지불해야하느냐는 질문에 대해서는 많은 사람들이 '국가가 지불해야 한다'고 생각한다. 역시 '이는 교도소 관리에 필요한 비용'이라는 것이다.

자, 이번에는 앞에서와 같은 요령으로 큰 종이 가운데에 이 주제를 써놓고, 그로부터 파생되는 이슈들을 마인드맵을 그려서 생각해 보자(〈그림 9.6〉).

첫째, 이 논란의 배경을 생각할 필요가 있다. 예를 들어, 미국의 캘리포니아 주는 얼마 전 경범죄자, 여성 범죄자들을 방면했다. 그 이유는 간단했다. 예산이 없었기 때문이다. 이렇게 '예산이 없다'라는 절실한 이유가 이 주제의 배경이 된다면, 심판과 청중은 마음이 흔들릴 것이다. '돈도 없다는데, 할 수 없지'라고 생각할 것 같다. 하지만 한국의 경우는 다르다. 국가 예산이 부족해서라기보다는 화풀이의 대상으로 생각하는 듯하다. 극악한 범죄를 저지르고 교도소에 수감되어 있는 사람들의 밥값을 왜 우리

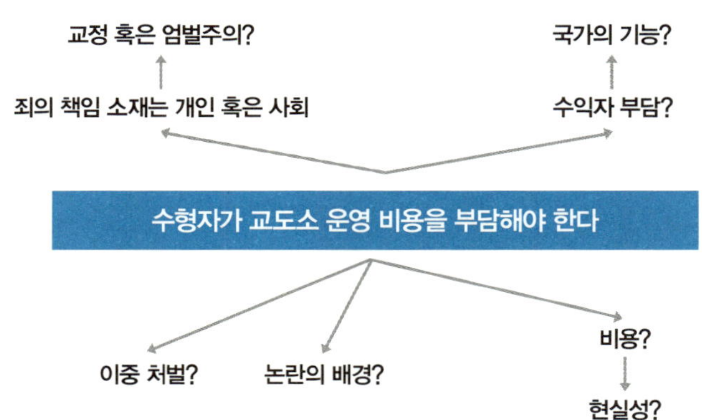

그림 9.6 디베이트 주제 마인드맵

세금으로 충당해야 하느냐는 것이다.

두 번째로, 이 문제도 이중 처벌 논란이 일 수 있다. 범죄자들은 죄를 짓고 그 대가로 자유를 박탈당하는 벌을 이미 받고 있다. 그런데, 그에 대해 또 교도소 운영 비용을 부담하라고 하는 것은 이중 처벌이 아닌가?

여담이다. 이 문제와 관련하여 생각나는 재미있는 교차 질의가 있다. 어떤 고등학교에서 선생님들을 대상으로 이 주제로 디베이트 실습을 할 때의 일이다. 상대방이 "이는 이중 처벌"이라고 주장하자, 어떤 선생님이 그와 관련하여 이렇게 교차 질의했다.

"상대방께서는 가끔 호텔에 가시지 않습니까?"

"간혹 갑니다."

"가서 식사를 하시고 돈을 내시죠?"

"내야죠."

"그럼, 식사를 하고 돈을 내는 것을 처벌이라고 생각하셨습니까?"

"아뇨, 당연히 내야죠. 제가 먹은 것인데요."

"그렇다면, 교도소에서 자기가 밥을 먹고 돈을 내는 것이 왜 처벌입니까?"

"……"

다음으로, 비용 문제가 현실적으로 쟁점이 될 수 있다. 정확히 말하자면 수형자들의 비용 부담 능력이다. 수형자들은 죄를 짓고 그 대가로 자유를 박탈당하고 살고 있다. 인터넷, 미팅, 자유로운 통신도 못 한다. 이런 조건에서 교도소 운영 비용을 부담할 능력이 현실적으로 있을까? 이를 따져 보자면 실제로 한국에서 교도소 운영 비용이 얼마나 드는지, 이를 수형자 일인당 부담으로 환산하면 얼마인지 리서치되어야 한다. 이 액수를 교도소에 있는 수형자가 부담해 낼 수 있을까? 만약 그게 불가능할 정도라면, 이런 주제로 이야기를 하는 것이 무슨 의미가 있을까?

역시 여담이다. 대구에서 선생님들 대상으로 디베이트 연수를 할 때의 일이다. 한 선생님이 목소리를 높여 "이 주제는 말도 안 된다"고 말씀하셨다. 모두의 시선이 그 선생님께 쏠렸다. 알고 보니 그분은 교도관을 하다가 공부를 다시 해서 선생님이 된 분이었다. 그분은 이렇게 말을 이었다. "제가 교도소에 있어 봐서 아는데요, 어떻게 수형자가 돈을 벌어 교도소 운영 비용을 부담합니까? 자기들 앞가림하기도 힘든데…… 이건 말도 안 되는 이야기예요. 불가능합니다."

이제 좀 더 추상적인 논의를 해 보자. 과연 죄의 책임은 죄인에게 있을까, 사회에 있을까? 죄의 책임이 죄인 개인에게 온전히 있다면, 교도소 운영 비용을 부담시키자는 입장이 힘을 얻을 것이다. 죄를 지은 것은 죄인이고, 그 책임은 당연히 그가 지어야 하니까. 하지만, 죄의 책임에 사회도 부분적으로 관련이 있다면? 예를 들어, IMF 직후에 한국에서는 신용불량자들, 생계형 범죄자들이 급증했다. 이런 사태의 책임을 그들에게만 물을 수 있을까? 그 사람들만의 잘못일까? 오히려, 사회도 그에 대해 책임져야 하지 않을까? 이에 대해 어떤 사람들은 "똑같은 조건에서도 죄를 짓지 않은 선량한 사람들을 고려하면 그 책임은 역시 그 죄인이 지어야 할 것"이라고 반박하기도 한다. 그런데 과연 그럴까? 결국, 죄의 책임 소재도 이 주제와 관련된 쟁점 중 하나로 부각될 수 있다.

한 걸음 더 나아가면, 과연 교도소의 운영 목적이 무엇이냐는 질문도 가능하다. 옛날에는 교도소를 '감옥'이라고 했다. 죄를 지은 사람을 가두어 두는 곳이라는 뜻이다. 그런데 요즘에는 교도소라고 부른다. 죄를 지은 사람을 교화시키는 곳이라는 뜻이다. 그러니까, 운영 목적이 달라진 것이다. 전자는 죄인의 수감을 목적으로, 후자는 죄인의 교화를 목적으로 하고 있다. 어느 편이 더 옳은지 여부는 차치하자. 먼저, 실질적 이익을 따져 보자. 어느 쪽이 더 사회에 이익일까? 죄인을 가둬 두기만 하는 것이 이익일까, 이들을 교화시켜서 내보내는 것이 이익일까? 범죄로 인한 사회의 피해는 어마어마하다. 예를 들어 보자. 현재 한국 사회가 범죄로 인한 피해를 1년에 100조 원 가량 입는다고 가정하자. 그런데 교도소의 교화 기능을 강화하여 범죄율이 떨어져 그 피해액이 50조 원으로 줄었다고 하자. 그렇다면 어느 편을 선택하는 것이 한국 사회에 더 유리할까? 죄인을 벌로 다스리는 데 중점을 두는 것이 유리할까, 아니면 죄인을 교화하는 데 중점을 두는 것이 유리할까. 이는 윤리적 이슈이기 이전에 손해와 이익의 이슈다. 엄벌주의와 교화주의, 어느 편이 더 사회에 유리할까? 이 문제와 관련된 핵심 이슈다.

앞서 수익자 부담의 원칙이란 문제가 거론되었다. 교도소에서 먹고 자고 하는 것은 수형자에게 일종의 호텔 서비스를 제공하는 것이 아니냐는 것이다. 그렇다면 그 이익에 대해 당연히 비용을 지불해야 한다는 생각이다. 하지만 이와 다른 관점에서 수익자 부담의 원칙을 적용할 수도 있겠다. 교도소 시스템 자체로부터 이익을 얻는 사람들을 생각해 보자는 것이다. 교도소라는 제도의 운영으로 인해 사회 구성원들이 이익을 얻는다면, 이때의 수익자는 사회의 일반 구성원이 된다. 교도소 시스템이 없어져 모든 죄인들이 사회를 활보한다고 가정해 보자. 그 피해는 어마어마할 것이다. 우리는 교도소 운영 비용을 분담하는 대신에 우리와 사회의 안녕을 구한다. 그렇다면 교도소 시스템의 수익자는 사회 자체가 아닐까?

여기서 더 나아간다면 국가의 기능도 생각해 볼 만하다. 과연 국가란 무엇인가? 국가에 교도소 시스템이 있는 이유는 무엇일까? 만약 수형자에게 교도소 운영 비용을 부담시키는 것에 반대하는 측이라면 교도소 시스템이 왜 국가에 필수 불가결하며, 왜 국가 기능의 일부가 되어야 하는지 적절하게 설명하는 것이 좋겠다. 그렇다면 심판과 청중의 지지를 얻어낼 수 있을 것이다.

디베이트에서 주제 분석의 효과

자, 이제 애초에 제기했던 문제로 돌아가 보자. 디베이트를 하다 보면 학생들은 '디베이트를 좀 더 잘해 보고 싶다'는 마음을 갖는다고 했다. 코치들은 '디베이트를 좀 더 잘 지도해 보고 싶다'는 마음을 먹는다고 했다. 그리고 그 해답은 '주제 분석'에 있다고 했다. 주제 분석을 잘하면 디베이트 준비를 더 잘할 수 있고, 따라서 디베이트 현장에서 더 세련되고 완벽한 논리를 제시할 수 있으며, 디베이트 강평 또한 잘할 수 있다고 했다.

역사 선생님들과 디베이트 연수를 한 적이 있다. 연수 시작 전에 자기소개와 프로그램에 대한 기대를 말씀해 달라고 했다. 그런데 어떤 선생님들은 좀 시큰둥했다. "어차피 토론이란 것이 말 잘하는 학생을 따라가는 것 아닌가? 역사라는 과목을 토론으로 가르친다는 게…… 글쎄?"라고 하신 분이 있었다.

우선, 오전에 이론 강좌가 끝났다. 점심 시간 직후에는 실습을 하기로 했다. 주제는 〈당나라를 끌어들인 신라의 삼국 통일은 정당하다〉. 일반인들에게도 익숙한 주제였다. 선생님들은 4개 팀으로 나뉘어 토론 준비를 했다. 역사를 전공하신 분들이라 역시 준비하는 자세가 진지했다. 두 팀이 먼저 디베이트를 하고, 이어서 나머지 두 팀이 디베이트를 했다.

찬성 팀에서는 주로 이런 주장들이 나왔다. (1) 이 문제는 그 당시 신라의 입장에서 봐야 하는 것이 아니냐. (2) 당시에는 고구려나 백제도 당나라처럼 모두 다른 나라였다. 구별할 이유가 없다. (3) 이를 통해, 전란에 시달리던 고구려와 백제의 백성들이 평화를 찾게 되었다. (4) 신라의 삼국 통일은 이후 한민족 형성의 결정적인 계기가 되었다.

반대 팀에서는 주로 이런 주장들이 나왔다. (1) 한민족의 일에 외세를 끌어들인 일은 부당하다. (2) 이는 이후 한국 역사에서 사대주의 전통을 낳은 계기가 되었다. (3) 이로 인해 한민족의 활동 범위가 한반도에 국한되는 결과를 낳았다. (4) 오히려 고구려가 통일을 했어야 했다.

두 번의 디베이트를 나는 열심히 지켜봤다. 내가 분석하기로는, 이번 디베이트에서는 주로 다음과 같은 문제들이 쟁점으로 형성되었다. (1) 신라의 삼국 통일이라는 역사적 사실을 그 당시의 관점에서 평가할 것인가, 아니면 현재의 시점에서 평가할 것인가. (2) 역사의 주체는 누구인가. 신라 입장에서는 삼국 통일이겠지만, 고구려나 백제 입장에서는 눈물 나는 패배일 것이다. 역사는 승자의 기록인가. 이상과 같은 두 가지 쟁점을 기둥으로, (1) 당시 한민족의 민족의식이란 것이 있었나? 당시의 기준으로 고구려와 백제는 한민족의 일부였나, 아니면 신라와 더불어 한반도를 차지하고 있던 서로 다른 나라인가. (2) 신라의 삼국 통일이 이후 한민족 역사에 끼친 이익과 부작용은 무엇인지가 쟁점이었다.

디베이트가 끝나고 다음과 같이 내 의견을 말씀드렸다.

"제가 고등학교를 다닐 때 삼국 시대는 암기의 대상일 뿐이었습니다. 신라의 삼국 통일도 언제, 누가했는지, 그리고 국정 교과서를 집필한 분들이 어떻게 이를 평가하는지를 외워야 했습니다. 이런 식이라면 역사 공부를 왜 하는지에 대해 회의가 듭니다. 역사를 공부하는 이유는 현재적 시점에서 과거를 살펴봄으로써 우리의 현재 좌표와 나아갈 방향을 배우는 것 아니겠습니까? 그런 맥락에서 본다면 역사를 암기식, 주입식으로 가르치는 것은 제대로 된 역사 교육 방법이 아닐 것입니다.

오늘 디베이트는 역시 역사 선생님들이 참여하셔서 그런지, 수준 높게 진행되었습니다. 저도 놓친 여러 가지 재미있는 시각과 사실들이 소개되었네요. 그런데 한번 생각해 볼까요? 오늘 당나라를 끌어들인 신라의 삼국 통일이 정당하다는 주제의 찬성 팀은 주로, 이 문제를 당시의 관점에서 봐야 한다는 입장이었습니다. 반대 팀은 현재적 관점에서 평가해야 한다는 것이었습니다. 또, 어떤 분은 삼국 통일이란 말 자체가 신라 편향의 말로, 주제 자체가 적절하지 않다고 지적하기도 했습니다.

제가 학생들과 함께 이 주제로 디베이트를 했다면 두 가지 문제를 환기시켜 줬을 것입니다. 첫째는, 과연 역사에 대한 평가의 시점은 언제인가? 역사적 사실이 발생한 그 당시 시점에서인가, 아니면 현재를 사는 우리의 입장에서인가? 둘째는, 과연 역사는 승자의 기록인가? 이번 디베이트를 통해 배운 이 두 가지 문제의식을 앞으로 다른 역사를 배울 때도 적용한다면 훨씬 풍부한 역사 인식이 가능할 것이라고 지도하겠습니다 저 개인적으로는 대학생 시절에 E. H. 카의 『역사란 무엇인가』라는 책을 읽는 과정에서 그 해답의 실마리를 찾은 적이 있었습니다. 이런 문제의식을 제대로 경험한 학생들이 다른 역사를 배울 때 얼마나 풍부하고 비판적인 사고에 입각해서 공부를 하겠습니까? 디베이트는 역사 공부도 더욱 효과있게 해 줍니다."

교장선생님 배 쟁탈 디베이트 대회를 개최할 수 없는 이유

김제의 한 학교에 가서 선생님들을 대상으로 디베이트 강연을 했다. 디베이트 강연 말미에는 학교 차원에서 할 수있는 여러 가지 디베이트 기회를 알려드렸다. 그런데 한 선생님이 아쉬운 목소리로 이렇게 말씀하셨다.

"저희 학교는 교장선생님 배 쟁탈 디베이트 대회를 할 수 없어요!"

나는 살짝 놀랐다. '무슨 이유일까? 왜 대회를 못열지?' 생각이 꼬리에 꼬리를 물었다.

이유를 묻자, 그분의 대답은

…

…

…

"저희 교장선생님은 배가 나오질 않아서 교장선생님 배 쟁탈이 불가능해요."

　참석한 선생님들은 관심을 보여 주셨다. 그렇다. 이 주제로 학생들과 디베이트를 하면 주로 다음과 같은 피상적인 견해들이 제시된다. "치사하게 외세를 끌어들이다니……." "그래서 한국 역사에서 이후 사대주의의 전통이 생긴 것 아냐?" "그 넓은 고구려 땅을 포기하다니……." "그래도 그때 삼국 통일을 해서 한민족의 기초가 마련되었지." "외세를 끌어들이기 전 신라도 고구려와 백제에게 할 만큼 한 것 아냐?" 그런데, 디베이트를 치르면서 학생들은 이 주제에 역사적 해석과 관련된 문제의식이 숨어있다는 것을 깨닫는다. 이런 깨달음은 이후 역사 공부의 동력으로 작용한다. 그런데 이와 달리 '통일된 교안에 의한' 역사 수업이 진행되고 또 그것을 4지선다형 시험으로 평가한다면, 학생들이 역사 공부를 해서 얻을 수 있는 교훈이 줄어들 것이다. 다른 역사를 해석하는 안목도 길러지지 않을 것이다. 그런데 이를 디베이트로 소화하니, 〈당나라를 끌어들인 신라의 삼국 통일은 정당하다〉라는 익숙한 주제 하나로 '역사적 평가의 시점 문제'와 '역사 기록의 주체'라는, 역사에 대한 커다란 문제의식이 소개된 것이다. 내 설명을 들은 선생님들의 표정을 보니, '그거, 한번 생각해 봐야 하겠는걸!'이란 생각이 가득해 보였다.

　사안에 대한 즉흥적이고 피상적인 견해를 제시하던 학생들이 디베이트를 경험하고 나서는 신중하고 진지하게 임한다. 디베이트를 통해 학생들은 내 입장과 다른 상대방의 견해도 존재할 수 있고, 그 견해에도 이유가 있을 수 있으며, 심지어 내 주장의 근거도 상대방에 의해 반박당할 수 있다는 것을 경험한다. 그러면서 즉흥적이고 피상적인 견해를 내세우던 것에서 발전하여 이제 '이 주제와 관련하여 어떤 쟁점들이 가능할까?'라는 데 도달한다. 주제 분석은 디베이트를 익숙하게 해 내는 과정에서 자연스러운 발전 단계가 된다. 내가 생각할 때, 디베이트에서 주제 분석 훈련은 다음과 같은 효과가 있다.

첫째, 학생들은 '찬성일 때는 뭐라고 할까, 반대일 때는 뭐라고 할까?'라는 즉자적 수준의 디베이트 준비를 넘어서, 이제는 디베이트 주제 자체를 분석의 대상으로 삼아 무엇이 쟁점이 될 수 있을지 고민한다. 디베이트에 빠져있다가, 디베이트 자체를 분석하기 시작하는 것이다. 이로부터 비판적 사고가 시작된다.

둘째, 예상되는 쟁점을 중심으로 리서치를 하는 과정에서 리서치 방법론을 배운다. 이전에는 인터넷 검색창에 키워드를 집어넣고 검색 결과를 읽어 보는 수준이었다. 그런데 주제 분석 이후에는 예상되는 쟁점별로 리서치를 하게 된다. 디베이트 준비가 완벽해지는 것이다.

셋째, 교차 질의나 반박 시간에 순발력 있게 대응할 수 있다. 주제 분석을 통해 예상되는 쟁점을 미리 생각하고, 관련 조사까지 마쳤으니 교차질의와 반박 시간이 쉬워진다. 사실, 논리적 순발력이란 천부의 재능이 아니다. 오히려 철저한 준비와 실습을 통해 얻어지는 것이다.

넷째, 주제 분석을 통해 미리 쟁점을 예상했으니, 이후 요약이나 마지막 초점 순서도 쉽게 대비할 수 있다. 쟁점을 미리 생각했으니, 실제 디베이트에서 무엇이 쟁점으로 부각되는지 쉽게 파악할 수 있다. 또, 무엇이 관건이 되는 쟁점일지 미리 생각했으니, 실제 디베이트에서 마지막 초점 전략을 제대로 세워 나갈 수 있다. 어렵기만 한 요약과 마지막 초점이 이제는 손안에 있게 된다.

다섯째, 디베이트 코치의 입장에서는 학생들의 디베이트 과정에서 드러난 쟁점들을 쉽게 파악할 수 있다. 또, 강평 시간에는 학생들의 디베이트에서 드러난 쟁점들을 재해석해 주고, 나아가 학생들이 놓친 쟁점을 환기시켜 주는 방법으로 학생들의 신뢰와 존경을 얻을 수 있다.

디베이트의 출발과 끝은 주제 분석이다. 주제 분석을 잘하면 디베이트를 잘하게 되고, 디베이트를 잘하게 되면 좀 더 완벽한 주제 분석이 가능

해진다. 이 둘은 서로 원인과 결과가 된다. 제대로 된 주제 분석을 통해 좀
더 수준 높은 디베이트를 구현해 나가기를 기원한다.

주제 분석 실습

아래의 주제로 주제 분석 실습을 해 보자. 각각의 주제에 관해 키워드
바꾸어 보기 및 디베이트 주제 마인드맵을 그려 보자.

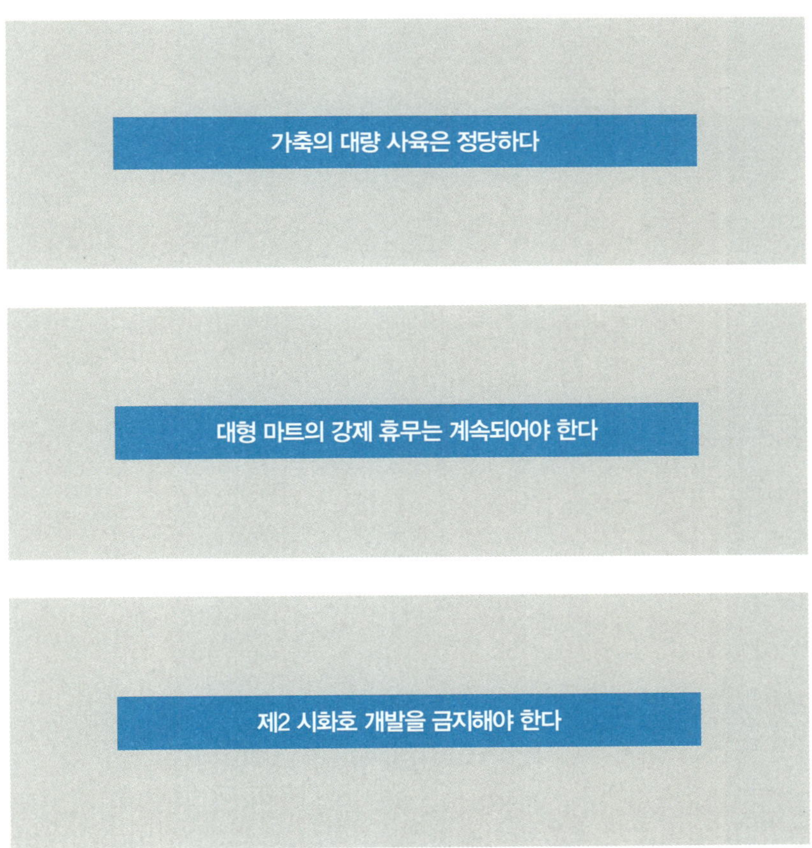

퍼블릭 포럼 디베이트 심화 이해

제10장

퍼블릭 포럼 디베이트 심화 이해

◉ 퍼블릭 포럼 디베이트의 순서

알다시피 퍼블릭 포럼 디베이트의 순서는 다음과 같다.

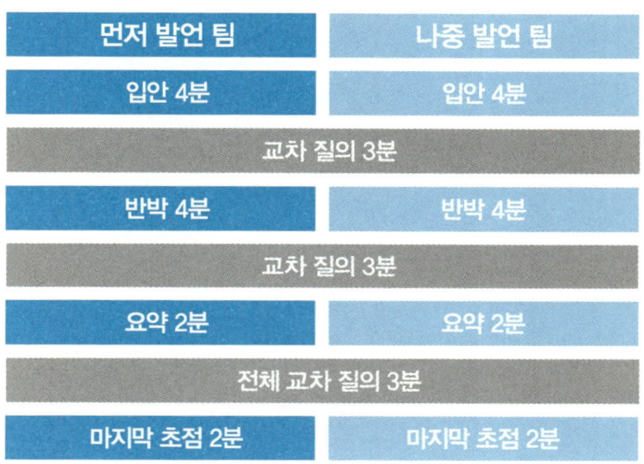

이 순서들 중에서 학생들이 제일 쉽게 생각하는 순서는 입안이다. 상대방의 발언과 상관없이 미리 준비할 수 있기 때문이다. 이후에 진행되는 교차 질의나 반박, 요약, 마지막 초점은 상대방의 의견을 듣고 그것을 감안하여 진행한다. 즉, 미리 준비할 수가 없다. 상대방 의견에 따라 순발력 있게 대응해야 한다. 하지만, 입안은 그로부터 비교적 자유롭다. 그래서 학생들은 입안이 비교적 쉽다고 생각하는 것 같다.

그에 비해 반박은 상대방 이야기를 잘 듣고, 상대 팀 의견의 핵심을 잘 파악한 다음, 이를 우리 팀의 의견과 비교하여 차이점을 간파해 내고, 우리 팀에게 유리하게 그 차이점을 반박하는 순서다. 비판적 듣기가 결정적으로 중요해지는 대목이다. 따라서, 입안에 비해 좀 더 머리를 써야 하는 순서이다. 하지만, 이 순서는 학생들이 즐기는 순서이기도 하다. 학생들은 상대방 의견을 듣고 그것을 공격하는 과정에서 일종의 재미를 느끼는 것 같다. 그래서 디베이트를 하다 보면 "내가 반박할래. 나는 반박 전문가거든" 하는 학생들이 꽤 있다. 이렇게 다른 순서에 비해 반박은 공격이라는 재미가 있어 학생들이 어려워하지 않는다.

이처럼 퍼블릭 포럼 디베이트 순서에서 입안과 반박은 비교적 쉬운 순서에 속한다. 여기까지는 학생들이 쉽게 따라온다. 그래서 저학년 학생들을 상대로 디베이트를 할 때에는, 처음에는 입안과 반박을 주로 연습한 다음, 이들 순서에 익숙해진 이후에 그다음 순서를 공부하기도 한다.

결국, 학생들이 어려워하는 순서는 교차 질의, 요약, 마지막 초점이다. 이중 학생들이 제일 힘들어하는 대목은 요약인 듯하다. 이는 디베이트 코치도 마찬가지다. 디베이트 코치가 이구동성으로 난감해하는 부분이 요약이다.

그래서 이 장에서는 퍼블릭 포럼 디베이트의 각 순서를 설명하되, 교차질의, 요약, 마지막 초점에 중점을 두어 설명한다. 특히 요약을 상세히 설명한다.

입안하는 방법

차제에 입안에서 주의할 점들을 다시 한 번 되새겨 보자. 알다시피 입안은, 마치 에세이의 구조와 같이, 서론 – 본론 – 결론의 구조를 갖는다. 이 구조대로 입안을 설계하는 것이 좋다. 자세히 살펴 보자.

첫째, 입안의 서론 부분에서 꼭 필요한 요소는 용어 정의와 우리 팀의 구체적인 주장이다. 여기에 가능하다면 '유인 요소'를 집어넣는 것이 좋다. 좀 더 상세히 살펴보자.

먼저, '유인 요소'란 자기 팀의 주장을 시작할 때 청중들의 호기심과 관심을 끌 만한 이야기를 앞에 덧붙이는 것이다. 이는 디베이트의 본질적인 요소는 아니다. 하지만, 이런 장치가 들어가면 주장이 훨씬 세련되어진다.
예를 들어 보자. 〈한국은 영어 공용화를 실시해야 한다〉라는 주제로 토론

최후의 한방!!

최원형 코치가 보내준 디베이트 에피소드.

주제는 '초등 학생들의 외국 수학여행은 금지해야 한다.'였다. 수업 전 아이들에게 귀에 못이 박히도록 설명했다. 디베이트 주제를 경제위기 극복이라는 관점과 연계해서 해보자라고 말이다. 경제가 어렵다는 것에 대해 먼저 이해를 시키려고 노력했다. 드디어 디베이트 시간. 반박 후 교차 질의 시간에서였다. 그렇게 경제적 관점을 강조했지만, 어느 순간 "외국어를 할 줄 아니 모르니" 하는 감정 싸움으로 번져갔다.

발표자 1: 수학여행을 해외로 갔다가 잘못해서 잡혀갈 수도 있습니다.(오우, 대단한 발상~~) 어떻게 하실 겁니까?

발표자 2: 간단하게 말할 수 있습니다.

발표자 1: 그럼 영어로 말해보세요.

발표자 2: 헤..헤..헬로~~우

발표자 1: 좀더 구체적으로요!(무척 다그친다.)

발표자 2: 헤...헤... 헬~~프...

발표자 1: 중국에 가면 어떻게 말할 건가요?

발표자 2: 쎄...쎄......(나름 기억나는 중국어는 이것?)

발표자 1: 일본가면 어떻하실 건가요?

발표자 2: 아~~아~~~ 아리가또......

발표자 1: 그래가지고 누가 돕겠어요!!!(무척 흥분...)

발표자 2: 그래도 실감나게 해외로 수학여행 가는 게 좋습니다.(매우 움츠려든 목소리로)

발표자 1: 그럼 가세요!!!(단호하게)

발표자 2: ...네...

교차질의가 단호하게 종료되었다.

한다고 해 보자. 이럴 때 용어 정의나 우리 팀의 구체적인 입장을 말하기에 앞서, 이런 유인 요소를 덧붙이면 어떨까? "안녕하십니까? 〈한국은 영어 공용화를 실시해야한다〉라는 주제의 반대 팀 입안을 시작하겠습니다. 먼저, 우리 민족이 극심한 고통을 겪었던 일제 시대를 회고하고 싶습니다. 당시 일제는 한민족을 말살하기 위해 조선어를 없애려고 애를 썼습니다. 이에 대항하여 한국의 애국지사들은 한국어를 사수하기 위해 애를 썼습

디베이트를 시작하면 먼저 간단히 인사말을 한다.

"안녕하십니까? 오늘 주제는 〈   〉입니다. 저는 찬성팀 입안을 맡은 홍길동입니다"라고.

그런데 새로운 신조어를 만든 학생이 있어 소개한다. 물론 디베이트를 처음 하는 학생이었다.

"안녕하십니까? 오늘 주제는 〈   〉입니다. 저는 입안 팀 찬성을 맡은 장길산입니다."

입안 팀 찬성? 찬성 팀 입안이 아니고? 그래서 다시 하라고 했다. 당황한 이 학생,

"안녕하십니까? 오늘 주제는 〈   〉입니다. 저는 찬성 팀 입안자 장길산입니다."

'입안자'라…… 그래, 입안자면 어떠냐. 다음 학생.

"안녕하십니까? 오늘 주제는 〈   〉입니다. 저는 찬성 팀 반박자 홍경래입니다."

'반박자'라…… 그래, 한 박자도 아닌데, 에라, 모르겠다. 끝나고 말해 줘야겠다. 입안을 맡은 학생이 요약을 한다.

"안녕하십니까? 오늘 주제는 〈   〉입니다. 저는 찬성 팀 요약자 장길산입니다."

요약자?…… 그래, 반박자도 나왔는데, 어때?

반박을 맡은 학생. 마지막 초점을 한다.

"안녕하십니까? 오늘 주제는 〈   〉입니다. 저는 찬성 팀 마지막 초점자, (순간 너무 길다고 생각했는지) 아니, 마초자 홍길동입니다."

마지막 초점, 결국 못 했다. 웃느라고……

니다. 왜 그랬을까요? 그것은 언어에 의사소통이라는 기본 기능을 넘어서는 중요한 의미가 있기 때문일 것이다. 이를 감안한다면, 오늘의 주제가 우리 한민족에는 매우 중요한 주제입니다.” 이런 식으로 이야기를 시작하면, 청중들은 자세를 바로 하고 발언자의 주장에 귀를 기울이려고 할 것이다. 다시 말하거니와, 이는 디베이트 주장에서 본질적인 요소는 아니다. 심하게 말해서 없어도 된다. 하지만, 이런 유인 요소로 발언을 시작하면 심판과 청중으로 하여금 우리 팀의 주장에 귀를 기울이게 하는 효과가 있다. 미국의 대통령들이 연설을 할 때 농담으로 분위기를 자연스럽게 하면서 청중을 집중하게 하는 효과를 노리는 것과도 같은 이치다.

그다음에는 용어 정의가 필요하다. 용어 정의란 그날의 디베이트 주제에서 핵심 어휘를 골라 그 뜻을 분명히 하는 작업이다. 이 부분을 들으면 상대방이 어떤 개념에 입각해서 논리를 준비했는지 알 수 있다. 예를 들어, 〈한국은 영어 공용화를 실시해야 한다〉라는 주제라면 핵심 어휘는 ‘영어 공용화’일 것이다. 이에 대해 이렇게 용어 정의를 해 보자. “우리 팀은 오늘 주제에서 영어 공용화라는 말을 ‘모든 공적인 영역에서 영어와 한국어를 병용해서 쓴다’라는 뜻으로 정의합니다. 이렇게 된다면, 모든 공문서는 두 가지 언어로 작성되어야 할 것이며, 학교에서도 두 가지 언어로 학생들을 가르쳐야할 것입니다.” 두 팀의 용어 정의가 다르면 어떻게 될까? 그렇다면 입안 직후의 교차 질의에서 우선 이 문제가 거론될 것이다. 두 팀은 모두 ‘왜 우리 팀의 용어 정의가 이번 주제에서 더욱 적절한지’를 심판과 청중에게 보여 주려고 할 것이다. 반대로, 두 팀의 용어 정의가 같다면, 나중 발언 팀은 똑같은 용어 정의를 되풀이할 필요 없이 “용어 정의는 상대 팀의 정의에 동의합니다”라고 간단히 정리하고 넘어가도 된다.

마지막으로, 우리 팀의 구체적인 주장에 대한 설명이다. 알다시피 디베이트는 찬성과 반대로 나눠서 진행한다. 그러니까, 어떤 팀이 주어진 사안에 대해 찬성하는지 반대하는지는 쉽게 알 수 있다. 하지만, 그 정도로는 불충분하다. 예를 들어 보자. 〈불법 체류자 자녀에게 의무교육 혜택을 중단해야 한다〉라는 주제의 찬성 팀이라고 하자. 이때 같은 찬성 팀 안에서도 다양한 의견이 가능하다. 일테면 "불법 체류자들은 발본색원해서 모두 자기 나라로 돌려 보내자"는 의견도 있을 터이고, "불법 체류자 자녀들에게 의무교육 혜택은 부여하지 않되, 비공식적 영역, 예를 들어 비영리단체의 지원 등의 방법으로 이 문제를 해결하자"는 의견도 있을 터이다. 둘 다 공통적으로 불법 체류자의 자녀들에게 의무교육 혜택을 주지 말자고 주장하고 있다. 하지만, 구체적인 실행 방법에서는 상당한 시각 차를 보여 주고 있다. 물론 이 내용은 디베이트 진행 과정에서 어차피 드러난다. 하지만, 서론에 이를 배치하면 상대방 팀과 심판, 청중에게 우리 팀의 주장을 분명히 한 후 논거를 제시할 수 있다. 이 부분을 생략하면 상대방 팀과 심판, 청중은 '저 팀이 찬성하는 것은 알겠는데, 구체적으로는 어떻게 하자는 거지?'라는 의문을 품게 될 것이다.

둘째, 입안의 본론 부분에서 주의할 것은 (1) 논거의 수, (2) 각 논거의 논리 구조, (3) 각 논거의 분량이다.

우선, 논거의 수는 서너 개가 적당하다. 논거가 한 개나 두 개로 끝나면 청중들은 무언가 주장이 미흡하다는 느낌을 받는다. 거꾸로, 논거가 5개를 넘어가면 장황하게 느껴져 집중도가 떨어진다. 서너 개 정도를 했을 때, 주장은 완벽하게 느껴지고 청중들은 쉽게 집중할 수 있다. 그러니, 만약 논거가 4개 이상이라면, 유형화하여 서너 개로 정리하자.

다음으로, 각 논거의 논리 구조는 두괄식이 좋다. 우선 주장을 명확히 밝히고, 그것을 뒷받침하는 통계나 사례 등을 이후에 제시하자. 이를 거꾸로 하면, 그러니까 통계나 사례가 먼저 제시되고, 주장이 그 뒤를 따르면, 청중들은 이를 다시 한 번 머릿속에서 재정리하는 과정을 거칠 수밖에 없다. 디베이트 스피치에서 중시되는 요소 중의 하나가 전달력이다. 내가 하는 말이 쉽게 청중에게 전달되도록 해야 한다는 것이다. 전달력을 높이려면, 두괄식으로 논리 구조를 짜서 말하는 것이 좋다.

마지막으로, 각 논거의 분량은 비슷한 것이 좋다. 제시된 각각의 논거를 설명하는 분량이 다르면 무언가 균형이 깨진 것처럼 느껴진다. 예를 들어, 첫 번째와 세 번째 논거는 각각 20초 동안 설명하고 그쳤는데 두 번째 논거만 2분에 걸쳐서 설명하다면, 무언가 균형이 깨진 것처럼 느껴질 것이다.

정리하자면, 입안의 본론은 (1) 서너 가지의 논거를, (2) 두괄식으로, (3) 서로 비슷한 분량으로 배치하는 것이 좋다.

셋째, 입안의 결론 부분은 우리 팀 주장의 요약 혹은 대안을 제시하는 순서다. 앞서 제기한 논거를 간단히 요약하거나, 더 효과적인 대안이 있다고 판단할 경우 이 부분에서 정리한다.

이상의 설명을 그려 보면 〈그림 10.1〉과 같다. 이중 서론과 결론은 각각 전체 입안 시간의 1/5 이하 정도로 하고, 본론을 가장 중요하게 다루는 것

그림 10.1 입안의 구성

서론	유인 요소	용어 정의	우리 팀의 구체적인 주장

본론	논거 1
	논거 2
	논거 3

결론	주장의 요약 혹은 대안 제시

이 바람직하다.

　노파심에서 한마디 더 첨가하자면, 형식과 내용 중에서 더욱 중요한 것은 내용이다. 즉, 〈그림 10.1〉과 같은 구조대로 시간을 잘 분배해서 이야기하더라도, 내용 면에서 설득력이 없다면 청중들은 외면할 것이다. 즉, 형식은 내용을 더욱 빛나게 하기 위한 장치에 불과할 뿐, 디베이트 주장을 더욱 돋보이게 하는 것은 내용이라는 점을 기억하자.

◉ 반박하는 방법

　먼저, 반박의 대상이 무엇인지 확인하고 넘어가자. 반박의 대상은 뭘까? 즉, 무엇을 반박하는 것일까? 나중 발언 팀의 반박자들 중에는 직전에 끝난 먼저 발언 팀의 반박 내용을 반박하는 경우가 있다. 하지만, 그것은 반박이 아니라 재반박이다. 우선, 반박은 상대방 입안 내용에 대한 반박임을 기억하자.

　따라서, 반박에서는 먼저 상대방 입안을 요약하는 것이 좋다. "오늘 주제에 대해 상대 팀께서는 다음과 같은 세 가지의 이유를 들어 찬성하셨습니다. 그 이유를 요약하자면, 첫째……, 둘째……, 셋째……였습니다. 저희 팀은 그에 동의할 수 없습니다. 그 이유를 말씀드리겠습니다"라고 이야기를 시작하자는 것이다. 그러면 심판과 청중에게 앞서 말한 팀의 주장을 환기시켜 줄 수 있고, 반박자가 상대방의 주장을 얼마나 잘 이해하고 있는지도 확인시켜 줄 수 있다.

　이어서, 본론에서는 상대방 논거를 일일이 짚어 가며 반박하는 것이 좋다. "상대방은 첫 번째 논거로 이러저러한 내용을 주장하셨는데, 저희는 동의할 수 없습니다. 그 이유는……. 상대방은 두 번째 논거로 이러저러한 내용을 주장하셨는데, 저희는 동의할 수 없습니다. 그 이유는……. 상대방은 세 번째 논거로 이러저러한 내용을 주장하셨는데, 저희는 동의할 수 없습니다. 그 이유는……"이라는 식으로 발언하자. 만약 상대 팀 입안자가 세 가지 논거를 제시했는데 반박에서 두 가지만 거론했다고 하자. 그러면 심판과 청중은 '나머지 논거에 대해서는 상대팀의 의견에 동조하는 건가?'라고 생각할 것이다. 그러니, 조목조목 반박하도록 하자.

　마지막으로, 결론은 우리 팀 반박의 요약, 혹은 우리 팀 주장에 대한 보충 설명을 덧붙이는 순서다.

　결국, 이상의 설명을 그림으로 그려보면 〈그림 10.2〉와 같다. 역시 한마디 덧붙인다. 〈그림 10.2〉와 같은 형식으로 이야기를 하더라도 내용이 빈약하면 청중의 동조를 받기 어려울 것이다. 형식보다 중요한 것은 내용이라는 점을 늘 기억하자.

교차 질의의 의미와 방법

교차 질의라는 순서가 디베이트에 필요한 이유는 무엇일까? 무엇인가 디베이트에서 하는 특별한 역할이 있기 때문에 이런 순서가 생겼을 것이다. 교차 질의(Cross Fire)를, 그보다 앞서 디베이트에 도입된 교차 조사(Cross Examination)와 비교해 생각해 보자. 그 공통점과 차이점을 알면 교차 질의의 의미가 분명해진다.

우선, 교차 질의와 교차 조사의 공통점. 진행하는 방식은 조금 다르지만, 교차 질의나 교차 조사는 '목적이 같다'는 공통점이 있다. 교차 질의와 교차 조사의 목적은 크게 봐서 디베이트 내적인 목적과 디베이트 외적인 목적으로 구별된다.

먼저, 디베이트 내적인 목적은 (1) 상대 측 주장을 분명히 하기 위해서(=확인의 용도), (2) 상대 측 주장의 약점을 드러내기 위해서(=반박의 용도)이다. 확인의 용도란 상대방이 한 발언에 대해 그 진의, 근거 등을 분명히 하는 작업이다. 짧은 질문을 통해 이를 확인한다. 반박의 용도란 상대방 발언이 가진 오류나 한계를 짧은 질문을 통해서 드러내는 것이다. 디베이트에서 교차 질의 혹은 교차 조사를 하는 목적은 결국 상대방 의견을 확인하고, 반박하는 것이다.

다음으로, 디베이트 외적인 목적은 (1) 심판에게 논리적 순발력과 센스를 보여 주기 위해서(=채점의 용도), (2) 참가자의 디베이트에 대한 집중도를 높이기 위해서(=교육의 용도)이다. 교차 질의나 교차 조사 시간은 디베이트 순서들 중에서 디베이터의 논리적 순발력이 가장 분명하게 드러나는 순서다. 따라서, 심판으로서는 어느 팀이 준비를 더 철저히 했나를 판단할 수 있는 좋은 기회가 된다. 채점의 용도로 활용할 수 있는 것이다. 또, 디베이터들은 교차 질의 혹은 교차 조사가 디베이트에 도입되면서 더욱 철저하게 디베이트를 준비하게 되었다. 결국, 교차 질의와 교차 조사는 교육의 용도도 있는 것이다.

다음으로, 교차 질의와 교차 조사의 차이점. 교차 질의에 앞서 디베이

트에 도입되었던 교차 조사는 질문자와 답변자가 구별되어 있었다. 질문자는 공세의 입장에서, 답변자는 방어의 입장에서 임했다. 그런데, 교차 질의에서는 질문과 답변을 서로 하는 것이 가능하게 되었다. 그래서 같이 쓰는 교차 질의 시간 3분을 우리 편에게 좀 더 유리하게 이끌려는 의도가 생기고, 이 의도는 충돌한다. 결국, 디베이트가 더욱 역동적으로 변한 것이다. 게다가 교차 조사는 입안 다음에만 붙었는데, 교차 질의는 반박과 요약 다음에도 붙어 디베이트 과정이 더욱 치열해졌다. 결국, 퍼블릭 포럼 디베이트에서는 교차 조사가 교차 질의로 변하면서 더욱 역동적으로 바뀌었고, 이것이 입안은 물론 반박과 요약 다음에도 배치되면서 참가 학생들을 더욱 몰입시키는 효과를 가져왔다.

이러한 교차 질의와 교차 조사를 잘하려면 어떻게 하면 좋을까? 내 생각에는 다음과 같은 요건이 필요하다.

첫째는 핵심을 찌르는 질문과 답변이다. 반대로 말하자면, 어설픈 질문이나 답변은 교차 질의나 교차 조사의 매력을 떨어뜨린다. 문제의 핵심을 간파하고, 질문을 통해 그에 대한 심판과 청중의 주의를 환기시키고 우리 팀과의 차별성을 분명히 하는 것이 좋다. 답변도 질문의 핵심을 간파한 것이라야 심판과 청중에게 우리 팀의 의견을 명확히 할 수 있다. 이미 앞에서 나온 이야기를 다시 반복하는 것은 적절하지 않다.

둘째는, 예의 바른 태도가 필요하다. 교차 질의나 교차 조사는 상대방 논리의 오류나 모순을 드러내는 과정이기 때문에 결과적으로 공격적인 자세가 되기 쉽다. 하지만, 디베이트가 지향하는 것은 '뱀처럼 냉정한 논리'로 심판과 청중을 설득하는 것이다. 목소리가 크다고, 공격적이라고 득점할 수 없다. 조리 있는 논리가 득점의 계기가 된다. 따라서, 늘 예의 바른 태도를 고수해야 한다. 예의 바르면서 논리는 칼끝처럼 날카로운 교차 질의와 교차 조사가 좋은 평가를 받는다.

셋째, 심판과 청중을 고려하는 태도가 필요하다. 교차 질의나 교차 조사는 결국 디베이트를 보고 있는 심판과 청중에게 두 팀의 의견이 왜 다르며, 어떻게 다른지를 보여 주려는 목적의 일환으로 진행되는 것이다. 그렇다면, 교차 조사나 교차 질의에서 발언은 심판과 청중을 고려한 것이라야 좋다. 당장의 논리 대결에 집중하면서도, '현재 심판과 청중은 이를 어떻게 보고 있을까?'라는 점을 늘 염두에 두어야 한다.

넷째, 간략한 질문과 답변이 필요하다. 교차 조사나 교차 질의에서 가장 흔히 범하는 실수는 질문과 답변을 길게 하는 것이다. 이는 그 질문과 답변을 하는 사람 자체가 자신이 하는 말의 핵심을 이해하지 못하기 때문이다. 간단한 질문과 답변은 디베이트에서 논리 대결을 더욱 분명하게 하고, 역동적으로 만든다는 점을 명심하자.

처음에 교차 조사나 교차 질의에 임하는 학생들은 당황한다. 아직은 자기 팀 의견을 정리하기에 급급한데, 상대방 논리의 허점을 짧은 질문을 통해서 하라고 하니 어렵게 느껴지는 것이다. 그래서 쉽게 교차 조사, 교차 질의를 시작하는 요령을 생각해 봤다. 다음과 같이 시작해 보자.

첫째, 상대방이 용어 정의를 빼먹었을 때 용어에 대해 어떻게 정의 내리고 있는지 묻는다. 예를 들어, "오늘 주제에 대한 용어 정의를 생략하셨습니다. 상대방 팀은 오늘의 핵심 용어인 ○○○에 대해 어떻게 정의하고 계십니까?"라고 질문한다.

둘째, 상대방이 주제에 대한 구체적인 입장 표명 내지는 주장을 빼먹었을 때 어떤 입장을 갖고 있는지 묻는다. 예를 들어, "오늘의 주제에 대한 구체적인 입장 표명을 생략하셨습니다. 상대방 팀의 오늘 주제에 대한 구체적인 입장은 무엇입니까?"라고 질문한다.

셋째, 상대방이 스피치 과정에서 쓴 중요한 어휘의 뜻에 대해 묻는다. 예

최원형 코치의 디베이트 에피소드.
운이 좋은지 초등학생과 중학생 아이들을 지도하게 되었다. 얼마나 왁자지껄한지……. 시작한 지는 한 달도 채 안되지만 자신감만큼은 대단한 아이들이다. 디베이트하는 아이들의 일상으로 들어가 보자.

1. 교차 질의 시간 가장 흔한 모습
생각 없이 던진 질문이 상대편의 강력한 역공을 받으면 "예" 하고 고개를 끄덕인다.

2. 교차질의 시간에 나온 또 다른 상황
남자: 여자가 남자보다 강하다는 것을 어떻게 알 수 있지요?
여자: 보시면 알잖아요.
남자: 어떻게요?
여자: 저를 보세요 어깨가 넓잖아요, 어깨 넓은 여자들도 많아요!!! 그래서 여자가 남자보다 강합니다. (^^;)

3. 디베이트 처음에 항상 나오는 이야기
"안녕하십니까? 여성의 군 복무를 의무화해야 한다의 반대 측 입안을 맡은 홍길동입니다." 그런데 아직 미숙한 우리의 친구. "안녕하십니까? 여성의 군 복무를 의무화해야 한다의 반성 측 입안을 맡은 홍길동입니다." 어디가 틀렸을까? 틀린 단어 한 가지를 찾아보자. ^^ 위의 상황들 때문에 모두들 웃느라고 디베이트 진행이 안 될 정도다. ㅋㅋ 마치 개그 콘서트를 보는 듯…….

를 들어, "아까 말씀 중에 '포퓰리즘'이라는 용어를 쓰셨습니다. 어떤 뜻으로 그 용어를 쓰셨습니까?"라고 질문한다.

넷째, 상대방 주장에서 사용된 근거에 대해 묻는다. 예를 들어, "방금 전 말씀에서 노인 복지에 대한 통계를 인용하셨습니다. 그 통계는 언제, 누가, 얼마나 신뢰도 있게 조사한 것입니까?"라고 질문한다.

다섯째, 상대방이 스피치 과정에서 주장한 포인트의 진의를 묻는다. 예를 들어, "방금 전 반값 등록금 반대에 대한 주장의 포인트는 대학 교육의 혜택이 해당 학생에게만 돌아간다는 것이었습니다. 한국 경제개발의 동력 중 하나로 우수한 고등교육을 꼽는 경우가 많은데, 그렇다면 고등교육이 사회 발전에도 기여한다고 봐야 하지 않을까요?"라고 질문한다.

여섯째, 상대방 주장의 사례에 어긋나는 사례를 거론하며 반박한다. 예를 들어, "중학교와 고등학교를 남녀 분리로 운영해야 한다고 주장하시면서, 말씀하신 분은 남녀공학에서 공부하는 바람에 공부에 집중하실 수 없었다고 하셨습니다. 하지만, 저 같은 경우는 같은 남녀공학에서 공부하면서도 전혀 문제가 없었습니다. 본인의 주장이 개인적인 경험에 불과하다고 지적하면 뭐라 답하시겠습니까?"라고 질문한다.

일곱째, 상대방 주장의 근거나 사례가 주장을 증명하는 근거나 사례가 될 수 없음을 지적한다. 예를 들어, "대구 지역에 국제 공항을 건설해야 한다고 주장하면서, 작년에 대구를 찾은 해외 관광객 수가 100만 명에 달했다는 것을 근거로 들고 있습니다. 하지만, 이는 작년 여름 열린 대구육상경기대회로 인한 특수였다고 해석해야 하지 않을까요?"라고 질문한다.

여덟째, 상대방 주장의 포인트가 성립하지 않는다는 점을 지적한다. 예를 들어, "초등학교에서 남녀 선생님 성비를 비슷하게 맞춰야 학생들 정서가 균형 있게 발전한다고 주장하십니다. 그렇다면 신생아 시기에 주로 어머니가 아이를 돌보는 것, 고등학교 시기에 남자 선생님이 많은 것도 문제가 될 것입니다. 이것들과 어떻게 다릅니까?"라고 질문한다.

교차 조사나 교차 질의가 제대로 안 되는 이유에는 여러 가지가 있다. 자료 조사가 불충분한 경우, 사전에 충분히 예상되는 쟁점을 생각하지 않았을 경우, 겨우 입안 준비에 머물렀을 경우 등이다. 한마디로 말하자면, 주제 분석과 쟁점 분석을 제대로 하지 않았고, 그 결과로 리서치도 부족했던 것이다. 디베이트에서 교차 질의, 교차 조사를 제대로 해내려면, 사전에 충분한 주제 분석과 함께 쟁점 분석을 한 후, 쟁점별로 충분한 리서치를 해야 한다. 그래야 질문하는 입장에서는 상대방 논리의 허점을 재빨리 포착하여 질문하는 것이 가능해진다. 또, 답변하는 입장에서는 어떠한 질문에도 막히지 않고 답할 근거를 갖고 있게 되는 것이다. 그래야 입안을 준비할 때 더욱 완벽한 논리를 갖출 수 있다. 결국, 이 책에서 소개하고 있는 주제 분석와 쟁점 분석이 이 문제에서도 답이 된다.

머리가 아프다고 생각할지 모르겠다. 하지만, 이렇게 교차 조사, 교차 질의를 잘하려고 애를 쓰는 과정에서, 학생들은 주어진 사안을 완벽하게 이해하는 능력이 점차로 생긴다. 또, 종합적으로 비판적으로 사고하는 능력도 생긴다. 자신의 의견을 더 완벽하게 준비하는 능력이 생긴다. 간단히 말해, 머리가 똑똑해지는 것이다. 이런 머리로 다른 공부를 하게 되면 더욱 빠르고 쉽게 해낼 수 있을 것이다. 어렵다고만 하는 학생들에게, 이런 비전을 일러 주며 격려하자.

제11장 요약과 마지막 초점에 대한 심화 이해와 연습

요약의 대상, 목적, 방법

다음으로는, 퍼블릭 포럼 디베이트 순서에서 제일 어려워 보이는 '요약' 이라는 산을 넘어 보자. 요약은 디베이트를 하는 학생들이나 코치 모두가 부담스러워하는 순서다. "아무리 눈을 부릅뜨고 디베이트를 지켜봐도 쟁점이 뭔지 구별되지 않아요"라고 하소연하는 학생들을 자주 만난다. 이는 결국, 상황을 입체적으로 이해할 수 있는 능력이 아직 부족해서 생기는 문제다. 거꾸로 말하자면, 제대로 요약을 해낼 수 있는 능력이 생긴다면, 어떤 상황과 컨텐츠를 마주쳐도 이를 쉽게 입체적으로 정리해 낼 수 있다. 간단히 말해, 머리가 좋아지는 것이다.

요약 능력은 일상생활에서도 필요하다. 예를 들어, 모임을 리드하는 사회자를 생각해 보자. 똑똑한 사회자가 리드하는 모임은 군더더기 없이 빨리 진행된다. 그러면서 지금 논의하는 문제의 포인트가 적절하게 부각된다. 구성원들의 논의는 쉽게 한 군데로 모아진다. 결과적으로 생산적인 모임의 진행이 가능해진다. 이런 모임을 겪은 구성원들은 후련함을 느낀다. 무언가 오늘 모임을 통해서 중요한 일을 해냈다는 생각도 든다.

이 일은 어떻게 가능했을까? 답은 사회자에 있다. 사회자가 눈에 보이지 않는 의견들의 향연에서 곁가지 의견들은 적당히 잘라 내고, 쟁점이 되는 이야기들을 부각시켜 구성원들에게 환기시켜주었기 때문이다. 그리고 그 논의를 생산적으로 종결하여 결과물을 만들어 냈기 때문이다. 이런 사회자에게 결정적으로 필요한 것이 '요약'하는 능력이다. 다시 말해, 여러 의견들의 차이점과 공통점을 구별해 내고, 모임의 목적에 맞는 쟁점들을 환기시켜 줄 수 있어야 한다.

반대의 경우를 보자. 능력이 떨어지는 사회자가 사회를 보면 모임의 진행이 위태로워진다. 무엇보다, 중구난방이 된다. 모임의 목적에 따라 곁

가지 의견들을 구별해 주어야 하는데, 그러지 않으니 산만해진다. 또, 쟁점이 명확히 제시되지 않으니, 이야기는 한도 끝도 없이 진행된다. 결국, 생산적인 결론을 도출하지도 못한다. 참석자들은 무언가 답답함을 느낀다. 모임을 마치고도 다시 삼삼오오 만나서 이야기를 계속한다. 이 모임에서 가장 결여된 것은 사회자의 '요약' 능력이다. 사회자에게 모임을 입체적으로 이해할 수 있는 능력이 없었던 것이다. 그러니, 모든 의견이 별개로 보인다. 그런 상태에서 모임을 리드하니 산만함을 피할 수 없는 것이다.

디베이트에서 요약은 그래서 중요하다. 디베이트에서만 중요한 것이 아니다. 우리가 일상생활을 할 때도, 공부를 할 때도 요약은 아주 중요하다. 제대로 요약하는 능력이 있으면 상황의 본질을 재빨리 꿰뚫어볼 수 있는 눈이 생긴다. 그렇지 않으면 모든 것은 낱개의 나열일 뿐이다. 나무만 보고 숲을 보지 못한다. 이런 사람은 설명을 들으면 들을수록 혼란스러워진다. 듣고 나서도 더 모르겠다는 생각이 든다.

요약 능력은 세상을 추상화하고 개념화해서 이해할 수 있는 능력이다. 같은 것과 다른 것을 구별하는 능력이다. 주요한 것과 부차적인 것을 구별하는 능력이다. 원인과 결과를 구별하는 능력이다. 이런 능력이 생기면 모임의 사회도 잘 볼 수 있고, 공부도 효과적으로 할 수 있다. 다른 사람이 하는 말도 잘 알아듣는다. 그러니, 요약 능력은 아주 중요하다. 이 요약 능력을 키워 주는 공부가 디베이트의 요약 순서다. 어렵지만 한번 넘어서면 새로운 지평이 열린다. 도전해서 극복해 보자.

우선, 디베이트의 요약을 공부할 때 분명히 해야 할 점들을 짚어 보자. 세 가지다. 하나는 요약의 대상, 또 하나는 요약의 목적, 나머지 하나는 요약의 방법이다. 하나하나 살펴보자.

우선, 요약의 대상. 디베이트에서 '요약'이란 도대체 무엇을 요약하는 것

이냐는 것이다. 〈그림 11.1〉의 그림 세 가지는 비슷해 보이지만 파란색의 범위가 조금씩 다르다. 이중 요약의 대상은 무엇인지 골라보자.

'그림 A'가 맞다고 생각하는 사람이 있을 수 있다. 그러니까, 요약은 자기 편 입안을 요약하는 순서라고 생각하는 사람이다. 이런 사람이 요약을 하면 어떻게 할까? 아마, 자기 팀 입안을 다시 한 번 간단히 줄여서 이야기하는 식으로 요약을 할 것이다. 하지만, 그게 맞다면, 뭐하러 그렇게 하느냐는 질문이 뒤를 이을 것이다. 이미 청중과 심판이 입안을 듣고 이해하고 있는데, 왜 또 줄여서 하느냐는 것이다. 동어반복에 불과하다.

'그림 B'가 맞다고 생각하는 사람도 마찬가지다. 이 사람에게 요약을 맡기면 자기 팀 입안과 반박을 줄여서 말하는 식으로 요약을 한다. 앞서 말한 바와 같은 똑같은 지적이 가능하다. 이미 심판과 청중이 입안과 반박을 들어 이해하고 있는데, 왜 반복하느냐는 것이다.

이렇게 요약이 우리 편 입안 혹은 우리 편 입안과 반박을 줄여 이야기하는 순서라면, 디베이트 형식 발전 과정에서 빠지지 않았을까? 그런데도 요약이란 순서가 아직도 남아있다면, 거기에는 무언가 이유가 있을 것이다. 요약이라는 순서가 특별하게 요구하는 지적 자극의 영역이 있다는 뜻이다.

정답은 '그림 C'이다. 요약의 대상은 자기 팀 입안, 자기 팀 반박만이 아니다. 자기 팀과 상대방 팀이 디베이트한 모든 내용, 그러니까 '그림 C'에서 파란색이 포함하는 순서들을 종합적으로 요약하는 것이다. 간단히 말해, 요약은 심판과 청중에게 "오늘 이러저러한 이야기가 오갔는데, 이를 통해 본 상대방의 의견은 이런 허점이 있고, 이에 비해 우리 팀의 의견이 바람직하니, 우리 팀을 지지해 달라"고 하는 순서이다.

다음으로, 요약의 목적. 왜 요약을 하느냐는 것이다. 여기에는 내적 이유와 외적 이유가 있겠다. 먼저, 내적 이유는 디베이트에 참여하고 있는 학생들이 과연 오늘의 디베이트를 입체적으로 이해하고 있는지를 묻는 것이다. 다르게 말하자면, 디베이트 참가자들에게 오늘의 디베이트를 입체적으로 이해할 능력을 기르라는 것이다. 외적인 이유는 심판과 청중에게 지지를 호소하는 것이다. "오늘 디베이트를 지금부터 내가 말하는 관점으로 이해한다면 심판과 청중은 우리 팀을 지지할 수밖에 없을 것입니다"라고 말하는 순서다. 결국, 그날 진행된 디베이트에 대한 가치 중립적인 요약이 아니다. 우리 팀의 입장에 선 당파적인 요약이다.

마지막으로, 요약의 방법. 어떻게 요약을 하는 것이 좋으냐는 것이다. 이는 이상의 요약의 대상과 목적을 생각하면 자연스레 도출된다. 간단히 말하자면, '오늘의 디베이트를 입체적으로 이해해서 쟁점을 중심으로 설명하고, 그 과정에서 상대방 의견의 허점과 문제점을 드러내고, 우리 팀의 강점을 강조하여 심판과 청중의 지지를 호소하는 것'이다.

하지만, 문제는 말처럼 쉽지 않다는 것이다. 앞서 하소연한 학생처럼 "아무리 눈을 부릅뜨고 디베이트에 임해도 무엇이 쟁점인지 모르겠어요"라고 말하는 학생들이 많다. 이런 학생들이 편법으로 디베이트 요약 순서를 때우는 방법은, 앞서 말한 것처럼 자기 팀의 입안을 줄여서 반복하거나, 자기 팀의 입안과 반박을 줄여서 반복하는 것이다. 이렇게 자신의 입안과 반박의 줄거리를 반복하라고 요구하는 순서라면 디베이트 순서에서 요약을 빼도 좋을 것이다. 중복이기 때문이다.

이 단계를 넘어선 학생들이 두 번째로 취하는 방법은 재반박의 형태로 요약을 진행하는 것이다. 그러니까, 우리 팀의 의견과 그에 대한 상대방 팀의 반박을 간단하게 정리하고, 상대방 팀 반박에 대한 우리 팀의 재반박 내용을 곁들여 요약 순서를 마치는 것이다. 이것은 진일보이다. 우리 팀의 의견에 대한 상대방 팀의 반박을 알아들었는지 확인할 수 있고, 또 그에 대한 우리 팀의 재반박 논리가 무엇인지를 확인할 수 있기 때문이다. 단순히 우리 팀의 입안과 반박을 줄여서 이야기하는 요약보다는 수준 높은 요약이다. 이렇게 하는 학생들은 무엇인가 상황을 입체적으로 이해하기 시작했다고 평가할 수 있다.

그렇다면 제일 좋은 요약의 방법은 무엇일까? 앞서 말한 것처럼, 요약은 '오늘의 디베이트를 입체적으로 이해해서 쟁점을 중심으로 설명하고, 그 과정에서 상대방 의견의 허점과 문제점을 드러내고, 우리 팀의 강점을 강조하여 심판과 청중의 지지를 호소하는 것'이다. 그러니까, 오늘의 디베이트 전체, 그러니까 우리 팀과 상대 팀의 주장 모두를 포괄해야 한다. 2분이라는 짧은 시간에 이를 포괄하는 방법은? 간단히 말해, 이미 논란을 거쳐 폐기되었거나 적절하지 않거나 부차적인 주장들은 제외하고, 그날 토론에서 주요하게 대립점을 형성한 쟁점을 도출해서 설명하는 것이다. 이 쟁점을 중심으로, 상대방의 약점와 우리 팀의 강점을 강조하는 것이다. 그래야 2분이라는 짧은 시간에 그날의 디베이트 상황을 우리 편에게 유리하게 효과적으로 정리해 낼 수 있다. 이 일을 해내는 순서가 요약이다.

결국, 요약 순서의 핵심은 쟁점을 구별해 내는 것이다. 그렇다면 디베이트에서 어떻게 쟁점을 구별할 수 있을까? '눈을 부릅뜨고 정신을 차려 지켜봐도 보이지 않는' 쟁점을 어떻게 찾아낼까?

우선, 너무 걱정하지 말자. 시간이 지나면 저절로 익숙해진다. 종합화, 입체화, 개념화, 추상화의 능력이 저절로 생기기 때문이다. 대개 3개월에서 6개월 정도면 이를 구별하는 눈이 생기는 것 같다. 하지만, 이를 어려워하는 분들을 위해 간단한 요령을 알려 드린다. 아래처럼 해 보자. 이렇게 몇번 해 보면 그 요령이 체득될 것이다. 그 이후에는 자연스럽게 몸에 익숙해진다.

◉ 요약과 Signpost

Signpost 이야기부터 해 보자. 영어로 Signpost는 교통 표지판, 이정표라는 뜻을 가진다. 이 개념을 디베이트에 활용하면 디베이트를 더욱 깊게 있게 이해할 수 있다. 어려운 요약도 이 개념을 활용하면 쉽게 정복된다.

아주 간단하게 디베이트에서의 Signpost를 정리하자면, '주장을 명료하게 구분해서 말한다'는 것이다.

그래서 첫 번째 단계의 Signpost는 번호 매기기가 된다. 자기 주장을 펼칠 때, 그리고 상대방의 주장을 받아 적을 때 번호를 매긴다는 뜻이다. 어떤 학생들은 자기 주장을 내용에 따라 구분하지 않고 하나의 문단으로 뭉뚱그려 말한다. 그러면 듣는 사람이 힘들다. 이야기의 어느 부분이 끊어지는 대목인지 새로 시작하는 대목인지 정신을 차려 집중해야 한다. 그렇게 말하기보다는 "오늘 우리 팀의 주장은 세 가지인데, 첫째는⋯⋯. 둘째는⋯⋯. 셋째는⋯⋯"이라는 식으로 말하는 쪽이 알아듣기 훨씬 쉽다. 〈그

<table>
<tr><td>
오늘 우리 팀의 주장을 말씀드
리자면,
____
____
____
____
____
____
____
____
입니다.
</td><td>
오늘 우리 팀의 주장을 말씀드
리자면,
첫째, _______________
____
____
둘째, _______________
____
____
셋째, _______________
____
____
입니다.
</td></tr>
</table>

림 11.2〉를 보자. 당연히, 척 보기에도 오른편이 훨씬 알아듣기 쉽다.

두 번째 단계의 Signpost는 각각의 논거를 이야기할 때 자신의 주장을 개념화해서 모두에 이야기하는 것이다. 먼저 예를 들어 보는 것이 좋겠다. 아래에서 발언 A와 발언 B의 차이를 구별해 보자.

발언 A　첫 번째로 저희가 지적하는 것은 왜 성범죄자들만 신상 공개를 하느냐는 것입니다. 다른 범죄자들의 경우, 범죄에 대한 대가로 벌을 받으면 그것으로 그만입니다. 예를 들어, 절도범 신상 공개를 한다는 말을 들어 보신 적이 있으십니까? 그런데 왜 유독 성범죄자들만 신상 공개를 해야 합니까? 이것은 맞지 않습니다. 그들도 죄에 대한 대가로 벌을 받으면 그것으로 끝인 것입니다.

발언 B　첫 번째로 저희가 지적하는 것은 '형평성'의 이슈입니다. 성범죄자들도 같은 범죄자인데, 다른 범죄자에 비해 차별화해서 처벌한다는 문제입니다. 왜 성범죄자들만 신상 공개합니까? 다른 범죄자들의 경우, 범죄에 대한 대가로 벌을 받으면 그것으로 그만입니다. 예를 들어, 절도범 신상 공개를 한다는 말을 들어 보신 적이 있으십니까? 그런데 왜 유독 성범죄자들만 신상 공개를 해야 합니까? 이것은 맞지 않습니다. 그들도 죄에 대한 대가로 벌을 받으면 그것으로 끝인 것입니다.

이상에서 A와 B의 주장은 내용이 같다. 하지만, B의 주장은 자신의 주장을 하나의 개념으로, 그러니까 '형평성'이란 단어로 추상화하여 처음에 제시한 다음 의견을 구체적으로 전개하고 있다는 점에서 A의 주장과 다르다. 어떤 주장이 알아듣기 쉬운가? 당연히 B가 더 일목요연하다. 디베이트 스피치에서의 평가 항목 중 하나로 Delivery라는 것이 있다. '전달'이다. 간단히 말해, 자신의 의견을 효과적으로 상대방에게, 심판과 청중에게 전달해야 한다는 것이다. 이런 기준으로 볼 때 A와 B 중 어느 쪽이 더 좋은 점수를 받을까? 당연히 B다.

이렇게 자신의 주장을 정리하는 훈련을 하면 본인에게도 도움이 된다. 자기가 말하는 바의 핵심을 스스로 알게 되기 때문이다. 개념화와 추상화의 출발이다.

자, 이렇게 단어 하나로 자신의 의견을 집약한 것처럼, 이번에는 상대방의 의견도 단어 하나로 표현해 보자. 그럼 세상이 달라져 보인다. 어렵게만 보였던 요약의 실마리가 보인다. 이제부터는 구체적인 예를 들어 설명한다. 아래는 내가 학생들과 디베이트하면서 받아 적었던 주장들이다. 분량의 문제로 입안 부분만 적었다. 이들 주장을 하나하나 검토하면서 각 주장들을 개념화·추상화해 보자. 그럼 요약의 방법이 보인다. 쟁점이 드러난다.

◉ 초등학생의 팬클럽 활동을 금지해야 한다

〈초등학생의 팬클럽 활동을 금지해야 한다〉라는 주제로 디베이트를 했다. 그랬더니 학생들 주장이 다음과 같이 나왔다. 학생들 주장임을 감안하자.

아래와 같은 방식으로 디베이트 주장을 받아 적는 것이 일반적이다. 이렇게 하면 무엇이 쟁점인지 확연하게 드러나지 않는다. 그런데 이들 주장을 한 단계 개념화·추상화하면 디베이트가 입체적으로 보이기 시작한다.

먼저, 찬성 팀의 첫 번째 주장인 "당사자에게 큰 피해를 준다"를 검토해 보자. 이 주장을 개념화한다면? '피해'가 적절하다. 지금 찬성 팀은 초등학생들의 팬클럽 활동은 초등학생들에게 피해를 주기 때문에 금지하는 것에 찬성한다고 발언했다. 두 번째 주장인 "가수에게도 사생활 침해라는 피해를 준다"를 검토해 보자. 이 역시 '피해'를 거론하고 있다. 결국, 첫 번째 주장이나 두 번째 주장이나 초등학생들의 팬클럽 활동은 피해를 주기

입안 부분 소개

찬성 팀

1. 당사자에게 큰 피해를 준다.
2. 가수에게도 사생활 침해라는 피해를 준다.

반대 팀

1. 개인에게는 행복추구권이 있는데, 이런 활동은 당사자에게 스트레스를 해소할 수 있는 도움을 준다.
2. 금지한다고 해도 그 방법이 없다.
3. 이 과정에서 취향이 비슷한 친구들과 친구가 될 수 있다.

때문에 금지하는 데 찬성한다는 것이다.

이어서 반대 팀의 주장을 검토해 보자. 첫째로, "개인에게는 행복추구권이 있다"고 했다. 이는 무엇이라고 개념화할 수 있을까? 내 생각에, 이 팀은 이 대목에서 이 사안을 대하는 전제를 말하고 있다. 이 주제에 접근하는 전제로 '개인에게는 행복추구권이 있다'고 말한 것이다. 둘째로, "이런 활동은 당사자에게 스트레스를 해소할 수 있는 도움을 준다"고 말했다. 이는 이 팬클럽 활동이 주는 '이익'을 거론하고 있다. 셋째로, "금지한다고 해도 그 방법이 없다"는 주장은, 설혹 팬클럽 활동을 금지하는 것이 옳다고 한들 실제로 그것을 실행할 수 있는 방법이 없다는 뜻이다. 이는 '방법론적 비현실성'을 거론하는 것이다. 그 주장이 맞든 틀리든 현실적으로 실현하기가 힘들다는 뜻이다. 마지막으로, "이 과정에서 취향이 비슷한 친구들과 친구가 될 수 있다"는 이 팬클럽 활동이 가져오는 또 다른 '이익'을 거론하고 있다.

그렇다면, 이를 반영한 플로 차트를 써 보자. 그러니까, 다음 쪽의 플로 차트처럼 각각의 주장을 개념화한 단어를 앞에 추가로 써 보자. 이렇게 각 주장을 개념화·추상화한 다음에 비교해 보면, 각 주장의 요체가 뚜렷이 드러난다. 예를 들어, 찬성 팀의 주장을 이렇게 요약해 보면 어떨까?

"오늘 찬성 팀은 초등학생들의 팬클럽 활동이 피해를 주는 두 가지 경우를 들어 이의 금지에 찬성하고 있습니다. 구체적으로는 학생 당사자들에게, 그리고 가수들에게 피해를 준다는 것입니다."

이렇게 요약하면 찬성 팀 주장이 훨씬 일목요연하게 정리된다. 이 말을 들은 심판과 청중은 고개를 끄덕일 것 같다.

반대 팀의 주장은 이렇게 요약이 가능하다.

"오늘 반대 팀은 개인에게는 행복추구권이 있다는 전제하에, 이러한 팬클럽 활동이 두 가지 측면에서 이익을 가져다준다는 점, 그리고 설혹 찬성

플로 차트

찬성 팀 주장

1. **(피해)** 당사자에게 큰 피해를 준다
2. **(피해)** 가수에게도 사생활 침해라는 피해를 준다.

반대 팀 주장

1. **(전제)** 개인에게는 행복추구권이 있다.

   (이익) 이런 활동은 당사자에게 스트레스를 해소할 수 있는 도움을 준다.
2. **(방법론적 비현실성)** 금지한다고 해도 그 방법이 없다.
3. **(이익)** 이 과정에서 취향이 비슷한 친구들과 친구가 될 수 있다.

팀의 의견대로 금지한다고 하더라도 실제로 그렇게 할 수는 없다는 방법론적 비현실성을 들어 반대하고 있습니다.”

이렇게 요약하면 반대 팀 주장이 훨씬 일목요연하게 정리된다. 이 말을 들은 심판과 청중도 고개를 끄덕일 것 같다.

자, 그럼 이 디베이트에서 형성된 쟁점은 무엇일까? 찬성 팀은 피해 두 가지, 반대 팀은 전제와 방법론적 비현실성, 이익 두 가지를 거론했다. 여기서 대립하는 것은 피해와 이익이다. 같은 사안에 대해 찬성 팀은 피해를 본다고 말하고 있고, 반대 팀은 이익을 본다고 말하고 있다. 피해와 이익은 서로 대립하는 개념이다. 그래서 쟁점이 형성된다. 즉, “오늘의 디베이트에서는 팬클럽 활동을 둘러싼 피해와 이익이 쟁점이었습니다”라고 말할 수 있다. 물론, 실제의 디베이트에서는 이후 반박이나 교차 질의 과정을 통해 더 많은 쟁점이 형성될 수도 있을 것이다. 하지만, 지금은 입안 부분으로 한정하여 간단하게 요약을 해 보자.

예컨대, 반대 측의 입장에서 오늘의 디베이트를 ‘요약’해 보자. 이렇게 할 수 있겠다.

"오늘 디베이트에서 초등학생의 팬클럽 활동을 둘러싼 피해와 이익이 쟁점이었습니다. 찬성 팀에서는 피해 사례 두 가지를 들어 금지에 대해 찬성했고, 저희 팀은 이익이 되는 사례 두 가지를 들어 그에 반대했습니다. 하지만, 찬성 팀은 이 사안과 관련하여 겨우 두 가지 피해 사례만을 언급하는 데 그쳤습니다. 그에 비해 저희 팀은 이 문제를 바라보는 기본 관점이 개인의 행복추구권이라는 점을 명확히 했고, 또 설혹 찬성 팀의 의견을 받아들인다 해도 방법론적으로 비현실적이라는 점을 분명히 했다는 점에서, 심판과 청중께서는 우리 팀을 승자로 지지해 주실 것이라고 확신합니다."

이상의 요약은 찬성 팀과 반대 팀의 의견을 모두 포괄하면서도, 단지 줄여서 말하는 데 그치지 않고 한 단계 추상화하여 입체적으로 오늘의 디베이트를 해석하려고 했다는 특징이 있다. 이렇게 말을 하면, 심판과 청중은 고개를 끄덕이면서 반대 팀을 지지해 줄 것 같다.

요약은 이런 식으로 하는 것이다. 상대방 주장과 우리 팀 주장을 단어로 개념화하면 어느 지점에서 상대 팀과 우리 팀의 주장이 대립하는지 쉽게 구별된다. 그 대립점이 쟁점이다. 이 쟁점을 중심으로 상대 팀의 약점과 우리 팀의 강점을 지적하는 것이 요약이다.

<u>요약 연습 2</u>
⦿ 애완동물의 안락사를 허용해야 한다

다음 디베이트를 살펴보자. 〈애완동물의 안락사를 허용해야 한다〉라는 주제로 학생들이 실제로 디베이트한 기록이다. 역시 입안 부분만 소개한다.

찬성 팀 의견부터 정리해 보자. 첫째로, "인간처럼 동물들도 고통을 덜기 위해 안락사를 허용해야 한다"고 주장하고 있다. 이는 안락사가 필요한 이유, 즉 '필요성'을 거론한 것이라고 볼 수 있다. 동물들의 고통을 덜기 위해 안락사가 필요하다는 주장이기 때문이다. 둘째로, "애완동물은 반려동물이기 때문에 고통을 당하면 이 모습을 본 주인들이 고통스러워한다"는 주장도 또다른 '필요성'의 언급이다. 애완동물의 주인들이 고통스러워하기 때문에 필요하다는 주장이다. 셋째로, "안락사를 허용하지 않으면 경제적으로 시간적으로 부담이 된다"는 주장 역시 이러한 조치가 왜 필요한지 그 '필요성'을 설명하고 있다. 경제적·시간적 부담을 줄이기 위해서는 이러한 조치가 필요하다는 주장이다.

한 가지 덧붙이자면, 찬성 팀은 애완동물의 안락사가 필요한 이유를 세 가지 설명하면서, 그 이유를 바라보는 지형이 서로 다르다. 한편으로는 애완동물의 입장에서 생각하는 것 같으면서(첫 번째 이유), 다른 한편으로는

입안 부분 소개

찬성 팀

1. 인간처럼 동물들도 고통을 덜기 위해 안락사를 허용해야 한다.
2. 애완동물은 반려동물이기 때문에 고통을 당하면 이 모습을 본 주인들이 고통스러워한다.
3. 안락사를 허용하지 않으면 경제적으로 시간적으로 부담이 된다.

반대 팀

1. 생명의 존엄성을 생각할 때, 애완동물의 안락사를 허용하면 인간 생명을 경시하는 풍조가 생길 것이다.
2. 안락사의 기준이 애매모호하다.
3. 인간은 의사 표명이 가능하지만 동물들은 그렇지 못하기 때문에, 철저히 인간의 자의적인 판단에 따를 수밖에 없다.

애완동물 주인의 입장에서 생각한다(두 번째 이유). 마지막으로는 실은 경제적으로 시간적으로 부담된다고 주장한다(세 번째 이유). 즉, 서로 다른 지형에서 문제를 보는 것이다.

반대 팀의 의견을 정리해 보자. 반대 팀은 첫째로, "생명의 존엄성을 생각할 때, 애완동물의 안락사를 허용하면 인간 생명을 경시하는 풍조가 생길 것이다"라고 주장한다. 이 조치를 시행할 때 생길 수 있는 '부작용'을 언급한 의견이다. 나쁜 효과가 생긴다는 말이다. 둘째로, "안락사의 기준이 애매모호하다"는 이 조치의 '불완전성'을 거론하고 있는 것이다. 이 조치가 완벽한 조치가 아니라는 뜻이다. 하지만, 이 주장은 이후 디베이트에서 상대방에게 공격당할 가능성이 있다. 상대방이 "우리 팀의 주장 역시 안락사의 기준을 명확히 해서 하자는 것"이라고 하면 할 말이 없기 때문이다. 셋째로, "인간은 의사 표명이 가능하지만 동물들은 그렇지 못하기 때문에, 철저히 인간의 자의적인 판단에 따를 수밖에 없다"는 주장 역시 이 조치의 '불완전성'을 거론하고 있다.

이제 이를 반영한 플로 차트를 써 보자. 그러니까, 다음 쪽의 플로우 차트처럼 각각의 주장을 개념화한 단어를 앞에 추가로 써 보자.

이렇게 각 주장을 개념화·추상화한 다음에 비교해 보면, 각 주장의 요체가 뚜렷이 드러난다. 우선, 찬성 팀의 주장을 이렇게 요약해 보면 어떨까?

"오늘 찬성 팀은 애완동물의 안락사가 필요한 이유를 세 가지 들어 그에 찬성하고 있습니다. 구체적으로는 애완동물과 주인에게 고통을 주고 경제적·시간적으로 부담이 되기 때문에 안락사가 필요하다는 것입니다."

이렇게 요약하면 찬성 팀 주장이 훨씬 일목요연하게 정리된다. 이 말을 들은 심판과 청중은 고개를 끄덕일 것 같다.

반대 팀의 주장은 이렇게 요약이 가능하다.

플로 차트

찬성 팀 주장

1. **(필요성)** 인간처럼 동물들도 고통을 덜기 위해 안락사를 허용해야 한다.
2. **(필요성)** 애완동물은 반려동물이기 때문에 고통을 당하면 이 모습을 본 주인들이 고통스러워한다.
3. **(필요성)** 안락사를 허용하지 않으면 경제적으로 시간적으로 부담이 된다.

반대 팀 주장

1. **(부작용)** 생명의 존엄성을 생각할 때, 애완동물의 안락사를 허용하면 인간 생명을 경시하는 풍조가 생길 것이다.
2. **(불완전성)** 안락사의 기준이 애매모호하다.
3. **(불완전성)** 인간은 의사 표명이 가능하지만, 동물들은 그렇지 못하기 때문에 철저히 인간의 자의적인 판단에 따를 수 밖에 없다.

"오늘 반대 팀은 애완동물의 안락사라는 조치가 갖고 있는 불완전성을 두 가지 거론하고, 이 조치가 실제로 시행되었을 때 야기되는 부작용을 거론하며 반대하고 있습니다. 구체적으로는 안락사의 기준이 모호하고, 당사자인 동물의 의견을 반영할 수 없는 불완전한 조치라는 점, 그리고 이런 동물들의 안락사가 만연하면 인간 생명을 경시하는 풍조가 생길 수 있다는 부작용이 있다는 점을 들어 반대하고 있습니다."

이렇게 요약하면 반대 팀 주장이 훨씬 일목요연하게 정리된다. 이 말을 들은 심판과 청중은 고개를 끄덕일 것 같다.

자, 그럼 이 디베이트에서 형성된 쟁점은 무엇일까? 이 디베이트에서는 아직 직접적인 쟁점은 형성되지 않았다. 찬성 팀은 왜 애완동물의 안락사가 필요한지를 세 가지 거론하고 있고, 반대 팀은 애완동물 안락사 조치의 불완전성 두 가지와 그것이 야기하는 부작용을 들어서 그에 반대하고 있다. 물론 실제의 디베이트에서는 이후 반박이나 교차 질의 과정을 통해 쟁점이 형성될 수도 있을 것이다.

그렇다면, 반대 측의 입장에서 이 디베이트를 '요약'해 보자. 이렇게 할 수 있겠다.

"오늘 디베이트에서 찬성 팀은 애완동물의 안락사가 왜 필요한지 세 가지 이유를 거론하고 있습니다. 하지만, 저희 팀이 우선 지적하고 싶은 점은 필요성 세 가지를 서로 다른 지형에서 바라보고 있다는 것입니다. 한편으로는 애완동물과 그 주인의 입장에서 생각하는 것처럼 말하면서, 실은 경제적·시간적으로 부담이 된다고 솔직히 털어놓고 있습니다. 게다가, 우리가 무엇인가 새로운 조치를 결정하는 데에는 그 필요성만 따져서는 미흡할 것입니다. 그에 비해 저희 팀은 이렇게 생명을 다루는 조치 자체가 현재 불완전한 기준에 입각해서 시행되고 있음을 적시하고, 그러한 조치로 인해 야기되는 부작용 또한 명확히 했기 때문에 심판과 청중은 저희 팀을 지지해줄 것이라고 확신합니다."

이상의 요약 역시, 찬성 팀과 반대 팀의 의견을 모두 포괄하면서도, 단지 줄여서 말하는 데 그치지 않고 한 단계 추상화하여 입체적으로 오늘의 디베이트를 해석하려고 했다는 특징이 있다. 이렇게 말을 하면, 심판과 청중은 고개를 끄덕이면서 반대팀을 지지해 줄 것 같다. 이것이 요약이다. 상대방 주장과 우리 팀 주장을 단어 하나로 개념화하면 상대 팀의 약점과 우리 팀의 강점이 쉽게 드러난다.

요약 연습 3

일반 의약품의 소매점 판매를 허용해야 한다

다음 디베이트를 살펴보자. 〈일반 의약품의 소매점 판매를 허용해야 한다〉라는 주제로 학생들이 실제로 디베이트한 기록이다. 역시 입안 부분만 소개한다.

찬성 팀 의견부터 정리해 보자. 첫째로, "소비자에게는 약품 선택권이 있고"라는 주장은 찬성 팀이 이 사안을 바라보는 '전제'에 해당한다. 이 문제는 소비자의 약품 선택권이란 관점에서 보아야 한다는 것이다. 둘째로, "이 약품을 선택할 때에는 편의가 보장되어야 한다. 그러자면 소매점 판매를 해야 한다"는 주장은 '편의성'을 거론하고 있는 것이다. 셋째로, "외국에서도 이미 시행하고 있는 조치다"라는 주장은 디베이트 주장으로서 필요충분조건을 갖춘 주장이 되지 못한다. "다른 나라에서도 이렇게 하니 우리 나라도…"라는 주장은 '시류에 야합하는 오류'라는 지적을 받을 수 있다. 아마 이 주장은 디베이트 과정에서 상대방의 공격을 받아 사라질 것 같다. 마지막으로 "성인이라면 일반 의약품의 라벨에 붙어 있는 지시문을 보고 충분히 복용 방법을 통제할 수 있다"는 주장은 '안전성'을 거론한 것이라고 정리할 수 있겠다. 일반 의약품의 지시문만 봐도 충분히 안전하다는 주장이다.

반대 팀의 의견을 정리해 보자. 반대 팀은 첫째로, "약품 중에는 약사의 처방이 필요한 것이 있다"라고 말하고 있다. '약사의 전문성'을 거론하고 있는 것이다. 둘째로, "TV 약품 광고만으로는 충분한 정보 전달이 불가능하다. 부작용 우려 등으로 인해 약사의 처방이 필요하다"는 '불안전성'에 관한 주장이다. 광고 문구 정도로는 약품의 안전성을 담보할 수가 없다는 주장이다. 셋째로, "전문적인 직업으로 약사를 양성했다면, 이에 대한 전문성도 보장해 주어야 한다"는 주장은 향후 디베이트 과정에서 공격당할 소지가 있다. 약품과 관련하여 가장 중요하게 고려할 점이 '일반 국민의 안전'인데, '약사의 집단 이기주의'를 근거로 내세우고 있다는 반박을 받을 수 있기 때문이다. 이 주장은 이후 디베이트 과정에서 사라질 가능성이 있다.

이제 이를 반영한 플로 차트를 써보자. 그러니까, 각각의 주장을 개념화한 단어를 앞에 추가로 써 보자.

이렇게 각 주장을 개념화·추상화한 다음에 비교해 보면, 각 주장의 요체가 뚜렷이 드러난다. 우선, 찬성 팀의 주장을 이렇게 요약해 보면 어떨까?

"오늘 찬성 팀은 일반 의약품의 소매점 판매와 관련하여 소비자에게는 약품 선택권이 있다는 전제하에, 일반 의약품의 지시문만으로도 충분히 안전하다는 안전성을 들어, 소매점 판매와 같은 편의성을 보장해 주어야 한다는 측면에서 찬성하고 있습니다."

이렇게 요약하면 찬성 팀 주장이 훨씬 일목요연하게 정리된다. 이 말을

플로 차트

찬성 팀 주장

1. **(전제)** 소비자에게는 약품 선택권이 있고,

   (편의성) 이 약품을 선택할 때에는 편의가 보장되어야 한다. 그러자면 소매점 판매를 해야 한다.
2. **(시류에 야합하고 있는 오류)** 외국에서도 이미 시행하고 있는 조치다.
3. **(안전성)** 성인이라면 일반 의약품의 라벨에 붙어 있는 지시문을 보고 충분히 복용 방법을 통제할 수 있다.

반대 팀 주장

1. **(약사의 전문성)** 약품 중에는 약사의 처방이 필요한 것이 있다.
2. **(불안전성)** TV 약품 광고만으로는 충분한 정보 전달이 불가능하다. 부작용 우려 등으로 인해 약사의 처방이 필요하다.
3. **(집단 이기주의)** 전문 직업인으로 약사를 양성했다면, 이에 대한 전문성도 보장해 주어야 한다.

들은 심판과 청중은 고개를 끄덕일 것 같다.

반대 팀의 주장은 이렇게 요약이 가능하다.

"오늘 반대 팀은 광고 정도로는 일반 의약품의 안전성을 담보할 수 없기 때문에, 약사의 전문성이 필요하다는 이유에서 일반 의약품의 소매점 판매를 반대하고 있습니다."

이렇게 요약하면 반대 팀 주장이 훨씬 일목요연하게 정리된다. 이 말을 들은 심판과 청중은 고개를 끄덕일 것 같다.

자, 그럼 이 디베이트에서 쟁점으로 형성된 것은 무엇일까? 이 디베이트에서 가장 큰 쟁점으로 부상한 것은 일반 의약품의 안전성/불안전성이다. 찬성 팀에서는 일반 의약품의 지시문만으로도 충분히 안전하다고 주장하고, 따라서 편의성이 보장되어야 한다고 주장하고 있다. 반대 팀은 광고 문구 정도로는 불안전하기 때문에 약사의 전문성이 필요하다고 주장하고 있다. 그렇다면, 이후 디베이트에서는 일반 의약품의 안전성 문제를 두고 치열한 격론이 이어질 것으로 예상할 수 있다.

그러면, 반대 측의 입장에서 오늘의 디베이트를 '요약'해 보자. 이렇게 할 수 있겠다.

"오늘 디베이트에서 가장 큰 쟁점은 일반 의약품이 과연 일반인이 임의로 선택할 때 안전한지 여부였습니다. 찬성 팀은 소비자에게는 약품 선택권이 있다는 전제하에, 일반 의약품의 지시문만으로도 충분히 안전하다는 안전성을 들어, 소매점 판매와 같은 편의성을 보장해 주어야 한다는 측면에서 일반 의약품의 소매점 판매를 찬성하고 있습니다 이에 비해 저희 팀은 광고 정도로는 일반 의약품의 안전성을 담보할 수 없기 때문에, 약사의 전문성이 필요하다는 이유에서 일반 의약품의 소매점 판매를 반대했습니다. 이후 디베이트 과정에서 현재의 제도하에서 일반 의약품을 일반인이 선택하는 것은 100% 안전하지 않다는 것을 저희가 증명했기 때문에, 심판과 청중은 저희 팀을 지지해 줄 것이라고 확신합니다.”

◉ 초·중·고에서 체벌을 금지해야 한다

　다음 디베이트를 살펴보자. 〈초·중·고에서 체벌을 금지해야 한다〉라는 주제로 학생들이 실제로 디베이트한 기록이다. 역시 입안 부분만 소개한다.

　반대 팀 의견부터 정리해 보자. 첫째로 “체벌은 교육적 효과가 있다. 적절한 체벌이라면 상관 없다”는 체벌의 ‘효과’를 거론하고 있다. 둘째로, “체벌은 정당한 교육 수단이다”는 찬성 팀이 이번 사안을 바라보는 ‘전제’를 말하고 있다. 셋째로, “체벌은 폭력과 구별되어야 한다. 불가피한 합리적 차별이다”는 체벌에 관한 ‘용어 정의’다.

　찬성 팀의 의견을 정리해 보자. 찬성 팀은 첫째로, ‘폭력은 어떤 경우에

입안 부분 소개

반대 팀

1. 체벌은 교육적 효과가 있다. 적절한 체벌이라면 상관없다.

2. 체벌은 정당한 교육 수단이다.

3. 체벌은 폭력과 구별되어야 한다. 불가피한 합리적 차별이다.

찬성 팀

‘폭력은 어떤 경우에도 정당하지 않다’는 전제하에,

1. 체벌은 인간의 존엄성을 무시하는 것으로, 교육 효과가 없다.

2. 체벌은 결국 폭력으로 비화될 수밖에 없다.

3. 체벌을 대치할 수 있는 교육 수단이 있다.

도 정당하지 않다'는 전제하에, 둘째로 "체벌은 인간의 존엄성을 무시하는 것으로, 교육 효과가 없다"고 주장한다. '효과'가 없다는 것이다. 셋째로, "체벌은 결국 폭력으로 비화될 수밖에 없다"는 주장은 체벌로 인한 '부작용'을 거론하고 있다. 체벌은 결국 폭력이 된다는 것이다. 넷째로, "체벌을 대치할 수 있는 교육 수단이 있다"는 주장은 '대안'을 제시하고 있는 것이다.

이제 이를 반영한 플로 차트를 써보자. 그러니까, 각각의 주장을 개념화한 단어를 앞에 추가로 써 보자.

이렇게 각 주장을 개념화·추상화한 다음에 비교해 보면, 각 주장의 요체가 뚜렷이 드러난다. 우선, 반대 팀의 주장을 이렇게 요약해 보면 어떨까?

"오늘 반대 팀은 체벌은 폭력과 구별되는, 불가피한 합리적 차별이라고 정의하면서, 체벌은 정당한 교육 수단이라는 전제하에, 체벌은 교육적 효과가 있기 때문에 적절한 체벌이라면 상관없다고 주장했습니다."

이렇게 요약하면 반대 팀 주장이 훨씬 일목요연하게 정리된다. 이 말을

플로 차트

반대 팀 주장

1. **(효과)** 체벌은 교육적 효과가 있다. 적절한 체벌이라면 상관없다.
2. **(전제)** 체벌은 정당한 교육 수단이다.
3. **(용어 정의)** 체벌은 폭력과 구별되어야 한다: 불가피한 합리적 차별이다.

찬성 팀 주장

(전제) '폭력은 어떤 경우에도 정당하지 않다'는 전제하에,

1. **(효과)** 체벌은 인간의 존엄성을 무시하는 것으로, 교육 효과가 없다.
2. **(부작용)** 체벌은 결국 폭력으로 비화될 수밖에 없다.
3. **(대안)** 체벌을 대치할 수 있는 교육 수단이 있다.

들은 심판과 청중은 고개를 끄덕일 것 같다.

　찬성 팀의 주장은 이렇게 요약이 가능하다.

　"오늘 찬성 팀은 '폭력은 어떤 경우에도 정당하지 않다'는 전제하에, 체벌은 인간의 존엄성을 무시하는 것으로 교육 효과가 없는 데다, 결국 폭력으로 비화될 수밖에 없다는 부작용이 예상되고, 또 체벌을 대치할 수 있는 대안이 있다는 점을 들어 오늘의 주제에 대해 찬성하고 있습니다."

　이렇게 요약하면 찬성 팀 주장이 훨씬 일목요연하게 정리된다. 이 말을 들은 심판과 청중은 고개를 끄덕일 것 같다.

　자, 그럼 이 디베이트에서 쟁점이 된 것은 무엇일까? 이 디베이트에서는 첫째로 이 사안을 대하는 전제가 쟁점을 이룬다. 반대 팀의 경우 체벌은 정당한 교육 수단이라는 전제로 임하고 있고, 찬성 팀은 폭력은 어떤 경우에도 정당하지 않다는 전제로 임한다. 또 하나의 쟁점은 효과성 여부이다. 반대 팀은 체벌은 교육적 효과가 있기 때문에 적절한 체벌이라면 상관없다고 주장하지만, 찬성 팀은 인간의 존엄성을 무시하는 것으로 교육 효과가 없다고 주장하고 있다. 결국, 입안만 보자면 이 디베이트에서 쟁점이 된 것은, 이 문제를 바라보는 전제와 효과성 여부인 것이다. 이후 디베이트에서는 어떤 전제가 맞는지, 체벌이 과연 교육적 효과가 있는지를 두고 치열한 논쟁이 이어질 것이라고 예상할 수 있다.

　그러면, 반대 측의 입장에서 오늘의 디베이트를 '요약'해 보자. 이렇게 할 수 있겠다.

　"오늘 디베이트에서 쟁점을 이룬 것은 이 체벌을 바라보는 전제와 체벌의 효과성 여부입니다. 먼저 전제를 보자면, 상대 팀은 폭력은 어떤 경우에도 정당하지 않다고 말하고 있습니다. 하지만, 이는 대단히 낭만적인 주장입니다. 인간 사회에서는 수많은 폭력이 일상적으로 일어나고 있습니다. 경찰이나 군대는 합법화된 폭력을 행사합니다. 따라서 문제는 폭력의 사회적 관리입니다. 이런 점에서 볼 때, 상대 팀은 체벌에 임하는 전제부터 잘못되었다고 생각합니다. 나아가, 효과성 여부를 보자면, 이미 여러 조사에서도 나타났듯이 잘 통제된 체벌은 효과가 있습니다. 상대 팀은 체벌은 폭력으로 비화될 수 있다고 했지만, 이는 체벌의 문제가 아니라 체벌을 행하는 사람의 문제입니다. 결국, 오늘 디베이트에서 우리 팀은 폭력에 대한 정확한 이해, 체벌에 대한 현실적인 근거, 적절한 방법론을 제시하였기에 심판과 청중은 저희 팀을 지지해 줄 것이라고 확신합니다.”

가정에서 TV를 없애야 한다

다음 디베이트를 살펴보자. 〈가정에서 TV를 없애야 한다〉라는 주제로 학생들이 실제로 디베이트한 기록이다. 역시 입안 부분만 소개한다.

찬성 팀 의견부터 정리해 보자. 첫째로, “TV로 인해 가족 간 대화가 단절된다”는 주장은 TV의 ‘피해’를 거론한 것이다. 둘째로, “학생들 학습 시간에 영향을 준다”는 주장 역시 TV의 ‘피해’를 거론한 것이다. 셋째로, “주의력과 집중력을 떨어뜨린다”는 주장도 마찬가지로 TV의 ‘피해’를 거론한 것이다. 마지막으로, “심지어 TV를 많이 보면 커서 범죄자가 될 가능성이 크다”는 것도 TV의 ‘피해’를 거론한 것이다. 결국, 찬성 팀은 이 사안에 대한 찬성 근거를 네 가지들었지만, 사실은 한 가지만 거론한 것이다. TV의 ‘피해’를 감안하여 가정에서 TV를 없애자는 것이다.

반대 팀의 의견을 정리해 보자. 반대 팀은 첫째로, “유익한 프로그램도 있다”고 했다. TV의 ‘이익’을 거론한 것이다. 둘째로, “TV 시청도 여가 시간을 보내는 한 방법이 될 수 있다”고 했다. 역시 TV의 ‘이익’을 거론한 것이다. 셋째로, "그렇다고 TV를 가정에서 없애는 것은 무리가 따른다"고 했다. 이는 설혹 찬성 팀의 의견을 받아들이더라도 이를 실제로 적용하려고 할 때 '방법론적 비현실성'을 갖고 있다는 뜻이다. 마지막으로 "오히려 좋은 TV 시청법을 확산시키는 것이 옳다"는 이 사안에 대한 반대 팀의 '대안'을 제시한 것이다.

이제 이를 반영한 플로 차트를 써 보자. 그러니까, 다음 쪽의 플로 차트처럼 각각의 주장을 개념화한 단어를 앞에 추가로 써 보자. 이렇게 각 주장을 개념화·추상화한 다음에 비교해 보면, 각 주장의 요체가 뚜렷이 드러난다. 우선, 찬성 팀의 주장을 이렇게 요약해 보면 어떨까?

"오늘 찬성 팀은 TV 시청이 유발하는 피해 네 가지를 들어 오늘 주제에 찬성하고 있습니다. 구체적으로는, TV로 인해 가족 간 대화가 단절되고, 학생들 학습 시간에 영향을 주고, 주의력과 집중력을 떨어뜨리고, 심지어 TV를 많이 보면 커서 범죄자가 될 가능성이 크다는 것입니다."

이렇게 요약하면 찬성 팀 주장이 훨씬 일목요연하게 정리된다. 이 말을 들은 심판과 청중은 고개를 끄덕일 것 같다.

반대 팀의 주장은 이렇게 요약이 가능하다.

"오늘 반대 팀은 TV 시청이 가져다주는 이익 두 가지를 명시했습니다. TV에는 유익한 프로그램도 있고, TV 시청도 여가 시간을 보내는 한 방법이 될 수 있다는 것입니다. 게다가, 찬성 팀의 의견이 갖고 있는 방법론의 비현실성을 지적하면서 대안을 제시하고 있습니다. 결국, 반대 팀은 좋은 TV의 기능은 살려 가면서도 문제가 되는 부분은 적절한 대책으로 보완해 가자는 현실적인 입장을 소개하고 있습니다."

이렇게 요약하면 반대 팀 주장이 훨씬 일목요연하게 정리된다. 이 말을 들은 심판과 청중은 고개를 끄덕일 것 같다.

자, 그럼 이 디베이트에서 쟁점이 된 것은 무엇일까? 이 디베이트에서는 TV 시청이 가져다주는 이익과 피해가 쟁점이 되었다. 찬성 팀은 피해가

막심하다는 것이고, 반대 팀은 오히려 이익이 되는 점도 있다는 것이다. 아마 이후 디베이트에서는 이익과 피해 중 어느 쪽이 더 큰 지를 놓고 치열한 논란이 이어지겠다. 그런데, 반대 측은 그에 덧붙여 찬성 주장의 방법론적 비현실성을 거론하면서 대안까지 제시하고 있다.

그렇다면, 반대 측의 입장에서 오늘의 디베이트를 '요약'해 보자. 이렇게 할 수 있겠다.

"오늘 디베이트에서 가장 쟁점이 되었던 것은 TV 시청의 이익과 피해 문제였습니다. 찬성 팀은 TV 시청이 유발하는 피해 네 가지를 들어 가정에서 TV를 없애버리자고 주장하고 있습니다. 하지만, 이는 TV 시청이 가져다주는 이익을 전혀 무시한 주장입니다. 게다가, 찬성 팀의 입장이 맞다 해도 현실적으로 이를 실현할 방법이 없습니다. 오늘 우리 반대 팀은 TV 시청의 장단점을 균형 있게 판단하고, 찬성 팀 주장이 갖고 있는 방법론적 비현실성을 거론하면서 이를 보완할 수 있는 대안을 제시했다는 점에서 심판과 청중은 저희 팀을 지지해 줄 것이라고 확신합니다."

⊙ 반값 등록금을 실행해야 한다

다음 디베이트를 살펴보자. 〈반값 등록금을 실행해야 한다〉라는 주제로 학생들이 실제로 디베이트한 기록이다. 역시 입안 부분만 소개한다.

찬성 팀 의견부터 정리해 보자. 첫째로, "부담을 줄여준다"는 주장은 이 조치의 '효과'를 거론한 것이다. 둘째로, "한국 사회 자체가 대학을 권하는 사회다"는 어떻게 정리하면 좋을까? 내 생각에는 '대학 선택의 책임 소재'라고 메모해 두는 것이 좋겠다. 간단히 말해, 이는 '한국에서는 사회 분위기가 모두에게 대학 진학을 강요하고 있기 때문에, 이로 인해 유발되는 등록금 문제에서도 사회가 그 부담을 나누어 지는 것이 옳다'고 주장하는 것이기 때문이다.

반대 팀의 의견을 정리해 보자.

반대 팀은 첫째로, "세금을 개인적인 용도에 쓰는 것은 부당하다"고 주장하고 있다. 이는 '대학 교육의 효과 수혜자'라고 메모해 두는 것이 좋겠다. 간단히 말해, 대학 교육은 그것을 받는 개인에게 도움이 되는 것이기 때문에 개인이 비용을 부담하는 것이 옳다는 주장이기 때문이다. 둘째로, "대학 교육의 질이 떨어진다"는 '부작용'을 거론한 것인데, 이는 현재 한국의 반값 등록금 논란을 잘못 이해한 것이다. 등록금이 비싸니 모두 절반씩 내리라고 주장하는 것이 아니기 때문이다. 셋째로, "대학은 필수가 아니라 선택이다"는 '대학 선택의 책임 소재'라고 메모해 두는 것이 좋겠다. 대학은 개인의 선택에 따라 가는 것이라는 말이기 때문이다.

이제 이를 반영한 플로 차트를 써 보자. 그러니까, 각각의 주장을 개념화한 단어를 앞에 추가로 써 보자. 이렇게 각 주장을 개념화·추상화한 다음

플로 차트

찬성 팀 주장

1. **(효과)** 부담을 줄여 준다.
2. **(대학 선택의 책임 소재)** 한국 사회 자체가 대학을 권하는 사회다.

반대 팀 주장

1. **(대학 교육의 효과 수혜자)** 세금을 개인적인 용도에 쓰는 것은 부당하다.
2. **(부작용)** 대학 교육의 질이 떨어진다.
3. **(대학 선택의 책임 소재)** 대학은 필수가 아니라 선택이다.

에 비교해 보면, 각 주장의 요체가 뚜렷이 드러난다. 우선, 찬성 팀의 주장을 이렇게 요약해 보면 어떨까?

"오늘 찬성 팀은 한국에서 대학 선택의 책임 소재가 사회에 있다는 점을 명확히 하고, 반값 등록금 제도가 가정에 주는 효과를 들어 찬성하고 있습니다."

이렇게 요약하면 찬성 팀 주장이 훨씬 일목요연하게 정리된다. 이 말을 들은 심판과 청중은 고개를 끄덕일 것 같다.

반대 팀의 주장은 이렇게 요약이 가능하다.

"오늘 반대 팀은 우선 대학 선택의 책임 소재와 대학 교육의 효과 수혜자 모두가 개인이라는 점을 분명히 했습니다. 간단히 말해, 각자가 알아서 판단하고 결정한 것 인데다 그 혜택 또한 개인에게 돌아가기 때문에 반값 등록금 제도는 타당하지 않다는 것입니다. 게다가, 이 제도를 시행할 경우 대학 교육의 질이 떨어지는 부작용이 예상된다는 점을 들어 반대하고 있습니다."

이렇게 요약하면 반대 팀 주장이 훨씬 일목요연하게 정리된다. 이 말을 들은 심판과 청중은 고개를 끄덕일 것 같다.

자, 그럼 이 디베이트에서 쟁점이 된 것은 무엇일까? 이 디베이트에서는 '대학 선택의 책임 소재'가 쟁점이 되었다. 찬성 팀은 한국 사회가 이를 조장한다고 주장하고 있고, 반대 팀은 개인적 선택의 문제라고 주장하고 있다. 그리고 이 쟁점에 대한 입장에 따라 반값 등록금에 대한 찬반이 엇갈리고 있다. 결국, 이후의 디베이트에서는 이 문제를 두고 격론이 이어질 것이라고 예상할 수 있다.

그렇다면, 반대 측의 입장에서 오늘의 디베이트를 '요약'해 보자. 이렇게 할 수 있겠다.

"오늘 디베이트에서 쟁점이 된 것은 과연 한국 사회에서 대학 진학에 대한 책임이 사회에 있느냐 개인에게 있느냐였습니다. 찬성 팀은 한국 사회가 대학 진학을 조장하고 있기 때문에 사회가 등록금을 분담해야 한다고 주장하고 있습니다. 그리고, 그것이 가정의 부담을 줄여 주는 효과가 있다고 주장합니다. 이에 비해, 우리 반대 팀은 대학 선택을 최종 결정하는 것은 결국 개인인 데다 대학 교육의 혜택 또한 개인이 가져가기 때문에 개인이 등록금을 부담하는 것이 옳다고 주장했습니다. 세금을 개인적 용도에 쓰는 것은 부당하다는 것입니다. 게다가, 그럴 경우 정작 대학 교육의 질이 떨어질 수 있다는 점도 명확히 했습니다. 이에 심판과 청중은 저희 팀을 지지해 줄 것이라고 확신합니다."

◉ 애완동물의 안락사를 금지해야 한다

다음 디베이트를 살펴보자. 〈애완동물의 안락사를 금지해야 한다〉라는

찬성 팀

1. 모든 생명은 같다. 그 생사를 인간이 결정할 수 없다. 이는 신의 영역이다.

2. 불치병에 걸린 동물도 간혹 되살아나는 기적을 보일 때가 있다.

3. 안락사에 쓰이는 약물이 잘못 유통될 경우 대형 참사가 날 수 있다.

반대 팀

1. 불치병 혹은 사고로 고통당하는 동물의 고통을 줄일 수 있다.

2. 유기 동물을 관리하는 시설의 경우, 이런 제도가 없으면 보호시설이 꽉 차 오히려 도움이 필요한 동물들에게 피해를 줄 수 있다.

3. 주인의 도움을 받지 못하는 애완동물은 고통 속에 사느니 이렇게 하는 편이 더 낫다.

주제로 학생들이 실제로 디베이트한 기록이다. 역시 입안 부분만 소개한다.

찬성 팀 의견부터 정리해 보자. 첫째로, "모든 생명은 같다. 그 생사를 인간이 결정할 수 없다. 이는 신의 영역이다"는 찬성 팀이 이 주제를 바라보는 '전제'를 설명하고 있다. 둘째로, "불치병에 걸린 동물도 간혹 되살아나는 기적을 보일 때가 있다"는 이 조치의 '불완전성'을 거론하고 있다. 셋째로, "안락사에 쓰이는 약물이 잘못 유통될 경우 대형 참사가 날 수 있다.'는 '부작용'을 거론하고 있다.

반대 팀의 의견을 정리해 보자. 첫째로, "불치병 혹은 사고로 고통당하는 동물의 고통을 줄일 수 있다"는 이 조치의 '효과'를 말하고 있는 것이다. 둘째로, "유기 동물을 관리하는 시설의 경우, 이런 제도가 없으면 보호시설이 꽉 차 오히려 도움이 필요한 동물들에게 피해를 줄 수 있다"는 '필요성'을 제기하고 있는 것이다. 셋째로, "주인의 도움을 받지 못하는 애완동물은 고통 속에 사느니 이렇게 하는 편이 더 낫다"는 이 조치가 최선은 아니더라도 '차선책'은 될 수 있음을 알려 주고 있다.

이제 이를 반영한 플로 차트를 써 보자. 그러니까, 각각의 주장을 개념화한 단어를 앞에 추가로 써 보자.

이렇게 각 주장을 개념화·추상화한 다음에 비교해 보면, 각 주장의 요체가 뚜렷이 드러난다. 우선, 찬성 팀의 주장을 이렇게 요약해 보면 어떨까?

"오늘 찬성 팀은 생명은 신의 영역이라는 전제하에, 동물의 안락사가 갖고 있는 불완전성과 부작용의 우려를 들어 이 주제에 대해 찬성하고 있습니다."

이렇게 요약하면 찬성 팀 주장이 훨씬 일목요연하게 정리된다. 이 말을 들은 심판과 청중은 고개를 끄덕일 것 같다.

하지만, 이 주장에는 문제점이 있다. 첫째, '생명은 신의 영역'이라는 전

플로 차트

찬성 팀 주장

1. **(전제)** 모든 생명은 같다. 그 생사를 인간이 결정할 수 없다. 이는 신의 영역이다.
2. **(불완전성)** 불치병에 걸린 동물도 간혹 되살아나는 기적을 보일 때가 있다.
3. **(부작용)** 안락사에 쓰이는 약물이 잘못 유통될 경우 대형 참사가 날 수 있다.

반대 팀 주장

1. **(효과)** 불치병 혹은 사고로 고통당하는 동물의 고통을 줄일 수 있다.
2. **(필요성)** 유기 동물을 관리하는 시설의 경우, 이런 제도가 없으면 보호시설이 꽉 차 오히려 도움이 필요한 동물들에게 피해를 줄 수 있다.
3. **(차선책)** 주인의 도움을 받지 못하는 애완동물은 고통 속에 사느니 이렇게 하는 편이 더 낫다.

제가 잘못되었다. 실제로는, 사람들은 육식을 위해 심지어 동물을 길러 잡아먹기까지 한다. 비현실적인 전제를 말하고 있는 것이다. 둘째, 약물의 잘못된 유통으로 사고가 발생할 수 있다는 부작용은 꼭 이 경우에만 그런 것은 아니다. 부엌에 있는 조리용 칼도 잘못 유통되면 사고가 날 수 있고, 군대의 무기도 잘못 유통되면 사고가 발생한다. 그런 사고가 우려된다고 조리용 칼과 무기를 없애버릴 수는 없지 않은가?

반대 팀의 주장은 이렇게 요약이 가능하다.

"오늘 반대 팀은 동물의 안락사가 고통당하는 동물의 고통을 줄여 주는 효과가 있고, 유기 동물 관리 시설의 경우 원활한 관리를 위해 이런 제도가 필요하며, 이 조치가 최선은 아니더라도 차선책이 될 수 있다는 점을 들어 동물의 안락사 금지에 반대하고 있습니다."

이렇게 요약하면 반대 팀 주장이 훨씬 일목요연하게 정리된다. 이 말을 들은 심판과 청중은 고개를 끄덕일 것 같다.

자, 그럼 이 디베이트에서 쟁점이 된 것은 무엇일까? 이 디베이트에서는 아직 직접적인 쟁점은 형성되지 않았다. 찬성 팀은 애완동물의 안락사를 금지시켜야하는 이유를, 이 사안을 바라보는 전제와 이 조치의 불완전성, 부작용을 들어 설명하고 있다. 반대 팀은 애완동물의 안락사 조치가 필요한 이유를, 이 조치의 효과와 필요성을 들어 설명하고 있다. 그리고 결과적으로 이 조치가 최선은 아니더라도 차선을 될 수 있다고 설명하고 있다.

물론, 실제의 디베이트에서는 이후 반박이나 교차 질의 과정을 통해 쟁점이 형성될 수도 있을 것이다.

그렇다면, 반대 측의 입장에서 오늘의 디베이트를 '요약'해 보자. 이렇게 할 수 있겠다.

"오늘 디베이트에서 찬성 팀은 잘못된 전제와 잘못된 부작용을 거론했습니다. 찬성 팀은 모든 생명은 신의 영역이라 했는데, 이는 낭만적인 생각일 뿐, 현실과는 동떨어진 주장입니다. 약품이 잘못 유통될 경우 사고가 난다고 했는데, 이는 '구더기 무서워 장 못 담그는 격'입니다. 결국, 오늘 찬성팀은 애완동물의 안락사라는 조치의 불완전성 하나만을 들어 이 주제에 찬성하고 있는 것입니다. 이에 비해, 우리 반대 팀은 애완동물의 안락사가 필요한 이유, 가져오는 효과를 적절하게 설명했습니다. 우리 팀은 이 조치가 최선이라고 생각하지 않습니다. 다만 차선책은 될 수 있다고 봅니다. 오늘 이 주제에 대해 현실적인 입장을 제시한 우리 팀의 의견에 대해 심판과 청중은 우리 팀을 지지해 줄 것이라고 확신합니다."

요약 연습 8

성범죄자의 신상 공개 제도를 폐지해야 한다

다음 디베이트를 살펴보자. 〈성범죄자의 신상 공개 제도를 폐지해야 한다〉라는 주제로 학생들이 실제로 디베이트한 기록이다. 역시 입안 부분만 소개한다.

찬성 팀 의견부터 정리해 보자. 첫째로, "법은 형평성이 있어야 한다. 유독 성범죄자만 공개할 이유는 없다"는 '형평성'을 거론한 것이다. 둘째로, "연좌제다. 가족들이 고통을 겪는다"는 이 조치의 '피해'라고 정리할 수 있다. 셋째로, "범죄 예방 효과가 없다"는 '효과 없음'을 이야기하고 있다.

반대 팀의 의견을 정리해보자. 첫째로, "소수의 인권을 보호하기 위해

입안 부분 소개

찬성 팀

1. 법은 형평성이 있어야 한다. 유독 성범죄자만 공개할 이유는 없다.
2. 연좌제다. 가족들이 고통을 겪는다.
3. 범죄 예방 효과가 없다.

반대 팀

1. 소수의 인권을 보호하기 위해 다수의 이익을 포기할 수 없다. 이건 사회적 공익이다.
2. 성범죄의 희생자들은 주로 약자들이다. 약자를 보호하기 위해서는 어쩔 수 없다.
3. 범죄를 예방하는 효과를 거둘 수 있다.

다수의 이익을 포기할 수 없다. 이건 사회적 공익이다"는 이 사안을 바라보는 반대 팀의 '전제'를 말하고 있다. 둘째로, "성범죄의 희생자들은 주로 약자들이다. 약자를 보호하기 위해서는 어쩔 수 없다"는 이 조치의 '필요성'을 제기하고 있는 것이다. 셋째로, "범죄를 예방하는 효과를 거둘 수 있다"는 '효과'를 말하고 있다.

이제 이를 반영한 플로 차트를 써보자. 그러니까, 각각의 주장을 개념화한 단어를 앞에 추가로 써 보자. 이렇게 각 주장을 개념화·추상화한 다음에 비교해 보면, 각 주장의 요체가 뚜렷이 드러난다. 우선 찬성 팀의 주장을 이렇게 요약해 보면 어떨까?

"오늘 찬성 팀은 성범죄자의 신상 공개가 법의 형평성에 어긋난다는 점과 이 제도가 관련자의 가족에게 미치는 부작용을 제시하고, 무엇보다 이 조치가 효과가 없다는 점을 들어 이 주제에 대해 찬성하고 있습니다."

이렇게 요약하면 찬성 팀 주장이 훨씬 일목요연하게 정리된다. 이 말을

플로 차트

찬성 팀 주장

1. **(형평성)** 법은 형평성이 있어야 한다. 유독 성범죄자만 공개할 이유는 없다.
2. **(부작용)** 연좌제다. 가족들이 고통을 겪는다.
3. **(효과 없음)** 범죄 예방 효과가 없다.

반대 팀 주장

1. **(전제)** 소수의 인권을 보호하기 위해 다수의 이익을 포기할 수 없다. 이건 사회적 공익이다.
2. **(필요성)** 성범죄의 희생자들은 주로 약자들이다. 약자를 보호하기 위해서는 어쩔 수 없다.
3. **(효과)** 범죄를 예방하는 효과를 거둘 수 있다.

들은 심판과 청중은 고개를 끄덕일 것 같다.

반대 팀의 주장은 이렇게 요약이 가능하다.

"오늘 반대 팀은 우선 이 주제를 바라보는 전제로 '공공의 이익'을 제시하고, 현재 우리 사회에서 왜 이런 제도가 필요한지를 밝히고 있습니다. 나아가, 무엇보다 이 조치가 현재 우리 사회에서 큰 문제로 대두되고 있는 성범죄를 줄일 수 있는 효과가 있다는 점을 들어 반대하고 있습니다."

이렇게 요약하면 반대 팀 주장이 훨씬 일목요연하게 정리된다. 이 말을 들은 심판과 청중은 고개를 끄덕일 것 같다.

자, 그럼 이 디베이트에서 쟁점으로 형성된 것은 무엇일까? 이 디베이트에서 가장 큰 쟁점이 된 것은 조치의 '효과성' 여부이다. 이에 대해 찬성 팀은 효과가 없다고, 반대 팀은 효과가 있다고 주장하고 있다. 따라서, 이후 디베이트에서는 효과성 여부를 두고 격론이 이어지리라고 예상할 수 있다.

그렇다면, 반대 측의 입장에서 이 디베이트를 '요약'해 보자. 이렇게 할 수 있겠다.

"오늘 디베이트에서 제일 큰 쟁점은 성범죄자의 신상 공개 제도가 갖고 있는 효과성 여부였습니다. 찬성 팀은 이에 대해 효과가 없다고 하였습니다. 효과도 없는 데다 법의 형평성에 어긋나고, 부작용도 있다는 점을 들어 찬성했습니다. 이에 대해 우리 반대 팀은 이 제도의 효과가 있음을 디베이트 과정에서 실증했습니다. 무엇보다, 이 제도를 바라보는 관점에서 공공의 입장을 우선해야 한다는 점, 그리고 현재 한국 사회가 이런 제도를 필요로 하고 있다는 점을 심판과 청중은 기억해 주셔야 할 것입니다. 우리 팀은 심판과 청중이 저희 팀을 지지해 줄 것이라고 확신합니다."

◉ 요약 실습

자, 이제 실제로 요약을 실습해 보자. 아래에 두 가지 디베이트 입안 사례가 있다. 이에 대해 각각 키워드를 집어넣어 보고, 요약해 보자.

입안 사례 1: 대형 마트의 강제 휴무는 계속되어야 한다

> **찬성 팀**
>
> 1. (　　　　) 골목상권을 보호해야 한다.
> 2. (　　　　) 결과적으로 국가의 건전한 경제활동에 기여한다.
> 3. (　　　　) 대형 마트에서 일하는 사람들의 노동조건 개선에 필요하다.
>
> **반대 팀**
>
> 1. (　　　　) 이미 골목상권은 거의 없어졌다. 대부분 아파트에서 산다.
> 2. (　　　　) 소비자에게 저렴한 물품 공급을 가능케 해 준다.
> 3. (　　　　) 대형 마트가 알아서 할 일이다. 그들에게는 상행위에 대한 자유가 있다.

요약:

____

____

____

____

____

____

입안 사례 2: 억지로 하는 공부는 옳지 않다

찬성 팀

1. (   ) 효과가 떨어진다. 자발적으로 공부해야 한다.
2. (   ) 강제성보다는 충분한 동기부여가 더 효과적이다.
3. (   ) 평생 공부하는 버릇을 기르지 못한다.

반대 팀

1. (   ) 처음에 습관을 들이기 위해서는 약간의 강제성을 부여하는 것이 좋다.
2. (   ) 인생을 살면서 하고 싶은 것만 할 수는 없다. 억지로 해야하는 일도 있다.
3. (   ) 학창 시절에는 공부가 가장 중요하다. 이 시기에는 어쩔 수 없다.

요약:

____

____

____

____

____

____

____

◉ 마지막 초점 하는 방법

퍼블릭 포럼 디베이트의 마지막 순서인 마지막 초점이다. 이 순서가 마지막 순서임을 기억하자. 이 말의 뜻은, 이 순서가 끝난 다음 심판이 채점을 한다는 것이다. 그렇다면, 심판이 채점을 하기 직전, 우리 팀이 가장 강조하고 싶은 점을 제시해야 할 것이다. 그래서 이름이 '마지막' '초점'이 되었다.

우선, 실제 디베이트 현장에서 나타나는, 마지막 초점과 관련된 실수들을 검토해 보자.

첫 번째 실수는, 마지막 초점 순서에서 또 다시 자신들의 의견을 장황하게 늘어놓는 것이다. 하지만, 이는 반복에 불과하다. 주장을 반복하는 순서라면 디베이트에서 빼 버려도 좋을 것이다. 그런데도 디베이트 순서에 있다면, 그와는 다른 접근을 요구하는 것이 아닐까? 어떻게 하는 것이 채점을 앞둔 심판의 마음을 움직이는 방법일까?

두 번째 실수는 지나친 감정적 접근이다. 심판의 마음을 움직여야 한다는 생각에서, 이 순서를 감정적으로만 접근하는 것이다. 어떤 사람은 마지막 초점 분위기를 엄숙하게 가져가려고 하고, 어떤 사람은 심지어 눈물을 유도하기도 한다. 하지만, 디베이트는 논리의 대결이라는 점을 기억하자. 논리에 기초하지 않은 감정적 접근은 "제발 우리 팀이 이겼다고 해 주세요"라고 애원하는 것과 뭐가 다를까?

결국, 마지막 초점은 그날의 디베이트에서 제시된 여러 가지 주장 중에서 마지막으로 재확인하고 싶은 포인트에 집중되어야 한다. 포인트가 꼭 한 가지일 필요는 없다. 다만, '마지막 강조'라는 점을 기억하자.

심판이 채점하기 직전 무엇을 재확인하면 좋을까? 세 가지 예를 들어 보자.

〈성범죄자의 신상 공개 제도를 폐지해야 한다〉라는 주제에서 찬성 팀의 마지막 초점을 맡았다고 하자. 실제 디베이트는 워낙 다양하게 진행되기 때문에, 마지막 초점이 달라질 수 있다. 여기서는 한 가지 예만 들어 본다.

"오늘 디베이트에서 저희 찬성 팀이 마지막으로 심판과 청중에게 호소하고 싶은 것은 성범죄자의 신상 공개가 효과가 없다는 점입니다. 저희도 성범죄 피해자들의 입장을 생각하면 마음이 아픕니다. 무언가 대책이 필요한 것은 사실입니다. 하지만, 아무런 효과도 없는 제도를 시행한다면 성범죄는 줄어들지 않을 것입니다. 우리는 오늘의 디베이트에서 이 조치가 효과 없음을 다양한 통계와 자료를 통해 입증했습니다. 우리는 다른 방법을 찾아야 합니다. 그렇지 않을 경우 법의 형평성에 어긋나고, 부작용이 많다는 비난만 받게 될 것입니다. 이런 점을 감안할 때, 오늘 심판과 청중께서는 우리 팀의 손을 들어 주실 것이라고 확신합니다. 성범죄자의 재범율을 낮추기 위해서는 좀 더 효과적인 방법이 필요합니다. 신상 공개는 효과 없습니다."

〈반값 등록금을 실행해야 한다〉라는 주제에서 찬성 팀의 마지막 초점을 맡았다고 하자. 실제 디베이트는 워낙 다양하게 진행되기 때문에, 마지막 초점이 달라질 수 있다. 여기서는 한 가지 예만 들어 본다.

"오늘 디베이트에서 저희 찬성 팀이 마지막으로 심판과 청중에게 호소하고 싶은 것은 대학 교육의 공익성입니다. 지금 전 세계는 신자유주의로 인해 몸살을 앓고 있습니다. 우리나라가 이 경쟁에서 살아남는 길은 인재 육성밖에 없습니다. 우리나라가 자원이 풍족합니까, 땅이 넓기를 합니까? 그동안 해 온 대로, 우리는 인재 육성을 통해 경제성장을 추구해야합니다. 그러자면 대학 교육이 대폭 강화되어야 합니다. 등록금 문제로 인해 대학 교육이 위축되는 것은 장기적으로 볼 때 큰 손해입니다. 이런 점을 감안할 때, 오늘 심판과 청중께서는 우리 팀의 손을 들어 주실 것을 확신합니다. 반값 등록금은 우수한 인재 육성을 위한 우리 사회의 투자입니다. 반값 등록금이 우리의 밝은 미래를 보장합니다."

〈가정에서 TV를 없애야 한다〉라는 주제에서 반대 팀의 마지막 초점을 맡았다고 하자. 실제 디베이트는 워낙 다양하게 진행되기 때문에, 마지막

세 시간 가까이 기다린 선생님들

모 고등학교에서 선생님들을 대상으로 하는 디베이트 연수가 열렸다.

시간은 월요일 공휴일이 낀 연휴의 토요일. 그러니까 선생님들은 크게 무리를 해서 황금 연휴 중에도 디베이트 연수를 받으려 한 것이다. 시간은 오전 9시부터 저녁 6시까지.

나는 대개 강연장에 30분 일찍 가려고 애를 쓴다. 주최 측의 걱정을 알기 때문이다. 그래서 이날도 넉넉하게 강남 고속버스 터미널에서 출발했다. 하지만 아뿔싸, 연휴, 그것도 봄나들이 최적의 연휴라는 점을 감안하지 못했다.

고속버스가 서울 톨게이트를 통과하는 데만 걸린 시간이 1시간. 고속버스는 원주까지 내내 이렇게 기어갔다. 영동고속도로에는 버스 전용차선이 없다는 것도 이번에 처음 알았다.

나는 가면서 계속 휴대폰으로 담당 선생님에게 현장 중계를 했다. "지금 영동고속도로에 접어들었습니다." "이제 이천을 지났습니다." "지금 영동고속도로를 벗어났습니다." 하지만, 현장 중계를 한다고 고속버스가 일찍 가나. 버스는 내내 기었다.

결국, 현장에 도착한 것이 11시 40분. 아, 약속 시간에서 무려 두 시간 사십 분이 지나있었다. 선생님들의 화난 얼굴을 생각하니 진땀이 흘렀다.

그런데 현장의 선생님들은 의외로 담담했다. 우선 연수를 진행해야 하는지라 나도 별일 없다는 듯한 태도를 유지했다. 속은 새카맣게 타들어 가고 있었지만 말이다.

결국, 그 학교에 한 번 더 가서 학생들을 대상으로 디베이트 강연을 무료로 진행했다. 그리고 그때 참가하신 선생님들에게는 모두 디베이트 책을 한 권씩 선물했다. 그로써 미안함이 씻기는 것은 아니지만, 어쨌거나 그렇게 끝냈다. 지금 생각해 봐도 연휴를 반납하고 기다리고 계셨던 선생님들께 너무 죄송하다.

초점이 역시 달라질 수 있다. 여기서는 한 가지 예만 들어 본다.

"오늘 디베이트에서 저희 반대 팀이 마지막으로 심판과 청중에게 호소하고 싶은 것은 오늘 주제의 비현실성입니다. 가정에서 TV를 없애야 한다지만, 이를 어떻게 합니까? 한 달에 한 번씩 공무원이 가정을 방문하여 TV가 있는지 확인할 것인가요? 찬성 팀이 제기하는 문제가 옳다고 하더라도, 저희 팀의 일관된 주장은 '이 조치는 가능하지 않다'는 것입니다. 가능하지 않은 일을 하려고 한다면, 이는 머릿속 관념에서만 가능할 것입니다. 이런 점을 감안할 때, 오늘 심판과 청중께서는 우리 팀의 손을 들어 주실 것을 확신합니다. 가정에서 TV 시청은 올바른 방법으로 유도하는 게 맞습니다. 이를 아예 없앤다고 하는 주장은 비현실적입니다."

　마지막 초점은 이상과 같은 것이다. 우리 팀의 여러 가지 주장 중 심판에게 꼭 다시 확인하고 싶은 포인트를 제시하는 것이다. 이는 두 가지 효과가 있다. 우리 팀으로서는 심판에게 우리를 지지해 달라는 근거를 제시할 수 있다. 심판으로서는 마지막 초점을 맡은 학생이 오늘의 디베이트에서 무엇을 전략적 관건으로 생각하는지, 그 안목을 확인한다는 의미가 있다. 마지막 초점은 디베이터의 전략적 안목을 살펴볼 수 있는 계기가 된다.

◉ 마지막 초점 실습

　자, 이제 실제로 마지막 초점을 연습해 보자. 다음의 네 가지 디베이트 주제에 대해 마지막 초점을 어떻게 하면 좋을지 생각해 보자.

주제 1: 가축의 대량 사육과 생산은 정당하다

____

____

____

____

주제 2: 대형 마트의 강제 휴무는 계속되어야 한다

주제 3: 제2 시화호 개발을 금지해야 한다

주제 4: 당나라를 끌어들인 신라의 삼국 통일은 정당하다

부록

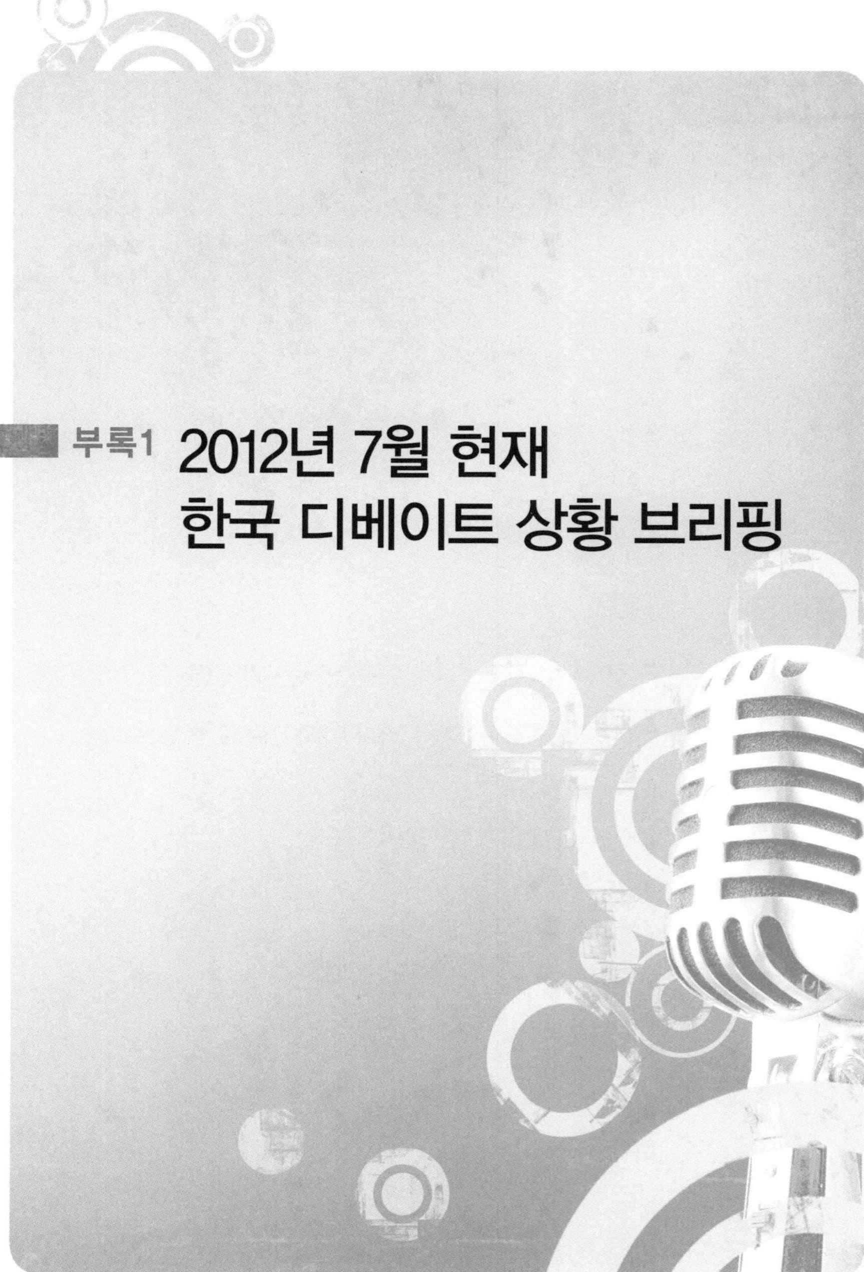

2012년 7월 현재
한국 디베이트 상황 브리핑

필자가 한국에 와서 디베이트 확산을 위한 노력을 시작한 것이 2010년 12월. 그러니까, 얼추 1년 반이 지났다. 그 사이 일어났던 주요한 일들을 기억해 봤다. 독자 분들이 이를 통해 한국의 디베이트 발전을 실감하고, 큰 힘을 얻으시기 바란다.

한국 디베이트 코치 4,200여 명 양성 2012년 7월 현재 한국의 디베이트 코치는 총 4,200여 명인 것으로 집계되고 있다. 2010년 12월 현재 거의 없었던 것에 비하면 상전벽해와도 같은 변화다. 이 중 현직 선생님들이 약 2,000여 명으로 집계된다. 현직 선생님들을 중심으로 디베이트가 확산되고 있는 것은 고무적인 일이다. 어떤 지역은 교육청 단위로, 어떤 지역은 학교 단위로, 어떤 지역은 교사 동아리 단위로 디베이트 코치 양성이 진행되고 있다.

대구교육청, 대구를 디베이트 중심 도시로 육성 한국의 첫 번째 디베이트 붐은 대구교육청에서 일었다. 대구교육청은 대구를 디베이트 중심 도시로 육성한다는 목표하에 토요 디베이트 학교 운영, 방과 후 디베이트 수업 운영, 디베이트 코치 양성, 디베이트 대회 운영 등 다양한 활동을 펼쳐 모범이 되고 있다. 특히 대구교육청은 1,000여 명의 학부모 디베이트 코치와 1,500여 명의 선생님 디베이트 코치를 양성했다. 2012년 봄 대구교육청에서 집계한 바에 의하면, 현재 대구에서는 약 550개의 디베이트 클럽에서 약 만 명의 학생들이 디베이트 활동에 참여하고 있다. 적어도 대구에서 디베이트는 주류 교육 방법이 되었다.

전주교육청, 디베이트를 2012년 특색 사업으로 지정 전주교육청은 디베이트를 2012년의 특색 사업으로 지정했다. 이를 위해 전주교육청은 2011년 가을 8주에 걸쳐 32명의 선생님과 학부모를 디베이트 지도사로 양성하고, 연말에는 지리산가족호텔에서 1박 2일의 워크숍까지 진행했다. 등록 신청한 32명 모두가 수료하고 청강생까지 나오는 등, 성공적인 과정이었다. 2012년 4월 디베이트 활동 희망 학교를 모집했는데, 96개 학교가 신청했으나 코치진 부족으로 25개 학교에서만 해야 했다. 이후 부족한 코치진을 43명 추가로 양성했다.

각 시도 교육청, 디베이트 수업 공교육 적용 노력 확산   대전, 김제, 부산, 경기, 충북, 전남, 경산 교육청 등에서도 디베이트를 공교육에 적용하기 위해 노력하고 있다. 어떤 교육청은 학생들을 대상으로, 어떤 교육청은 선생님들을 대상으로 디베이트 프로그램을 운영하고 있다. 그 밖에 화성시, 광명시 등의 지자체에서도 디베이트 확산에 노력하고 있다. 특히 대전에서는 대전광역시 의회에서 관심을 보여 더욱 활발한 디베이트 활동이 예상된다.

디베이트 관련 서적 출판 봇물   1987년 최초의 관련 서적이 공식으로 국내에 소개되었으나 2011년까지 답보 상태를 면치 못했던 디베이트/토론 관련 출판이 2011년 2월『대한민국 교육을 바꾼다, 디베이트』출간으로 붐을 이루게 되었다. 교보문고에 따르면, 2011년에만 총 20종의 디베이트 관련 서적이 출간되었다. 투게더 디베이트 클럽이 만든 디베이트 초보자들을 위한『디베이트 첫걸음』이란 책도 2012년 발행되어 화제다.

전국 초·중·고 학생 디베이트 대회 성료   전문적이고 본격적인 디베이트 대회를 선보인다는 목표하에 한국기자협회와의 협력으로 시작한 전국 초·중·고 학생 디베이트 대회가 2011년 5월 29일 서울교대에서, 2011년 11월 13일 건국대에서, 2012년 5월 27일 경희대에서 연달아 개최되어 디베이트에 대한 관심을 높였다. 특히 3회 대회의 경우 예선과 본선을 나눠, 이전에 비해 두 배의 참가자를 받아들였으나 접수 한 시간 만에 80%가 마감되는 성황을 이뤘다. 3회 대회 때는 교과부 장관과 서울시 교육감께서 상을 내놓아 학생들이 더욱 좋아했다.

서울대, 디베이트 코치 과정 개설 한국 교육의 상징 서울대에서 디베이트 코치 과정이 개설되었다. 2011년 12월 첫 번째 프로그램이 공고된 이후, 비슷한 프로그램 중에서 가장 빨리 마감되어 주목을 받았다. 서울대는 이 과정을 관악구청과의 공동 사업으로 2012년 5월에도 실시하여 큰 호응을 받았다.

디베이트 철학 캠프 인기 방학마다 본격적인 디베이트 철학 캠프가 열려 호응을 받았다. 〈정의란 무엇인가, 우리는 디베이트로 읽는다〉를 주제로 2011년 8월 1일부터 5일까지 진행된 제1회 디베이트 철학 캠프는 캠프가 끝난 후에도 부산남고, 다사고 등 여러 곳에서 리바이벌되는 등 인기를 끌었다. 제2회 디베이트 철학 캠프는 2012년 1월 고려대 조치원 캠퍼스에서 〈신자유주의, 국가의 역할은 바뀌어야 하는가〉를 주제로 열렸다. 제3회 디베이트 철학 캠프는 〈2012년 한국의 대통령 선거를 앞두고 묻는다, 리더란 무엇인가〉를 주제로 2012년 여름방학에 열렸다. 디베이트 철학 캠프는 마니아 학생들까지 생겨날 정도로 인기를 끌고 있다.

명지대 토론 지도 석사 과정 개설 2012년 2학기부터, 명지대학교 사회교육대학원 평생교육학과 내에 토론 지도 석사 과정이 개설된다. 5학기 과정이고, 석사 학위를 부여한다. 디베이트가 이제는 한국의 대학강단에도 공식으로 자리 잡는다는 의미가 있다. 명지대 측은 "한국 교육이 토론식으로 바뀌어야 한다는 것은 모두가 공감하는 바였지만, 그동안 토론 전문 교육 인력이 부족하여 학교 현장에서 토론 교육의 활성화가 이뤄지지 않았다. 이번에 개설되는 명지대의 토론 지도 석사 과정은 수준 높은 토론 교육 인력을 양성할 수 있는 전문가를 길러 토론 붐을 학문적으로 뒷받침하겠다는 것이 목표다"라고 설명했다.

《한국디베이트신문》 창간 2011년 한국의 디베이트 코치가 1,000명을 넘어서면서, 이들의 네트워킹을 위한 비영리 교육신문인 《한국디베이트신문》이 2011년 12월 4일 창간되었다. 《한국디베이트신문》은 전국의 디베이터와 디베이트 코치들에게 디베이트 관련 정보와 소식을 전하는 임무를 성실히 수행하고 있다. 《한국디베이트신문》의 웹사이트는 www.KoreaDebate.org다.

한국디베이트코치 자격증 신설 한국디베이트코치협회는 2012년 5월, 한국직업능력개발원으로부터 디베이트 코치 민간 자격증 1, 2, 3급 인가를 받았다. 이를 통해 한국 디베이트가 좀 더 공식화되고 업그레이드되기를 희망한다. 참고로, 지금까지는 정부 기관에 등록된 정식 디베이트 코치 자격증이 없어, 디베이트 코치 과정을 이수했을 경우 수료증을 수여하는 데 그쳤었다.

한국디베이트코치협회 이런 일들이 좀 더 공식적인 차원에서 이뤄지도록 비영리 기관으로 한국디베이트코치협회를 결성했다. 《한국디베이트신문》은 한국디베이트코치협회 기관지이기도 하다. 한국디베이트코치협회는 한국디베이트코치 자격증을 운영한다. 서울시로부터 특수교육 연수 기관으로 지정받기도 했다. 한국디베이트코치협회의 웹사이트는 www.

KoreaDebate.org다.

디베이트 교재 개발 　투게더 디베이트 클럽은 공교육에서 1년 동안 디베이트 활동을 진행할 수 있는 초·중·고별 디베이트 교재를 개발해서 공급하고 있다. 이 책은 초등학교, 중학교, 고등학교에서 1년 동안 쓸 수 있는 34차시 디베이트 교재 3권으로 이뤄졌다. 각 권은 초등·중등·고등 각 수준에 맞는 주제를 선정, 학생들이 이를 준비할 수 있도록 꾸며졌다. 또, 이와는 별도로 디베이트 코치를 위한 코칭 가이드를 만들었다. 이 자료는 우선 교육청 및 학교를 대상으로 공급되고 있다. 2012년 7월부터 민간 디베이트 코치들도 활용할 수 있는 새로운 디베이트 매뉴얼을 만들어 공급하고 있다.

대전광역시 의회 디베이트 교육 프로그램 만족도 조사

　대전광역시 의회(남진근, 권중순 의원)는 2012년 5월 16일 오후 대전시교육청 대강당에서 교육청 교육 정책 관련 직원 및 교사, 교육 단체, 학부모 등 350여 명이 참석한 가운데 입시 위주의 주입 및 암기식 교육의 폐해 해소를 위한 디베이트 특강을 주관했다. 이 특강에는 이 책의 저자인 케빈 리와 한원경 교장(경북대학교 사범대학 부속중학교)이 '대한민국 교육을 바꾼다'라는 주제로 디베이트 교육 활성화를 위한 강의를 했다. 이 강의 후, 대전시 의회는 현직 선생님들을 대상으로 한 설문 조사를 통해 그 반응을 조사했다. 디베이트에 대한 기대와 반응을 처음으로 수치화한 자료라 소개한다. 디베이트에 대한 교육 현장의 반응은 이렇게 열렬하다.

조사 목적

- 교직원 대상 디베이트 특강의 만족도
- 교직원의 디베이트 교육의 효과에 대한 인식 및 태도
- 교직원의 디베이트 교육 프로그램 운영 의사

조사 대상 대전 지역 교직원(교장, 교감, 교사) 200명

유효 표본 150명

조사 내용

1. 디베이트 교육 특강 만족도
2. 디베이트의 학습 방법 개선 효과
3. 디베이트의 학생 학습 역량 및 토론 역량 강화 효과
4. 디베이트의 자기 주도 학습 역량 향상 효과
5. 디베이트 방과 후 학습 프로그램 운영 의사
6. 디베이트 직무 연수 참여 의사
7. 토요 디베이트 학교 운영 의사
8. 디베이트 교육의 성공적 운영을 위한 선결 과제

1. 디베이트 교육 특강 만족도

질문 본 디베이트 교육 특강에 대해 전반적으로 만족하셨습니까?

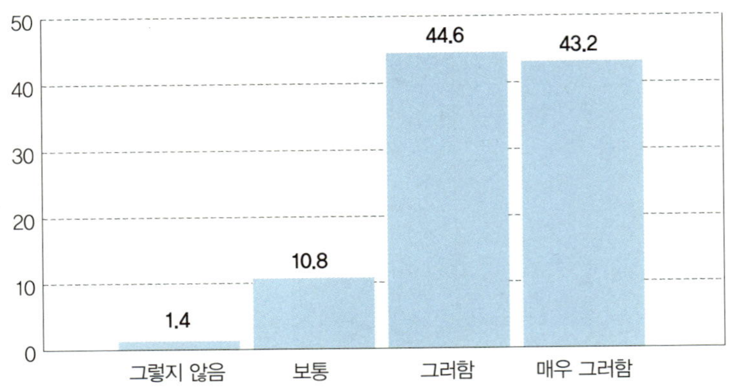

구분	매우 그러함	그러함	그렇다	보통	그렇지 않음	전혀 그렇지 않음	그렇지 않다	합계
비율(%)	43.2	44.6	87.8	10.8	1.4	0	1.4	100
빈도(명)	64	66	130	16	2	0	2	148

디베이트 교육 특강에 대해 전반적으로 만족하였는지에 대해 응답자의 43.2%가 '매우 그러함'이라고 응답하였고, 44.6%가 '그러함'이라고 응답함. 즉, 응답자의 87.8%가 디베이트 교육 특강에 대해 만족하였다고 응답함.

2. 디베이트의 학습 방법 개선 효과

질문 디베이트가 교사들의 교육 학습 방법 개선에 도움이 된다고 생각하십니까?

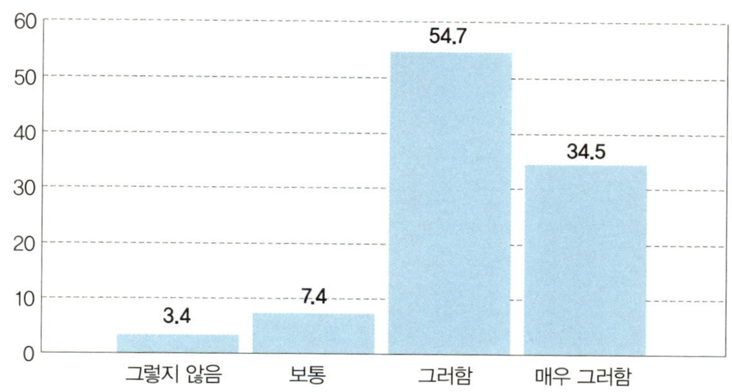

구분	매우 그러함	그러함	그렇다	보통	그렇지 않음	전혀 그렇지 않음	그렇지 않다	합계
비율(%)	34.5	54.7	89.2	7.4	3.4	0	3.4	100
빈도(명)	51	81	132	11	5	0	5	148

디베이트가 교사들의 교육 학습 방법 개선에 도움이 된다고 생각하는지에 대해 응답자의 34.5%가 '매우 그러함'이라고 응답하였고, 54.7%가 '그러함'이라고 응답함. 응답자의 89.2%, 즉 10명 중 9명이 디베이트에 대한 교사들의 학습이 교육 학습 방법 개선으로 이어질 것으로 판단하고 있었음.

3. 디베이트의 학생 토론 및 학습 역량 강화 효과

질문　디베이트가 학생들의 토론 및 학습 역량 강화에 도움이 된다고 생각하십니까?

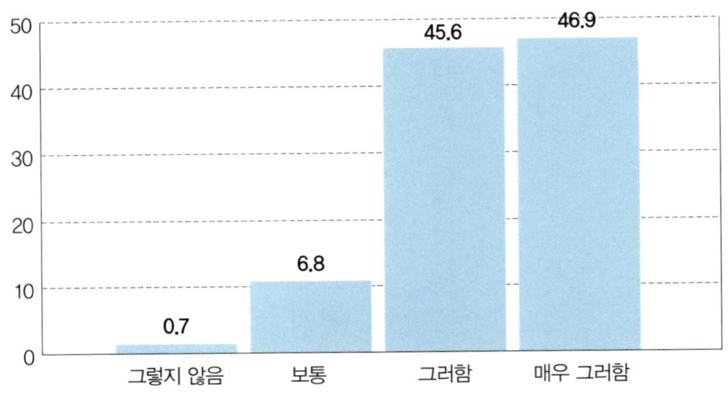

구분	매우 그러함	그러함	그렇다	보통	그렇지 않음	전혀 그렇지 않음	그렇지 않다	합계
비율(%)	46.9	45.6	92.5	6.8	0.7	0	0.7	100
빈도(명)	69	67	136	10	1	0	1	147

　　디베이트가 학생들의 토론 및 학습 역량 강화에 도움이 된다고 생각하는지에 대해 응답자의 46.9%가 '매우 그러함'이라고 응답하였고, 45.6%가 '그러함'이라고 응답함. 응답자의 92.5%, 즉 10명 중 9명 이상이 디베이트가 학생들의 토론 및 학습 역량 강화에 도움이 될 것으로 인식하고 있었음.

4. 디베이트의 자기 주도 학습 역량 향상 효과

질문　디베이트가 기존의 독서 논술 지도 방법에 비해 학생들의 자기 주도적 학습 역량 향상에 더 도움이 된다고 생각하십니까?

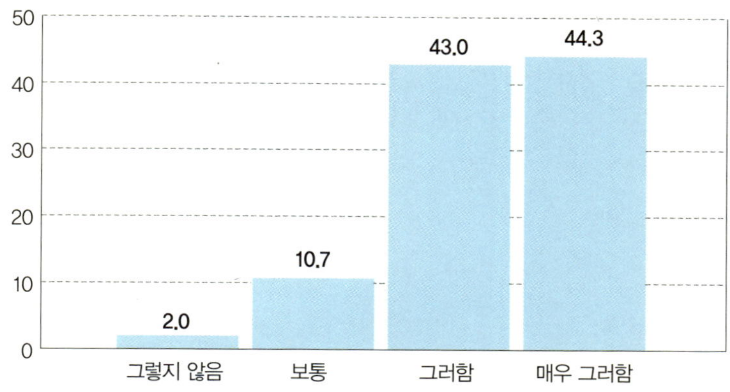

구분	매우 그러함	그러함	그렇다	보통	그렇지 않음	전혀 그렇지 않음	그렇지 않다	합계
비율(%)	44.3	43.6	87.9	10.7	2	0	2	100
빈도(명)	66	64	130	16	3	0	3	149

　디베이트가 기존의 독서 논술 지도 방법에 비해 학생들의 자기 주도적 학습 역량 향상에 더 도움이 된다고 생각하는지에 대해 응답자의 44.3%가 '매우 그러함'이라고 응답하였고, 43.6%가 '그러함'이라고 응답함. 즉, 응답자의 87.9%가 디베이트가 기존의 독서 논술 지도 방법에 비해 학생들의 자기 주도적 학습 역량 강화에 더 효과적인 것으로 판단하였음.

5. 디베이트 방과 후 학습 프로그램 운영 의사

질문 디베이트 교육 프로그램을 방과 후 학습에 도입하여 운영해 볼 생각은 있습니까?

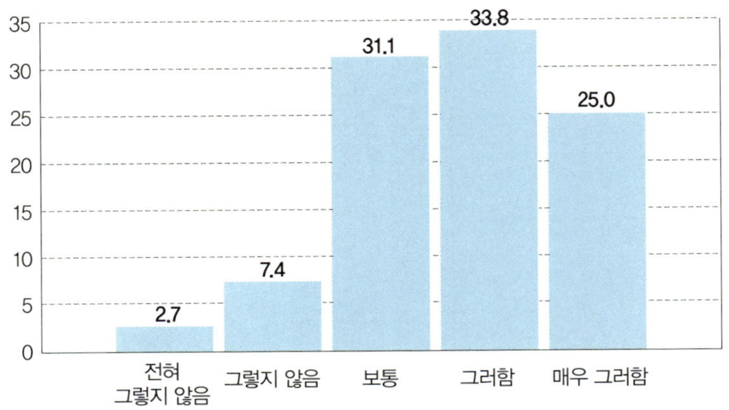

구분	매우 그러함	그러함	그렇다	보통	그렇지 않음	전혀 그렇지 않음	그렇지 않다	합계
비율(%)	25	33.8	58.8	31.1	7.4	2.7	10.1	100
빈도(명)	37	50	87	46	11	4	15	148

　　디베이트 교육 프로그램을 방과 후 학습에 도입하여 운영할 의사가 있는지에 대해 응답자의 25%가 '매우 그러함'이라고 응답하였고, 33.8%가 '그러함'이라고 응답함. 응답자의 58.8%, 즉 2명 중 1명의 교직원들이 디베이트 관련 방과 후 학습 프로그램을 운영해 볼 의사가 있는 것으로 나타났음.

6. 디베이트 직무 연수 참여 의사

질문 본 디베이트 교육 특강 참여 후 교육청이나 연수 기관에서 디베이트 연수 프로그램(교사 직무 연수, 학부모 연수, 디베이트 코치 과정 등)을 개설한다면 참여할 의사가 있으십니까?

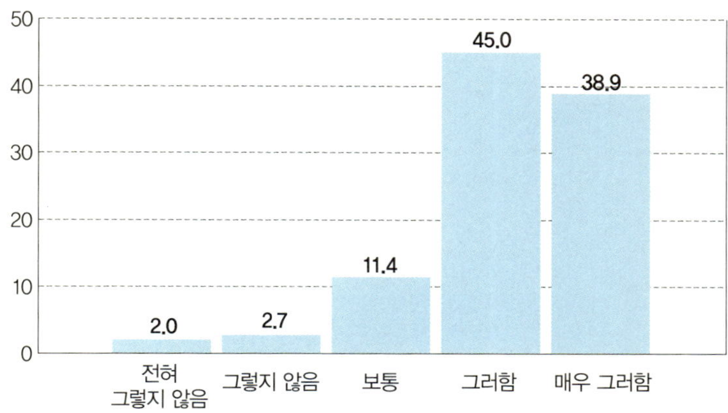

구분	매우 그러함	그러함	그렇다	보통	그렇지 않음	전혀 그렇지 않음	그렇지 않다	합계
비율(%)	38.9	45	83.9	11.4	2.7	2	4.7	100
빈도(명)	58	67	125	17	4	3	7	149

교육청이나 연수 기관에서 디베이트 연수 프로그램을 개설한다면 참여할 의사가 있는지에 대해 응답자의 38.9%가 '매우 그러함'이라고 응답하였고, 45%가 '그러함'이라고 응답함. 즉, 응답자의 83.9%가 디베이트 연수 프로그램에 참여할 의사가 있는 것으로 나타나, 디베이트에 대한 관심이 매우 높은 것을 알 수 있음.

7. 토요 디베이트 학교 운영 의사

질문　본 디베이트 교육 프로그램을 활용하여 토요 디베이트 학교를 운영해 볼 생각은 있으십니까?

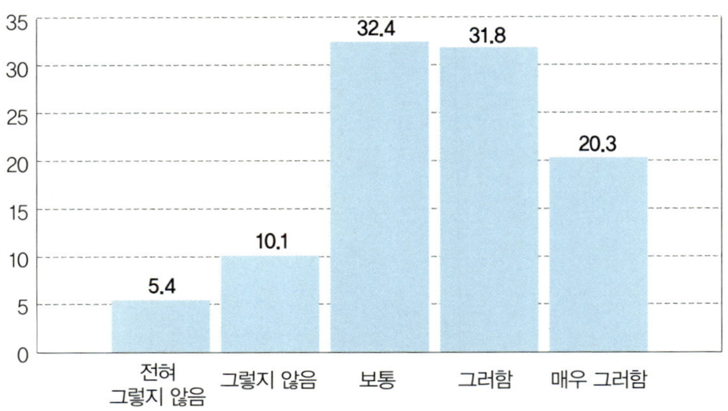

구분	매우 그러함	그러함	그렇다	보통	그렇지 않음	전혀 그렇지 않음	그렇지 않다	합계
비율(%)	20.3	31.8	52.1	32.4	10.1	5.4	15.5	100
빈도(명)	30	47	77	48	15	8	23	148

　디베이트 교육 프로그램을 도입하여 토요 디베이트 학교를 운영할 의사가 있는지에 대해 응답자의 20.3%가 '매우 그러함'이라고 응답하였고, 31.8%가 '그러함'이라고 응답함. 즉, 응답자의 52.1%가 토요 디베이트 학교를 운영할 의사가 있는 것으로 나타났음.

8. 디베이트 교육의 성공적 운영을 위한 선결 과제

질문 본 디베이트 교육 프로그램을 각 학교에서 성공적으로 운영하기 위해서는 무엇이 선결되어야 한다고 생각하십니까?

- 디베이트 교육의 성공적인 운영을 위한 선결 과제에 대한 의견을 주관식으로 질문하였는데 150명의 응답자 중 82명이 응답하여 55%의 응답률을 보였음.

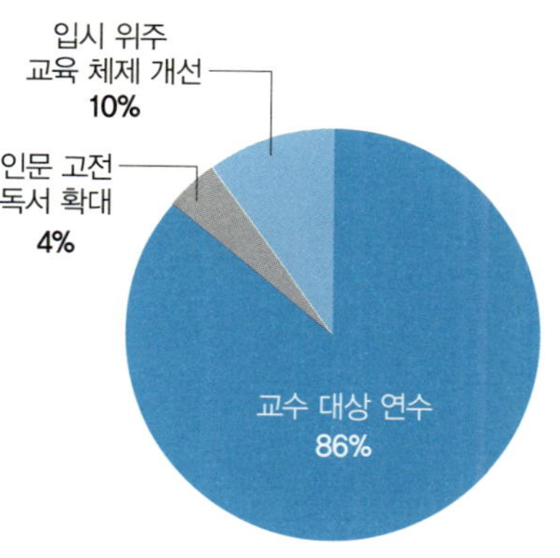

- 대부분의 응답자들(86%)은 디베이트 교육의 효과, 의의, 방법 등에 대한 교사 대상 연수 기회가 선행되어야 한다는 의견을 보여 주었음. 또한 디베이트를 위한 자료 개발과 더불어 학급당 인원수의 감축도 필요하다는 의견을 주었음.
- 또한 학생들 대상으로 독서 시간을 충분히 확보해야 하며 특히 인문 고전에 대한 독서 확대를 통해 생각하는 힘과 방법을 길러 주어야 한다는 의견(4%)도 있었음.
- 현재의 입시 경쟁 위주의 교육 체제하에서 어려운 점들이 많기 때문에 입시 위주의 교육 체제 개선이 선행되어야 한다는 의견이 9명으로 10% 정도를 차지하였음.

부록3 디베이트 용어 사전

다음은 필자가 정리한 디베이트 용어 사전이다. 궁금한 용어가 있다면
Editor@KoreaDebate.org로 보내 주기 바란다. 이 내용은《한국디베이트
신문》(www.KoreaDebate.org)에 계속 업데이트할 예정이다.

가치 전제(Value Premise)　링컨 더글러스 디베이트에서 자신의 입장을 증
　　명하기 위해 먼저 내거는 가치의 기준.

가치 주제　디베이트 주제 분류의 한 가지. '무엇이 무엇보다 낫다', 혹은
　　'무엇은 정당하다, 옳다'는 형태의 주제를 가리킨다.

고전적 토론　교차 조사가 도입되기 전의 디베이트의 한 종류. 입론 부분
　　에서 찬–반–찬–반의 순서로 진행하고, 반박 부분에서는 반–찬–
　　반–찬의 순서로 진행한다.

교차 조사(Cross Examination)　디베이트 입안 이후 상대방 팀이 짧은 질문
　　을 통해 입안 내용을 확인하고 반박하는 것. 교차 질의와는 달리 질문
　　자와 답변자가 구별되어 있다.

교차 질의(Crossfire)　퍼블릭 포럼 디베이트에서 입안 혹은 반박을 맡은
　　사람끼리 서로 짧은 질문을 통해 발언 내용을 확인하고 반박을 하는
　　것. 교차 조사와는 달리 서로 질문하고 답할 수 있다.

디베이트　찬성과 반대로 나누어 사전에 발언 순서와 시간을 정해서 하는
　　형식적 제약이 큰 토론 방식.

디베이트 형식(Debate Format)　디베이트의 구체적인 방법. 링컨 더글러스
　　디베이트, 의회식 디베이트, 팔리시 디베이트, 퍼블릭 포럼 디베이트
　　등이 있다.

디베이트 코치　디베이트를 지도하는 사람.

로켓 사이언스(Rocket Science)　미국에서 2007년 개봉된 영화. 디베이트
　　를 소재로 하고 있지만, 청소년기의 방랑에 초점을 두고 있다. 감독은

제프리 블리츠(Jeffrey Blitz), 주연은 리스 톰슨(Reece Thompson).

링컨 더글러스(Lincoln-Douglas) 디베이트　LD 디베이트라고도 부른다. 가치 디베이트(Value Debate)란 별명이 있다. 1858년에 미국 일리노이 주에서 열린 링컨과 더글라스의 상원의원 선거를 모델로 만들어진 디베이트 형식. 1:1 디베이트란 특징이 있다. 미국에서는 두 달에 한 번씩 주제가 부여된다.

미국 의회식 디베이트(Congress Debate)　미국 의회에 제출된 법안을 대하는 자세로 주어진 주제에 대한 조사를 통해 찬성과 반대의 입장을 개진하는 디베이트. NFL에서 1938년부터 다뤄 왔는데, 최근 10~20년 사이 고등학생 디베이트에 확산되었다. 학생 의회 디베이트(Student Congress Debate), 입법 디베이트(Legislative Debate)라고 부르는 사람도 있다.

사실 주제　디베이트 주제 분류의 한 가지. 주어진 명제가 사실인지 여부를 토론한다.

수업 형식(클래스 포맷, Class Format)　디베이트 클래스를 할 때 어떻게 시간을 운영하고, 어떤 순서를 두어 운영하느냐를 정한 형식. 디베이트 코치별로 다를 수 있다.

심판(Judge)　디베이트의 승패를 결정하는 사람.

전체 교차 질의(Grand Crossfire)　퍼블릭 포럼 디베이트에서 요약 이후 전체 디베이트 참가자들끼리 서로 짧은 질문을 통해 발언 내용을 확인하고 반박을 하는 것.

정책 주제　디베이트 주제 분류의 한 가지. 정부나 단체의 정책을 토론한다.

준비 시간(Prep Time)　디베이트 중 발언 준비를 위해 이용할 수 있는 시간.

직파식 토론(Direct Clash Debate)　1900년대 초반 미국 대학가에서 진행되던 디베이트 포맷의 한 종류. 쟁점(Clash)별로 디베이트를 진행한다는 것이 특징. 실제 진행 방법은 다양하다.

위대한 디베이터들(The Great Debaters) 디베이트 관련 추천 영화. 오스카상을 수상한 배우 덴젤 워싱턴이 두 번째로 감독과 주연을 맡고, 유명 방송인인 오프라 윈프리가 제작을, 연기파 배우의 한 사람으로 꼽히는 포리스트 위테이커가 출연했다. 1930년대 텍사스 주의 윌리 칼리지 교수였던 멜빈 톨슨의 실제 이야기를 영화화한 것.

의회식 디베이트(Parliamentary Debate) 영국 의회를 모델로 만들어진 디베이트 형식.

채점표(Ballot) 디베이트 승패를 판정하는 기준을 적은 표.

채점표 지시문(해설문) 디베이트 승패를 판정하는 채점표의 자세한 기준을 적은 표.

콤보 클래스(Combo Class) 콤비네이션 클래스의 약자. 학년이 다른 학생들을 하나의 클래스로 운영하는 것. 디베이트는 콤보 클래스로 운영하는데, 한 학년 차이가 나는 학생들을 같은 팀으로 묶는 것이 바람직하다.

팔리시 디베이트(Policy Debate) 미국 연방 정부의 정책 결정 과정을 상정한 디베이트 형식.

퍼블릭 포럼 디베이트(Public Forum Debate) 2002년 미국에서 초·중·고 등 저학년을 위해 만들어진 디베이트 형식.

Affirmative Team 디베이트에서 긍정 혹은 찬성 팀을 가리키는 말.

Canned Case 통조림화된 주장. 디베이트에서 미리 준비된 원고를 읽는 행위.

CEDA 미국에서 제일 큰 대학생 디베이트 조직. 1971년에 Southwest Cross Examination Debate Association으로 출발했다. Policy Debate를 진행하고 있다. 교차 조사(Cross Examination)를 적용했다.

Claim　주장.

Clash　쟁점. 서로의 주장이 충돌하여 이뤄지는 대립점.

Contention　디베이트에서 자신의 입장을 지지하는 각 주장.

Congress Debate　Student Congress Debate라고도 불린다. 미국 의회식 디베이트. 디베이트 포맷의 한 종류로, 미국 의회에서의 법안 혹은 결의안 제정 과정을 모델로 했다.

Cross Examination　원래는 법정 용어. 한국말로는 교호 신문이라고 번역한다. 법정에 출석한 증인에게 검사 측과 변호사 측이 번갈아 가면서 질문하는 것을 가리키는 말. 디베이트에서는 디베이트 입안 이후 상대방 팀이 짧은 질문을 통해 발언 내용을 확인하고 반박을 하는 것. 교차 질의와는 달리 질문자와 답변자가 구별되어 있다.

Crossfire　1982년부터 2005년까지 CNN에서 진행한 텔레비전 토론 프로그램. 당시의 사회적 주제를 놓고 서로 다른 입장을 가진 두 사람이 나와 약 30분 정도 토론을 전개했다. 2002년 이 프로그램에서 영감을 받아 새로운 디베이트 포맷인 퍼블릭 포럼 디베이트가 고안되었다.

Cue Card　디베이트할 때 쓰는 메모 용지.

Dress Code　복장 규정. 디베이트 대회에 따라 특별한 복장을 요구하기도 한다.

Flight　날아가는 새 떼. 디베이트에서는 대회 시 조별 편성을 가리킨다. 대개 두 조를 한 라운드로 묶는데, 이를 Double-Flighted라고 부른다.

Flow Chart　디베이트에서 진행 흐름을 적은 노트.

Grace Time　디베이트에서 허용된 시간을 넘길 경우 용인되는 시간을 가리키는 말. 퍼블릭 포럼 디베이트 대회에서는 인정되지 않는다.

House　의회를 가리킨다. 의회식 디베이트에서는 각 팀을 가리키기도 한다.

Impromptu 의회식 디베이트에서 대회 현장에서 공개하는 주제.

Listen to Me 대학생 디베이트 팀들의 우정과 사랑을 그린 영화. 더글러스 데이 스튜어트 감독. 1989년 개봉.

Motion 디베이트 주제를 가리키는 말.

NDT(National Debate Tournament) 미국에서 가장 오래된 대학생 디베이트 조직. Policy Debate를 채택하고 있다. 미국 육군사관학교에서 1947년 시작했는데, 1967년부터는 다른 대학에서도 대회장을 옮겨 열리고 있다.

Negative Team 디베이트에서 부정 혹은 반대 팀을 가리키는 말.

NFL(National Forensic League) 미국에서 학생들의 디베이트, 스피치 활동을 격려하고 리드하는 비영리 교육 기관. 1925년부터 활동을 시작했다.

Persuasive Speaking 미국 스피치 대회의 한 종목. 주어진 주제에 대해 설득력 있게 말하기를 경쟁한다.

Point of Information 의회식 디베이트에서의 특별한 순서로, '보충 질의'를 뜻한다. 다른 디베이트의 교차 조사 기능을 대신한다. 상대 팀 입안 시간 중 가능한데, 시작 후 1분까지, 그리고 종료 직전 1분 이후에는 할 수 없다. 이 시간은 상대 팀 발언 시간에 포함된다. 발언자의 허가를 얻어야 하며, 보충 질의 시 발언자가 그만하라고 하면 그만두어야 한다.

Points of Order 의회식 디베이트에서의 특별한 순서로, '의사 진행 발언'을 뜻한다. 토론 진행 과정에서 규칙 위반이 나타났을 때 활용된다. 이 시간은 상대 팀 발언 시간에 포함되지 않는다. 사회자의 허가를 얻어야 한다.

Points of Personal Privilege 의회식 디베이트에서의 특별한 순서로, '개인 신상 발언'을 뜻한다. 토론 진행 과정에서 명예가 훼손되었을 때 등의 경우에 개인 신상 발언을 하는 순서다. 이 시간은 상대 팀 발언 시간에 포함되지 않는다. 사회자의 허가를 얻어야 한다.

Prepared 의회식 디베이트에서 사전에 공개된 주제로 디베이트하는 것
를 가리킨다.

Rebuttal 반박.

Rebute 반박하다.

Resolution 디베이트 주제를 가리키는 말.

Resolved 디베이트 주제를 가리키는 말.

Silent Round 심판이 디베이트 승패를 알려 주지 않는 라운드.

Signpost 도로의 이정표 혹은 주장의 방향을 가리키는 말. 디베이트에
서 각 논거의 핵심 어휘를 가리킨다.

Tagline 디베이트에서 각 주장을 한 줄로 요약한 것.

Topic 디베이트 주제를 가리키는 말.

Twelve Angry Men 디베이트 관련 영화. '12인의 성난 사람들'로 번역된
다. 배심원 12명의 사건 처리 과정을 소재로 하고 있다.

Warrant 주장이 맞다고 제시하는 이유.